本书为国家社会科学基金青年项目"消费的道德风险及其防范研究"(项目编号：13CZX072）的研究成果

消费的道德风险及其防范研究

董玲 著

中国社会科学出版社

图书在版编目(CIP)数据

消费的道德风险及其防范研究 / 董玲著 . —北京：中国社会科学出版社，2019.10

ISBN 978-7-5203-5510-0

Ⅰ.①消… Ⅱ.①董… Ⅲ.①消费者行为论—研究 Ⅳ.①F713.55

中国版本图书馆 CIP 数据核字(2019)第 233524 号

出 版 人	赵剑英
责任编辑	郝玉明
责任校对	李　莉
责任印制	张雪娇

出　　版	中国社会科学出版社
社　　址	北京鼓楼西大街甲 158 号
邮　　编	100720
网　　址	http://www.csspw.cn
发 行 部	010-84083685
门 市 部	010-84029450
经　　销	新华书店及其他书店
印　　刷	北京君升印刷有限公司
装　　订	廊坊市广阳区广增装订厂
版　　次	2019 年 10 月第 1 版
印　　次	2019 年 10 月第 1 次印刷

开　　本	710×1000　1/16
印　　张	18.5
插　　页	2
字　　数	302 千字
定　　价	108.00 元

凡购买中国社会科学出版社图书,如有质量问题请与本社营销中心联系调换
电话:010-84083683

版权所有　侵权必究

序　言
痨病的现代性隐喻

　　痨病乃结核病在中国的旧时俗称，指由结核杆菌感染所引起的肺部慢性传染病，曾是蔓延全球最主要的传染病之一，有"白色瘟疫"之称。耐人寻味的是，在英语中，医学中的结核病竟与经济学中的消费概念是同一个词："consumption"。也许是为了使叙说分辨有序，现代医学多用"pulmonary tuberculosis"来表示结核病，久而久之，"consumption"一词所含的结核病的意思便渐渐淡出了人们的记忆和日用语境。经过现代医学的防治努力，曾经被视为人类最主要传染病之一的结核病得到了有效控制，已大为减少，可该词内含的另一层意思"消费"却在现代社会蔚然成风，几乎成为一种生活时尚，在今日之中国更是大化流行。当然，我这里所说的消费时尚远不止于"舌尖上的"饮食消费，还有所谓"品牌消费""名仕消费""时尚消费""会所消费"，乃至"消费中国"等，滚滚如潮，势不可挡。同一个词（"consumption"），两种用意，在现代社会里竟呈现一隐一显两种截然不同的语用学效应，实在是一个值得玩味的"语言游戏"，至少在维特根斯坦的哲学意义上是这样的。维氏认为，同一语词因其语用和语境之不同，确可生发出事实描述与价值评价两种意蕴，其语用效果则迥然相异。此"消费"一词之所谓也，亦吾读董玲君《消费的道德风险及其防范研究》一书所得之第一印象。

一　远超经济学范畴的消费问题

　　众所周知，消费作为人类生活的基本方式，绝非仅仅与人的经济行为有关，一旦涉及人们的消费方式及其选择，以及消费行为所传达的生活态度和价值取向,消费便会或多或少地惹上社会的是非判断和价值评价,甚至是政治伦理评判。很显然,当 LV 包或同类名牌包被作为菜篮子来使用时,它或者它们就不只是在被消费。与之相对,当地瓜薯叶被当作主食来食用时,我们就很难说它是在被消费,因为食用者会告诉我们,他们仅仅是为了填饱肚子,为了活下去,而非他们天生只好"这一口"。是的,时常面临饥饿的人不得不时常食用地瓜,这与素食者或相信地瓜有防癌特效的人食用地瓜是断不可同日而语的!更有甚者,当消费垃圾成为一种巨大的公共负担,以至于一些国家,尤其是某些发达国家为了减轻乃至卸脱自身的垃圾处理负担,而将自己的消费垃圾(如:旧车、旧家用电器、旧衣服等)倾倒,甚至卖给发展中国家时,你能说这只是一种经济行为或贸易活动?果真如此,为什么当一些发展中国家——比如,中国——拒绝接受他们的垃圾输入时,他们会"表示极大关切",甚至恼怒不已呢?更不用说某些核大国向一些不发达国家或者一些人烟稀少的无名岛倾倒核垃圾的行为了。毫无疑问,这样的"消费"行为和连带现象已然是国际政治问题和人类社会的道义问题了!

即便是在经济学意义上谈消费,似乎也不能只停留在传统的"生产—消费"之分析模式上。社会的生产(水平)决定消费(水平),消费反过来"刺激"和影响消费,这是我们的经济学常识所了解的"生产—消费"之间的作用与反作用之一般关系样式。可事到如今,人们对无论生产还是消费的认识已经大不一样了。以消费论,我曾经在拙著《道德之维——现代经济伦理导论》一书中,辟专章讨论过消费伦理,提出过两种消费的伦理分析。一种是"基于需求的消费",即以满足生活本身的基本需求,也就是人们所说的衣食住行之基本需求为目的的消费行为。另一种是"基于欲望的消费",即以满足个体自身的欲望为目的的消费。"基于需求的消费"当然是必需的,也是可以合理预期的。但"基于欲望的消费"就不一定了,因为人的欲望是很难确定因而也是很难预期的。况且,如果依德国哲学家叔本华的理论来看,人的欲望根本就是无底洞,永远也无法满足,因为一个获得满足了的欲望立刻会让位于又一个更大的欲望,比如,人们对金钱和权力的欲望便是如此。江湖武林中"金盆洗手"的人和事确乎有过,有时甚至还不少。可是,有谁见过商业市场或资本股市上"金盆洗手"的资本家或操盘手?时下的中国倒是出现了不愿做官、不愿加官晋爵的现象,可这是有特殊原因的,正常情况下又有谁不乐意加官晋爵呢?个中原因,盖因"金盆"太热太烫,以至于无法"洗手","权力"则是越大越好,最好当然是无上加冕,一呼百应,万邦来朝,更不用说还有"前呼后拥""后宫佳丽三千"的快乐人生了。

纵然是用人们熟悉的马斯洛的需求心理学理论,将人的心理需求分层别类,把人的"自我实现"作为人之最高心理需求,也还是无法确定究竟怎样才算是完完全全、彻彻底底的"自我实现"!也许正因为如此,人类智慧者如老子、庄子等,才劝诫人们勿以人生之"有涯"来求"无涯",而佛家则想出了一个更高妙的"空"字,来告诫人们"看破"滚滚红尘,"放下贪嗔",尔后得其"自在"。无论是道家的劝诫还是佛家的告诫,皆因人世间沉溺于贪欲之海洋者多,需要"棒喝"和"救赎"。可见,人的欲望永远都是难以满足的,说句俗话,天大地大不如人的欲望大。法国文豪雨果有云:"世界上最宽广的是海洋,比海洋更宽广的是天空,比天空更宽广的是人心。"若用现代心理学的语词转述之,只需把"人心"换作"人的欲望",便可毫无夸张地描述人之欲望的无限本性了。

由于人的欲望不单单指向物质性的消费,也指向一切具有主体满足特性的"价值物"(英文称之为"goods",一般被译为"善物"或"益品",通俗地说,就是人们日常所说的"好东西"),因此,"基于欲望的消费"对象也就远不只是衣食住行之类的物品了,包括人、人之性情、游戏、仪典、氛围、品味、身份或地位,直至生态环境等一切可供人们消费和消遣的外在的人与物,都可以而且实际上已然成为人们的消费对象。生活于跨19、20世纪的德国经济学家和社会学家桑巴特(W. Sombat)在其名著《奢侈与资本主义》一书中,就曾通过深入考察近代西欧宫廷、上流社会和新生中产阶级的生活方式,揭示出"奢侈"作为一种社会消费时尚的复杂之社会学和人文道德内涵,比如,女人既作为一种"奢侈"消费的推动主体(她们追求"摩登"时髦的生活时尚),又作为一种被"奢侈"消费的对象(她们被作为权势男性和富人的情欲消遣对象)的社会现象。

历史地看,这种超经济学意义上的消费在人类社会历史上一直都存在着,只不过在不同的时代和不同的地区,有着不尽相同的表现形式和不同的程度而已。正因为人类的消费行为"与生俱来",所以历代思想家、哲学家,尤其是道德哲学家们都对之有过相当清晰的思考和判断。比如,我们所熟知的孔子评论其弟子颜回的名句："贤哉回也，一箪食，一瓢饮。在陋巷，人不堪其忧，回也不改其乐。贤哉回也。"（《论语·雍也》）为师赞赏爱徒甘于简朴生活，其中当然含有一种消费伦理的评价，但主要还是美德伦理的人格评价。无独有偶，古希腊哲人亚里士多德在其《家政学》（"Economica"，即现代人所谓的"经济学"）中，也将"节俭"视为"奢侈"与"吝啬"之间的"中道"美德。然而，这些都只代表古代人的经济消费思考。人类的消费行为究竟是何时越过经济学的范畴而成为一种复杂多面的社会现象的？还真是一个值得探究的问题。感谢董玲博士！她在这部篇幅不大的新著中，耐心细致地考察了这一复杂的演化图景。美国当代历史学家彼得·N. 斯特恩斯（Peter N. Stearns）在其《世界历史上的消费主义》（Consumerism in World History, London：Routledge, 2006）一书中考察过消费主义的演变过程，他认为，真正意义的消费主义是从18世纪60年代伴随着第一次工业革命而兴起的，最先发生在英国的"消费革命"（consumer revolution）和"消费主义文化"（consumerism culture），而后扩展并陆续进入现代化快速发展的欧洲国家，继而波及新生的资本主义国家美国，最后逐渐演化为大化流行于现代世界的现代主义消费文化。

一种经济学意义上的消费行为最终演化为一种现代文化，的确具有"革命"性意义。或可说，现代"消费文化"是始于18世纪英国"消费革命"的重大成果，没有这样一场不断扩展和深入的"消费革命"，就不可能生成现代社会的"消费主义文化"，这似乎是毋庸置疑的现代史事实。可是，一旦消费问题不再只是经济学问题而是社会文化问题，其所需要的理论解释和解答也就大大超过了经济学的理论范畴。晚近百年来先后出现的"消费伦理（学）""消费社会学"，甚至是"生态（环境）伦理"等诸多新生交叉学科，便是这一趋势的显证。

二 当消费主义成为一种现代文化和文明

由此看来，仅仅从经济学层面来讨论消费问题肯定是远远不够了。事实上，进入现代社会以来，尤其是晚近几十年来，对消费问题关注最多最深的大多是社会学家（如涂尔干）、哲学家（如波德里亚）、文化学者

（如戴维·鲍尔、齐格蒙特·鲍曼）、生态学家和环保主义者（如彼得·道维尼），而非经济学家。从知识社会学的视角来看，这一"知识—学术"动向的转变似乎印证了如下社会现实的发展趋势，即：消费及其所带来的问题已经远非一种经济问题，而是已经演化为具有某种总体性或整体性的现代文明和文化问题，在某种意义上甚至可以说，现代社会已然成为"消费社会"，也就是以消费作为其不言而喻、不宣而行之意识形态的消费社会形态。

涂尔干指出，在现代社会里，消费已经具有现代社会的整体行为特征，在许多情况下，人们在不知不觉中渐渐习惯于根据人们的消费能力和消费行为，而不是像以前那样根据人们的社会地位，财富拥有或经济、政治文化行动方式来识别人的社会身份和社会行动意义。换言之，消费，包括消费方式、消费水平和消费能力等，已经逐渐代替以往的政治、经济和文化元素，进而成为现代社会最基本的社会识别与社会价值评价的核心元素或标准。比如说，现代社会和现代人已经更习惯于通过人们的穿着装饰（如，服装品牌、发型、香水类型、提包品牌、出行方式……）、住宅（如，别墅、豪宅）、交通工具（如，私人轿车及其品牌、飞机和火车的舱座级别、私人飞机……）等日常生活方式，也就是我们通常所说的"衣食住行"，来识别和判断人们的社会地位、社会行动能力和社会影响。波德里亚关于消费社会的哲学批判已广为人知，成为现代法国社会哲学的一面旗帜。在他看来，消费不仅成功地塑造了现代社会的基本形态和特质，而且也深刻地塑造了现代人的人性和行为价值取向，成为现代人的某种新的"官能性"冲动或习惯性本能。诸如鲍曼和鲍尔一类的后现代主义思想家们，更是从现代总体性的文化批判层面，分析和揭示了消费之于现代社会和现代人的心理结构的深层改变。在文化主义者们看来，诸如时尚、色彩、设计、音乐、戏剧、电影等的现代奢侈主义铺张性文化，并非只是现代社会发展的产物或结果，而在更根本的意义上也更多的是现代社会演进的原因，甚至几乎就等于现代社会本身。最值得关注的是，最新的消费问题研究正在发生更大范围和更深刻层面的拓展型转变，那就是从人和人类社会推进到对自然环境危机或生态危机的追问。加拿大学者道维尼在其新著《消费的阴影：对环境的影响》（蔡媛媛译，中译本，江苏人民出版社2019年版）中，通过大量触目惊心的环境破坏性事实或重大生态事件，揭露了消费给人类生活于其间的生态环境所造成的灾难性，甚至是难以挽回的毁灭性影响，他将之喻言为"消费的阴影"。比如，被喻为我们"地球之肺"的南美洲亚马孙河流域的原始树林遭受大量焚烧和砍伐，以至于造成难以修复的生态"肺癌"，初看起来，这似乎与消费无关。但作者依据铁的证据证明，造成这一生态败局的罪魁祸首不是别的，正是美欧等发达国家——我突然想到，现在似乎还应该加上亚洲，这也是可以推断和证实的大概率事实，一个典型的例子就是日本重新开始商业捕鲸！——对牛肉消费的急剧而持续的增长，使得南美洲诸国养牛放牧业同时发生急剧而持续的扩张，由此造成了对原始森林的大规模破坏。

诸如此类的例子还有很多很多，比如，现代人对象牙和海豹皮革之"高档商品"不断高涨的消费需求，导致猎杀非洲大象和北欧海豹的行为已然失控，而前一些年在中国青藏高原等地区出现的屡禁不止的猎杀藏羚羊行为，又与之何其相似？！越来越多的事实表明，现代人无节制的疯狂消费，正是以破坏生态环境，伤害乃至灭绝其他生物的自然生长为其物质前提和资源代价的，而破坏生态环境所导致的种种自然灾害，又不可避免地以或者将以这样或那样的报应方式，来回应人类穷凶极恶式的消费挑战！这无疑是一种恶性循环，一种自作自受的现代人悲剧！对此，中国古人早有慧觉："天作孽，犹可违；自作孽，不可活。"（《尚书·太甲》）现代人是否也能有此觉悟？似乎还是一个未可预言的问题。

麻烦在于，对于消费问题的这种社会扩张和文化蔓延，现代人和现代社会很可能非但缺少足够清醒的认识，反而真的如许多消费文化的批评理论家们所指出的那样，人们已然把消费本身当成了追求美好生活的目的，因而乐此不疲、乐而忘情了。可是，忘情多失据，乐极必生悲。此乃人生定律，不可不察矣！和许多学界智士一样，董玲博士敏锐地看到了消费社会所面临的"道德风险"，包括"消费者的异化"，"消费社会的信任危机"或"人际关系的冷漠"，以及"消费社会的生态风险"或消费社会所造成的"人与自然矛盾的尖锐化"三个主要方面。一些经济学家对于消费问题也表达了深深的关切，认为人类无节制的消费必然成为经济可持续发展的一大障碍，毕竟我们生活于其上的这个星球所能生成或再生的自然资源终究不是无限可能的，诸如煤、稀有金属矿产、石油、天然气一类大量自然资源的储藏有限且不可再生，即使可再生和可循环利用资源（如，风能、水电、可栽培植物等）也不允许人们恣意挥霍,无休无止。社会学家和生态环保专家们对消费社会的批判反省更是越来越多,越来越激烈,也越来越具有说服力,因为他们的分析评论大多是基于社会学事实和数据的实证型的,不像哲学家和伦理学家那样,多依于定性分析和理论批判,一些分析批判所指甚至远远超出"消费社会"的范畴而直指现代社会和现代人本身的行动方式和存在方式,甚至直指"现代性"(modernity)本身。可喜的是,对于生态环保,开始觉醒和行动的不只是思想者和理论家,还有日益扩大的普通民众。这不,就在我写这篇序言的当口,16岁的瑞典女孩格蕾塔·通贝里在刚刚结束的第74届联大会议上,大胆地控告政治家们放任温室效应和生态危机不断恶化,引起了广泛的国际关注,甚至被看作是2019年诺贝尔和平奖的有力竞争者。如此看来,从思想理论到社会行动,消费问题及其所引发的连带效应的确正受到越来越广泛而强烈的关注,这便使得有关消费问题的讨论变得复杂和严肃起来。

三 消费社会的风险很可能不只是道德的

一个可以确定无疑的事实是,消费问题的确已经不再只是一个经济学问题,甚至也不仅仅关乎人类社会的"道德风险",而是已然演化成了一个具有整体性或总体性的现代社会问题。

提出问题的方式和对问题的定位常常决定看问题、想问题,乃至解答甚或解决问题的方式与路径。既然把消费问题看作"消费社会"的问题,其所带来的风险自然也就不只是道德风险,而是整个社会的风险了。当然,这并不妨碍我们选择道德伦理分析的路径,直达现代消费社会的道德风险分析,只不过在选择"华容道"时,还得有曹孟德公对于经验际遇和仁义交情的充分信念,以及,最最重要的是对自身可能的"道德幸运"抱有足够的信心乃至信仰!否则,很可能真的会走上绝路。如若从整体的"消费社会"而非只从经济学意义上的"消费问题"来讨论现代消费(主义)问题,当可明确一点:消费问题的确已经成为现代社会和现代人的一个内在性而非外部性问题,也就是涂尔干、波德里亚等人所说的"整体性的"社会问题和现代人的"官能性"问题。

经济学家倾向于从消费与贸易的角度来反观生产和经济发展,从实质性意义来说，贸易的活跃程度决定市场的活跃程度，而市场的活跃程度说到底还是取决于人们的消费能力和水平，很简单，人们生产是为了人的生活，产品只有变成商品，才具有市场价值，但人们购买的东西都是用来消费或使用的。在当下全球经济发展呈现集体疲软的时候，各国各地区用心用力促动经济摆脱疲软的主要方式或手段之一，就是大力刺激消费，尤其是强调刺激国内消费，以促进和保持国民经济发展的适当加速度。这当然是我的一种外行式直觉，但大抵是符合实际的经验直觉，即便一些理论家不相信，经验主义的英国和实用主义的美国是相信的，平民百姓更会信以为真。例如，猪肉、蔬菜价格的涨跌之于当家人、加油站油价的涨跌之于私家车主（开公车的司机一般对油价的涨跌不太敏感），如此等等，都可以说明这一点。这至少表明，在现代社会里，消费几乎是支撑整个社会发展的基础性活动，一如"讨生活""过日子"的日常经验基本支配着我们的日常人生。如是观之，党和政府把"人民对美好生活的向往"当作一切工作的出发点和归宿点当然是实事求是的，因之也是无比正确的。

可见，问题不在于消费本身，而在于现代社会和现代人的消费方式和消费态度，在于这些消费方式和态度背后起决定性作用的生活价值观。充足、健康、舒适、方便的衣食住行当然是美好生活的基础，但奢侈、豪华、显摆、炫耀的日常消费就不一定是为了追求美好生活，而是过度消费了。具体地说，适当适时的饮酒可以助兴，有利于交谊，某些情况下还可助益于身体健康，但每餐必饮、每饮必醉、每醉必疯就成了酗酒，当然更不用说酒驾甚或以酒乱色了。易言之，任何一种消费行为都要有个"度"，过犹不及不是正当合理的消费方式。现代人的消费问题看似出在消费方式上，实际上还是生活方式和引导生活方式的生活价值观出了问题，比如说，显摆式、炫耀式的消费。一些人仿佛不是因为生活而消费，反而给消费附加许多额外的东西，比如，把消费看成显示自我身份或自我优越感，甚至是某种特权的平台，社会也时常将此类消费行为奉为时尚、高贵和先进的标杆。房子原本是用来住的，可一些人偏偏将之用作炒作赚钱或者显摆豪富的工具；一人一车已然足够，可偏偏有人比豪车、比私人游艇飞机，仿佛车的豪气、游艇飞机的拥有可以让自己变得高贵卓越；诸如此类，不一而足。物质生活条件的改善诚然无可厚非，可是，不知从什么时候开始，我们的社会生活中出现了一些令人疑惑的语汇，诸如"土豪""富豪""款爷",或者"大款""明星"……一些昨日还生活在箪瓢陋巷的人,转眼间便醉心于酒肉豪门而不能自拔了。

更让人不解的是,我们生活于其中的社会好像也患上了嫌贫爱富的毛病,至少是对这样一些悄然发生的消费方式或生活方式的改变,表现出异常的宽容和沉默,无动于衷,仿佛一切能够带来经济效益和财政收益的行为都是值得鼓励的,无论好坏,无论代价。于是,生产和消费的"效益"快速上升了,而社会的风气和生态环境却以更快的速度恶化了,直到有一天人们发现,社会的贫穷非但依旧没有什么改变,反而在不断恶化;空气无法呼吸;饮食缺乏安全;城市拥堵不堪……这时候人们才猛然醒悟,我们的生活方式确乎出了问题,我们生活于其中的社会发展模式确乎也出了大问题。

四 究竟是什么问题呢?又当如何解决呢?

早在20世纪70年代,西方学界和思想界便开始关注现代社会的消费问题。著名的"罗马俱乐部"较早地发现了现代社会诸多问题的严重性,并于1972年发表了题为《增长的极限》的报告,指出现代社会的发展方式存在着不可持续的危险,因为它未能考量诸如石油资源和生态环境资源的有限性,而这种无法消解的"极限"终将限制无所节制的现代经济发展。著名的法兰克福学派和社会批判理论家们也对这种社会发展模式和现代性本身提出了质疑和批判性反思。虽然这些质疑和反思批判并非是直接针对社会消费问题的,但其间所揭橥的"增长极限"和"现代性危机",实际上也同样适用于消费问题。最直接而激进的消费批判理论当属法国后现代主义哲学家波德里亚,他在其最重要的代表作之一《消费社会》(1970年)里,直接将现代社会刻画为"消费社会",并指出"消费社会"已然跃出了近世以来不断扩张的资本主义现代性而显示出一种后现代主义的特征:这就是基于贪婪和"丰盛"之满足的物质性消费,已然转变为基于文化"符号"之满足的文化消费。形形色色、五花八门的广告、媒介传播和商业网络成为这一转变的关键性中介或桥梁,人们因其公共诱惑或鼓动而被不知不觉地引入一种消费的魔幻世界,甚至成为"为消费而消费""为获取某种符号意义而消费"的符号消费者。人们追逐品牌、时尚并非只是为了引领消费的潮流，更多的是为了获取某种符号以彰显符号的意义和力量。表面看来，将物质性消费转变为文化消费是一种有意义的扩展甚至提升，而且彰显符号也是为了彰显自我，可实质上，人们在消费符号的同时却自失于符号之中，也就是说，符号的意义最终遮蔽或者规划了消费者自我的主体意义。现代性走向了自己的反面，现代社会和现代人都成了后现代主义文化消费的俘虏和囚犯。

　　后现代主义对消费社会的分析具有极强的思想透视力和社会批判性力量，它至少提醒我们，无论我们是否认可后现代主义对现代社会的后现代文化刻画，都不能不正视我们已经步入一种被媒体、广告所中介化的消费主义文化或文明之中，它潜伏着各种各样的消费陷进和危机，而现代人类却又比以往任何时候都更难找到走出符号幻境和符号消费囚笼，从而实现自我解救的出路。这才是"消费社会"可能导致的最大风险，它远不只是一种现代人和现代社会的"道德风险"，而根本就是现代社会和现代人自身的风险。因为在一种被文化符号修饰后的消费社会里，人们更难察觉或看出无节制的消费行为所可能带来的各种风险和后果，包括经济的、社会的、文化的、生态环境和人性道德的深远后果，因而也就无从谈起改变或改善我们的消费行为，从而改善我们生活于其中的社会生活世界和自然世界。就此而言，在这充满风险的消费社会里，我们所有的人不在消费的幻境中惊醒并爆发，便在消费的幻境中消亡；抑或，真的如电影《流浪地球》所昭示的那样，随着漂泊失据的地球一起在茫茫寰宇中流浪。我这样说，并非有意危言耸听，而是想表达——多少是悲观的——一种忧虑：也许我们还没有真正认识消费社会的消费问题，因之，对于如何解决它就只能留待以后了，只不过我担心我们的时间是否足够？

　　以上，便是我读过董玲博士这部《消费的道德风险及其防范研究》一书后，所引发的令我自己都感到莫名恐惧的一些感想，将之坦陈于此，以求教于董玲博士本人和各位关注于此的方家读者。

　　是为序，惟望焉！

万俊人
2019 年暑期初稿，初秋改稿，
国庆节改定。北京北郊悠斋。

目　录

导　言 ……………………………………………………………（1）
　第一节　消费社会道德风险问题的提出 ………………………（3）
　　一　风险 ………………………………………………………（6）
　　二　道德风险 …………………………………………………（8）
　　三　消费的道德风险 …………………………………………（12）
　第二节　国内外消费伦理研究现状 ……………………………（18）
　　一　国外消费伦理问题的研究现状 …………………………（18）
　　二　国内消费伦理问题的研究现状 …………………………（31）
　第三节　基本思路与主要内容 …………………………………（43）
　　一　基本思路 …………………………………………………（44）
　　二　主要内容 …………………………………………………（46）
第一章　从消费到消费主义：消费是一个伦理问题吗？ ………（51）
　第一节　消费概念的哲学解释 …………………………………（52）
　　一　消费是肺结核病：一层被忽略的词义 …………………（53）
　　二　消费的肺病隐喻 …………………………………………（56）
　第二节　消费主义的界定及其多重面向 ………………………（60）
　　一　消费主义的基本内涵 ……………………………………（60）
　　二　消费主义的多重面向 ……………………………………（67）
　第三节　消费是不是一个伦理问题？ …………………………（78）
　　一　从消费到消费主义的蜕变 ………………………………（79）
　　二　消费是一个伦理问题吗？ ………………………………（83）
第二章　西方消费伦理思想的历史嬗变：消费方式的变革及
　　　　其辩护 ……………………………………………………（91）

第一节　消费与伦理的结合：古代社会的消费伦理思想 （92）
  一　适度消费：古希腊时期的消费伦理思想 （93）
  二　自然生活与"哲学治疗"：古罗马时期的消费伦理思想 （99）
  三　节制：中世纪的消费伦理思想 （104）
第二节　消费与伦理的分离：近代社会的消费伦理思想 （107）
  一　"私恶即公利"：抽离传统目的论基石的世俗消费 （108）
  二　消费的去道德化：生产（劳动）合法化的必然结果 （113）
第三节　消费的伦理重构：现代社会的消费伦理思想 （119）
  一　奢侈消费为"善"："价值颠覆"之后的消费伦理思想 （119）
  二　炫耀消费的礼仪规训：财富证明的必要手段 （123）

第三章　消费社会的"道德神话"与道德风险 （133）
第一节　消费社会的界定及其主要特征 （133）
  一　消费社会的界定 （135）
  二　消费社会的主要特征 （139）
第二节　消费社会的两个"道德神话" （143）
  一　消费的非道德神话 （144）
  二　消费主义的道德神话 （148）
第三节　消费社会的三重道德风险 （152）
  一　消费者的异化：经济理性取代价值理性 （158）
  二　人际关系的冷漠：消费社会信任危机带来的后果 （165）
  三　人与自然矛盾的尖锐化：消费社会的生态风险 （170）

第四章　如何防范消费社会的道德风险：当代责任消费伦理研究 （178）
第一节　消费社会的价值问题和道德责任 （179）
  一　消费风险中的事实与价值问题 （179）
  二　自由消费与道德责任 （182）
第二节　消费的道德风险与责任消费伦理 （188）
  一　为他者负责的消费伦理思想 （189）
  二　基于能力方法的责任消费伦理思想 （199）

第三节　消费社会的责任主体和责任界限 …………………（205）
　　　一　私人或者公共机构：谁应该为消费的道德风险
　　　　　负责？ ………………………………………………（206）
　　　二　本土的还是全球的风险：责任消费伦理的界限 ……（212）
第五章　我国消费道德风险问题的深度反思 ………………（217）
　第一节　我国消费道德风险的具体表现及其危害 …………（217）
　　　一　道德风险在我国消费生活领域的具体表现 …………（218）
　　　二　我国消费道德风险造成的危害 ………………………（225）
　第二节　我国消费道德风险产生的主要原因 ………………（228）
　　　一　经济原因：市场调节的自发性缺乏对人的约束 ……（229）
　　　二　社会原因：我国消费革命导致享乐主义的泛滥 ……（231）
　　　三　文化原因：道德调节的滞后性造成责任主体缺位 …（235）
　第三节　我国防范消费道德风险所面临的主要问题 ………（238）
　第四节　我国防范消费道德风险的具体对策 ………………（243）
　结语　风险时代呼唤消费者的责任担当 ……………………（249）
参考文献 ………………………………………………………（260）
后记 ……………………………………………………………（274）

导　言

　　消费作为属人的社会实践活动，一直以来都是人类美好生活不可或缺的重要内容。随着消费社会的到来，消费已经成为现代生活的核心范畴，人们对消费的关注程度也与日俱增。特别值得注意的是，自2008年美国金融危机爆发以来，消费问题已经成为社会各界颇为关注的热门课题。对于这次经济危机的产生原因，研究者从不同的学科背景展开了积极的探讨。尽管这些理论研究有着不同的观察视角，但它们都不约而同地将目光投向了消费主义文化。例如武汉大学的袁银传和李群山认为，过度消费的经济模式及"先消费，后还款"的消费文化是这场美国金融危机的"罪魁祸首"。在他们看来，与其说是美国华尔街的金融资本家或次贷消费者需要对这场经济危机负责，"倒不如说是美国消费主义文化和生活方式为这场危机种下了祸根"[1]。事实上，早在2009年，复旦大学哲学系的俞吾金教授曾经就现代消费危机问题发表评论。在《反思金融危机背后的文化病症》一文中，俞吾金教授将这场经济危机概括为"文化危机、价值危机和哲学危机"。这些危机集中表现为，历史虚无主义全盘否定了传统的价值观，当代哲学"对身体和欲望的倚重"开启了欲望消费的新时代，以及感觉主义哲学肯定了消费主义生活方式的合理性，从而把即时享乐和当下的幸福确立为现代生活的最高价值目标。这些观点是过度消费在世界范围内不断扩张的价值基础，也是美国金融危机的始作俑者。最后，俞吾金教授指出，对美国金融危机的探讨不能仅仅停留在经济学层面，而应该结合消费文化、价值哲学及现代生活消费方式等多方面的因素来考虑。如

---

[1] 袁银传、李群山：《西方马克思主义对美国金融危机的消费主义解读和启示》，《国外社会科学》2011年第3期。

果仅仅以"旁观者"或"局外人"的身份参与此次美国金融危机的讨论，那么，就会产生停留于表面现象的各种笼统且含糊不清的意见。"只有把这场危机理解为'综合性危机'，并自觉地起来反思、检讨当代哲学，乃至当代整个文化、价值系统存在的病症，才有可能准确地理解危机的本质并找出相应的、有效的对策。否则，人们关于危机谈论得越多，离开危机的真相和本质就越远。"[1]

与美国金融危机不同，中国的消费问题近几年来在大学校园里表现得尤为突出。据新闻媒体报道，2015年12月，湖北某高校大学生通过网贷平台贷款购买了两部iphone手机，后来由于被借贷公司逼债被迫躲回老家。2016年3月，河南某院校学生以同班同学的名义贷款赌球，连本带利共计欠债60多万元，最后因为无力偿还高利贷而跳楼自杀。2017年3月，湖南某大学学生以同学的身份信息贷款高消费，本息累计高达100多万元，临近毕业因涉嫌经济诈骗被警方刑事拘留。诸如此类的事例不胜枚举。在校大学生没有固定的收入来源，却有着强烈的消费需求。这一矛盾使得大学生这个特殊的消费群体俨然成为消费时代"校园贷"的最大受害者。"校园贷"给借贷学生及其家庭造成巨大的经济损失，更严重的是使大学生丧失自主性，最终走向毁灭。这里，"校园贷"所暴露出来的消费问题，不仅反映了当前中国大学生理财经验欠缺和风险防范意识的不足，而且从侧面也反映出西方消费主义文化对中国高校校园生活的消极影响。

从整体而言，无论是美国金融危机问题，还是中国高校的"校园贷"问题，都与现代消费主义文化有着千丝万缕的联系。也可以说，它们是消费主义文化的外在表现形式。从表面来看，现阶段的消费问题是关于个人选择何种生活方式的问题。但从更深层次来看，它却是一个非常严峻的社会问题。更确切地说，它是消费社会的风险问题。如果说这场经济危机是消费生活中伦理危机的先声和前兆，那么，为了规避或防范现代消费生活的伦理危机，我们有必要把西方消费主义文化纳入伦理学的视阈进行深刻的反思和检讨，积极救赎当下的消费生活，使其回归伦理本位，从而捍卫和守护人类的精神家园。中国社会科学院的甘绍平在《论消费伦理——

---

[1] 俞吾金：《反思金融危机背后的文化病症》，《文汇报》2009年6月24日。

从自我生活的时代谈起》中从消费正义的角度区分了"物质上的平等"与"形式上的平等",同时也从意志自由的角度区分了"自主消费"与"非自主消费"。甘绍平指出,"自主消费"是实现自我人生价值的重要途径,而"要真正进入自我生活的时代,首先就必须扭转在第一个现代化时代中形成的、通过不顾后果的获利欲望驱动起来的并且是当作最高的生活目标的消费主义趋势"①。一般说来,消费是人类自身再生产和社会再生产的必要前提,也是实现自我价值和人生目的的重要途径。但消费主义的全球盛行却使得这种消费手段演变成人类的"生活目标"。消费从发展经济的基本手段向人生目的的价值飞跃,一方面导致了目的与手段之间的价值错位,另一方面也带来了一系列道德问题。这意味着,我们不仅需要发挥消费在经济领域里的基础性作用,而且还需要进一步澄清消费主义的伦理本质和消费的道德风险。

第一节 消费社会道德风险问题的提出

当载有 227 名乘客的 MH370 客机从马来西亚飞回北京途中突然音信全无,当"东方之星"客船在长江湖北监利航段遭遇恶劣天气神秘翻沉,当高速公路疾驰的汽车被天津滨海新区危险品仓库爆炸所产生的热浪掀翻,历历在目的灾难或事故使人们不由自主地产生一种沉重的危机感。可以说,"天灾人祸"已经使风险问题成为一种"现代性的隐忧"。如果说,"天灾"作为自然风险让人防不胜防,那么,"人祸"即人为的疏忽而造成的风险,已经将如何防范风险凸显为一个亟须解决的现代性课题。在《本真性的伦理》中,加拿大著名政治哲学家泰勒通过历史叙事的方式,用"现代性的三个隐忧"概述了世俗化社会的道德衰败的景象。泰勒指出,"第一个担心是关于我们可以称呼的意义的丧失,道德视野的褪色。第二个涉及在欣欣向荣的工具理性面前,目的的晦暗。第三个是关于自由的丧失"②。在这里,泰勒把意义的沦丧和伦理维度的缺失视为现代社会的首要"担

---

① 甘绍平:《论消费伦理——从自我生活的时代谈起》,《天津社会科学》2000 年第 2 期。
② [加拿大] 查尔斯·泰勒:《本真性的伦理》,程炼译,上海三联书店 2012 年版,第 13 页。

心"。而在笔者看来，这也就是消费社会的最大的"隐忧"。如果说物质匮乏和生活资料的紧缺是生产社会所面临的主要问题，那么，意义的缺失就是消费社会在提供丰富的物质生活资料时所面临的重要挑战。

一段时期以来，人们习惯根据社会的某些显著特征用不同的名称对其进行命名，如"消费社会""风险社会""后工业社会"等。其中，关注度颇高的两个概念就是"风险社会"和"消费社会"。随之而来，就产生了消费社会学与风险社会学。它们是近二十多年来道德社会学中的两个重要理论学派，活跃在学术的最前沿，诞生于现代社会，致力于对现代性的反思，并尝试回答如何解决现代性所带来的风险或灾难问题。而在伦理学领域也相应地产生了消费伦理和风险伦理两种道德理论。一般说来，所谓消费伦理是指用来调节在消费过程中人与人、人与自然及人与社会之间关系的道德准则和伦理原则的总和。所谓风险伦理是指为了防范和规避现代性风险，人们探寻安全的栖息地的道德规范体系。从消费伦理学的角度来看，英国著名后现代伦理学家齐格蒙特·鲍曼虽批判了"消费主义的欺骗性"，但是并不认为消费问题可以还原为风险伦理问题。在鲍曼看来，"消费主义，就是对由个体组成的社会所给出挑战的一种'如何解决'的回应"[①]。或者说，现代人对生存困境的恐惧或担忧导致了过度消费行为的产生，而以消费为核心概念的现代社会正处于"陷阱"和"雷区"之间，不可预知的灾难或风险使人们普遍感到一种前所未有的焦虑。这种内心的焦虑一方面使人们开始思考现代社会的生存策略，另一方面也使人们意识到这样的问题：如何解决现代性的伦理危机？或者说，人类如何摆脱这种"不安全"的状态呢？从风险伦理学的角度看，德国著名的风险理论家贝克（Ulrich Beck）并不认为风险问题与消费问题是同一个问题，也不赞成用风险伦理统摄消费伦理。但他坚信，灾难或危险已经成为现代消费生活不容忽视的重要问题。虽然现代社会技术越来越趋于精细化，但由此而产生的风险最终危及人类的生存，这些受害者"不再是工人自己，而是消费者"[②]。贝克甚至用"自反性的现代化"这一概念对"无法直接

[①] ［英］齐格蒙特·鲍曼：《流动的生活》，徐朝友译，江苏人民出版社2012年版，第25页。

[②] ［德］乌尔里希·贝克、［德］威廉姆斯：《关于风险社会的对话》，载薛晓源、周战超编《全球化与风险社会》，社会科学文献出版社2005年版，第10页。

感觉"或"无法预见"的生活世界表现出极大的担忧,最后得出这样的结论:过度消费导致生物多样性的急剧减少,同时还危及整个生态系统的平衡。

从风险社会的出现到风险伦理理论的发展,这表明人们对风险或危机的认识已经不再停留在对社会问题或社会现象的一般描述上,而是上升到一个新的理论高度,即对风险问题的伦理反思。从消费社会批判理论到消费伦理的提出,这表明人们对消费问题的思考已经不再局限于社会学和经济学领域,而是把它纳入伦理学的视阈中开始反思人类的安身立命之本。可以说,风险伦理与消费伦理对现代性的反思有着不同的着眼点:前者聚焦"风险",后者聚焦"消费"。从消费伦理与风险伦理的理论旨趣看,二者存在着交叉,有着共同的研究对象,即消费社会的风险问题。换句话说,风险不仅是贝克等风险理论家颇为关注的热门课题,而且也是当代哲学家颇为担忧的道德现状。如果说泰勒用本真性伦理学表达了对世俗化社会的担忧,那么,美国政治哲学家汉娜·阿伦特则通过批判现代性揭示了消费社会的风险。在反思现代性时,阿伦特用"黑暗时代"概述了现代人的生存境况。在阿伦特看来,人们从现代劳动中解放出来,并不意味现代人摆脱了必然规律或外在物质条件的限制或约束,已经从必然世界走向了自由世界。恰恰相反的是,现代劳动的解放开启了消费者被剥削或被压迫的新纪元。阿伦特认为,消费社会的"辛苦和操心"使人们满足于当下物质生活的丰裕或享乐,而忽略了自身精神生活的空虚及消费所带来的风险。

在《人的境况》中,阿伦特曾这样指出,现代劳动的解放并不表明消费的解放,反倒是"劳动动物"把自由支配的时间用在消费生活领域。在个人越来越"强烈"的消费欲望的驱使下,消费对象也从生活必需品转向奢侈品。"但这些变化都不会改变这个社会的本性,相反,它包含着更大的危险:就是最终没有一个世界对象能逃过消费的吞噬而不被毁灭。"[①] 阿伦特在这里从欲望消费的角度论述了消费对象从必需品向奢侈品的转变,进而大胆预言了现代人被消费不断"吞噬"或毁灭的风险。由此不难发现,无论是阿伦特的"黑暗时代"的论断,还是泰勒的本真

---

① [德]汉娜·阿伦特:《人的境况》,王寅丽译,上海人民出版社2014年版,第95页。

性伦理学所论述的"现代性的隐忧",它们都不约而同地揭示出现代消费社会道德失序的问题。用鲍曼的话来说,这是一种现代性的"伦理危机",集中表现为现代生活对道德规则的偏离,从而呈现出一种无序的状态。无序是不确定性的表面特征,也是现实生活场景的真实写照。这种无序给既定的价值标准、道德规范及社会习俗带来了巨大的冲击。更确切地说,"'无序'是一种非规范和例外的状态,一种危险的状态,一种充满'危机'和弊病的状态"[①]。

需要说明的是,这里我们探讨的消费风险问题,既不是局限于某国家或地区,也不拘泥于某特殊消费群体(如大学生消费群体或老年消费群体),而是关注整个社会的消费生活。现代消费社会的道德风险不同于一般意义上的道德风险:后者立足于经济全球化,侧重探讨现代科学技术可能带来的风险问题;前者立足于个体有意义的生活,侧重分析现代消费文化和消费主义生活方式的种种弊端。那么,什么是消费的道德风险?消费的道德风险究竟包括哪些内容呢?如何防范消费的道德风险?而要防范消费的道德风险问题,我们首先有必要理解风险、道德风险及消费的道德风险这三个基本概念。

一 风险

风险是风险社会理论中非常重要的概念。按学界的普遍共识,"风险在英文里是'risk',本意是指冒险和危险,从字面意义来理解,风险是具有一定危险的可能性,或者说是有可能发生危险、形成灾难"[②]。从这段比较经典的解释中,我们不难发现,风险不是一个既成的事实或事件,而是一种可能性的状态或趋势。它与灾难的最大区别就在于:灾难是风险的现实性存在,而风险是产生灾难的可能性。自20世纪80年代贝克提出风险社会理论以来,现代风险问题引起了学术界的浓厚兴趣和激烈讨论。从现代风险理论的发展历程看,学术界对风险问题的关注最早集中在保险业和金融贸易领域。随后,"风险"一词被广泛用于核武器、战争、食品

[①] [英]齐格蒙特·鲍曼:《生活在碎片之中:论后现代道德》,郁建兴、周俊、周莹译,学林出版社2002年版,第5页。

[②] 周战超:《当代西方风险社会理论研究引论》,《马克思主义与现实》2003年第3期。

安全、环境保护等问题的讨论。

根据风险内容的不同,不同学者对风险做出了不同的分类。贝克把风险与现代性联系起来,从时间角度提出了"第一现代化的风险"和"第二现代化的风险"。依照贝克的解释,"第一现代化的风险"多指确定性的生活模式所产生的自然意义和传统意义上诸如地震、海啸、泥石流等风险,"第二现代化的风险"则指不确定性、不安全性、不稳定性环境中人类可能遭遇的风险。贝克指出,风险是人类对现代工业文明所造成的危险或不安全因素的反思。因而,"风险的概念直接与反思性现代化的概念相关。风险可以被界定为系统地处理现代化自身引致的危险和不安全感的方式"[①]。在贝克看来,风险是不可预测、无法控制的;而风险社会理论使得现代社会不可预测、无法控制的风险能够被预测、被控制。[②] 英国政治哲学家吉登斯则区分了"外部风险"和"被制造的风险"。吉登斯认为,"外部风险"从自然意义上解释了灾难或危机;"被制造的风险"则强调不断增长的知识所带来的风险。[③] 英国著名人类学家玛丽·道格拉斯和威尔德韦斯在《风险与文化》中提出了社会政治风险、经济风险及自然风险的分类。他们认为,社会政治风险是一种等级制度主义文化,经济风险是一种市场个人主义文化;与以上两种主流文化相对应的是自然风险,它是一种社会群落的边缘文化,也是造成社会组织混乱的主要原因。[④] 随后,道格拉斯等学者通过"网格/群体"(grid/group)的区分得出这样的结论:风险社会里高度的个人主义价值观降低了自我的集体认同感。[⑤] 从整体而言,虽然理论界对风险采取了不同的分类方法,但是,它们对风险概念基本内涵的解释却惊人的一致:认为风险意味着传统规则和确定性秩序的崩溃和消逝。正如贝克曾这样指出,"风险是一个表明自然终结和传统终结的概念,换句话说,在自然和传统失去它们的无限效力并依赖于人的决定的地方,才谈得上风险。风险概念表明人们创造了一种文

[①] [德]乌尔里希·贝克:《风险社会》,何博闻译,译林出版社2004年版,第19页。
[②] 参见[德]乌尔里希·贝克:《风险社会》,何博闻译,译林出版社2004年版。
[③] 参见[英]安东尼·吉登斯:《失控的世界》,周红云译,江西人民出版社2001年版。
[④] 参见[英]斯科特·拉什:《风险社会与风险文化》,王武龙译,《马克思主义与现实》2002年第4期。
[⑤] 参见[英]斯科特·拉什:《风险社会与风险文化》,王武龙译,《马克思主义与现实》2002年第4期。

明，以便使自己的决定将会造成的不可预见的后果具备可预见性，从而控制不可控制的事情，通过有意采取的预防性行动及相应的制度化的措施战胜种种（发展带来的）副作用"[①]。

总之，在风险与日俱增的 21 世纪，如何防范风险是现代社会不容回避的重要课题。风险是现代消费生活所带来的不确定性。它不仅深刻影响并改变着现代人的消费方式和消费观念，而且已经成为理论研究者解读现代社会的重要视角。正如有学者指出，风险已经成为现代人认识世界和改造世界的基本出发点。由风险社会带来的风险文明，不仅改变了整个"社会的运行逻辑"，而且也改变了人的行为方式，即"风险逻辑"替代了"财富逻辑"而成为人们的基本行为准则。或者说，人们评价客观物质世界的基本尺度"不再单纯依靠'发展指标'和'经济指标'，而开始重视'风险指标'和'环境脆弱性指标'"[②]。如果说"风险指标"也包含对环境污染程度的评估，那么，"风险指标"实际上已经成为人们对事物进行价值判断的基本尺度。然而，风险的潜在性或隐蔽性又使得人们对风险的恐慌或无动于衷的冷漠成为社会生活的常态。贝克将现实生活中的这种恐慌或冷漠概括为"风险陷阱"。他认为，风险在反思工业文明所带来的不安全性或不确定性时，仅仅以"不应该做什么"的方式划定了行为的禁区，却并没有告诉人们"应该怎样做"。因此，"无所事事和需求太多把这个世界转变成了一系列无法克服的风险。这可被称为风险陷阱（risk trap）"[③]。在"风险陷阱"面前的无作为或缺乏相应的行为指引，一方面引发了人们对未来灾难的恐慌，另一方面也加剧了人与人之间社会关系的道德冷漠。

二　道德风险

1986 年，贝克用风险社会理论描绘了人类文明的危机。随后，英国的疯牛病、中国的 SARS 病毒、非洲的埃博拉病毒等突发性的食品安全问题和公共卫生事件进一步佐证了贝克的风险理论，同时也将风险问题凸显

[①] [德] 乌尔里希·贝克、[德] 约翰内斯·威尔姆斯：《自由与资本主义：与著名社会学家乌尔里希·贝克对话》，路国林译，浙江人民出版社 2001 年版，第 119 页。

[②] 张彦：《价值排序与伦理风险》，人民出版社 2011 年版，第 34—35 页。

[③] [德] 乌尔里希·贝克：《世界风险社会》，吴英姿、孙淑敏译，南京大学出版社 2010 年版，第 182 页。

为人文社会科学研究领域的热门课题。正如库柏等学者指出，随着经济全球化和文化多样化，"风险在社会科学中的重要性逐渐提高"，所以，"风险理所当然地成为社会科学的核心"。①

风险与人类的社会生活是如影随形的。从内容来看，它不仅包含经济风险和政治风险，而且还包含着与人们的衣、食、住、行息息相关的道德风险。这也就是说，风险就其性质而言有道德风险（moral hazard）与非道德风险之分。非道德风险主要是指与道德评价无关的自然风险。那么，什么是道德风险呢？依照学界的普遍共识，道德风险最初涉及的是金融行业的保险合同。这里，道德风险一词主要包含两层意思：一方面，它是指投保人有意隐瞒了可能产生的风险或在大小程度方面谎报了风险，从而使保险公司为这种"可能性"风险的发生蒙受经济损失；另一方面，是指由于个人或团体的参保，投保人有意降低了自身对风险的防范能力，或者对风险视而不见而不采取任何有效的防范措施，从而导致了风险的发生。道德风险与伦理风险在多数情况下是作为同义词使用的。正如韦正翔在《逃离国际经济中的伦理风险》中这样写道："与伦理相关的风险为伦理风险，与道德相关的风险为道德风险。从广义来说，伦理包括道德，伦理是道德的起点和终点，因此伦理风险应该包括道德风险"②。由此可见，与道德风险相比，伦理风险概念的内涵更为丰富。只不过，我们在使用这两个概念时并没有对此做出严格意义上的区分。鉴于此，本书也是在比较宽泛意义上使用道德风险一词。从风险问题和关注风险问题的主体来看，20世纪五六十年代，理论研究者和公众主要关注核能和核技术所带来的风险或生存危机。自20世纪70年代以来，西方国家就开始对日益恶化的生态环境问题进行环境风险评估研究。这一点是与西方发达资本主义国家环境主义运动密不可分的。到了20世纪80年代，道德风险问题开始引起经济学家的浓厚兴趣。③ 经济学家认为，道德风险是指代理人试图以最

---

① ［英］彼得·泰勒-顾柏、詹斯·金：《风险的当下意义》，《社会科学中的风险研究》，中国劳动社会保障出版社2010年版，第13页。
② 韦正翔：《逃离国际经济中的伦理风险》，中国社会科学出版社2008年版，第32页。
③ 周战超把20世纪后半叶学界对风险问题的讨论概括为四个阶段：第一阶段是20世纪50年代的核能风险问题；第二阶段是60年代参与风险问题争论的主体发生了变化；第三个阶段表现为70年代价值和世界观的冲突；第四个阶段是80年代全球风险时期。参见周战超《风险文明：一种新的解释范式》，《马克思主义与现实》2005年第6期。

小的经济投入获得收益的最大化而出现的不道德行为。在"委托—代理"理论（principal-agent theory）的基础上，新制度学派的经济学家进一步指出，"道德风险是指，由于信息的不对称和监督的不完全，代理人所付出的努力小于他得到的报酬"①。由此不难发现，道德风险在经济学家那里主要是指主体在谋求个人利益的最大化而做出有损他人的行为选择，从而产生的不确定性行为后果。自20世纪90年代至今，围绕着克隆或代孕辅助生殖等生物技术、全球气候变化问题、虚拟世界的人机伦理或人工智能问题、公共卫生安全、消费生活或信贷市场等重要议题，风险理论家开始全面反思现代性的危机和公民的社会责任。

从目前的研究情况来看，学界对道德风险的界定尚未形成一致的意见。归纳起来，主要有以下三种解释：一是，从经济学的角度把道德风险理解为个人理性行为的不道德后果。按照《新帕尔格雷夫经济学大辞典》的解释，所谓道德风险（moral hazard）是指"从事经济活动的人在最大限度地增进自身效用时做出不利于他人的行为"②。二是，从伦理学的角度看，道德风险通常被人们解释为社会生活或个人的行为选择过程中道德失范或伦理缺位所造成的消极影响。在《伦理学大辞典》中，道德风险是指伦理原则和伦理规范在社会实践过程中，"可能导致不理想效果或负面影响的危险性"③，也指个人的道德行为可能导致的不确定性。换句话说，道德风险集中体现在两个层面：一是道德原则和道德规范造成的不确定性；二是道德行为及其行为结果可能导致的不确定性。就后者而言，我们可以从行为主体和可能发生的危机或风险两个角度来理解和把握现实生活中的不确定性。三是，从社会安全的角度把道德风险理解为当下或未来的不确定性。例如张彦在《价值排序与伦理风险》中把道德风险或伦理风险理解为一种不确定要素的集合体。张彦指出，伦理风险是风险的可能性存在与人们对风险问题的主观预知相结合而提出来的一个重要概念。作为行为选择带来的不确定性，从时间角度看，它包含了现在与未来两个维度。"'伦理风险'范畴的提出开辟了一种新的思维方式，它改变了传统

---

① 卢现祥：《外国"道德风险"理论》，《经济学动态》1996年第8期。
② ［美］亨利·勒德韦尔：《道德风险》，载［英］约翰·伊特韦尔编《新帕尔格雷夫经济学大辞典》第3卷，经济科学出版社1992年版，第588页。
③ 朱贻庭：《伦理学大辞典》，上海辞书出版社2011年版，第21页。

的线性思维模式，创造了生存环境保护的风险智慧，构建了一种新的话语体系。"①

概言之，研究者对道德风险问题的学理探讨大体上沿着这样两条路径：第一条路径是从经济功用的角度把道德风险视为一种经济现象，侧重经济行为的后果分析；第二条路径是从价值评价的角度侧重行为和行为动机的伦理分析及道德评价。从整体而言，它们对道德风险问题的探讨主要侧重行为的负面效应。风险主要是由主体的行为选择或社会伦理原则所造成的不确定性或灾难的可能性。然而，风险的不确定性意味着事物可能朝好的方向发展，也可能意味着危机的发生或灾难的降临。从这一点来说，如果我们只考虑风险的消极影响，而不愿意提及风险的积极影响，那么，这种价值判断难免有失公允。正如贝克也曾明确指出，风险是介于安全与毁灭之间的某个阶段，蕴含着毁灭的可能性。换句话说，道德风险既指人们的不道德行为（价格欺诈、商业投机、不守信用等）给现代生活带来的伦理挑战，也指人们通过对风险的感知或自觉防范，化风险为机遇，从而推动社会经济的发展。这里，之所以强调道德风险的积极作用是因为，"在历史过程中，道德风险是道德新生的伴生物。这不是说道德风险本身孕育出具有生命力的道德内容，而是说，正是在创新过程中，才会具有强烈的风险性"②。道德风险在空间上的拓展性意味着，它不是西方社会特有的文化现象，而是一个全球化的普遍状态；而道德风险在时间上的延伸性意味着，它直指未来，迫切需要我们立足于当下，积极防范未来可能发生的灾难或危险。总而言之，道德风险意味着行为及行为后果的不确定性，是机遇和危机并存的矛盾统一性。它为我们反思社会生活提供了一个全新的视角，同时也是我们理解和规范行为的基本理论方法。正如覃青必在论述道德风险研究的重要性时明确提出，道德风险就是通过对潜在的不确定性或灾难的可能性进行"预测与评估"，并且以此为基础、为主体的行为选择提供某种预防性的引导，"尽可能发挥道德的积极作用并限制道德的消极作用"③。

---

① 张彦：《价值排序与伦理风险》，人民出版社2011年版，第8页。
② 高兆明：《应当重视"道德风险"研究》，《浙江社会科学》2000年第3期。
③ 覃青必：《论道德风险及其规避思路》，《道德与文明》2013年第6期。

三　消费的道德风险

毋庸置疑，居民消费水平的提高意味着经济发展和整个社会福利的改进和提升。然而，在经济全球化时代，消费生活方式的变迁并不是一个独立的自然过程，而是置身于特定的社会经济结构、政治制度和文化背景之中。它既受到特定历史时期经济、政治及文化等多个因素的影响和制约，又反过来影响了整个社会的经济生活、政治生活及文化生活。可以说，我国消费主义生活方式的出现既是社会变迁的重要内容，也是我国计划经济向社会主义市场经济转型的必然产物。虽然消费行为主要涉及主体的具体行为选择，但是，"我们消费什么、消费多少、如何消费，并不完全是个体层面上的事情，而是在很大程度上受到国家政策和制度安排的约束"[①]。所以，对于整个社会而言，消费是经济发展的内在需要，也是人民生活水平提高的重要标识。对于个人来说，由于消费体现的是消费者的自尊需要、生活品位、价值倾向及兴趣爱好等内容，所以，过度消费在多数情况下是行为主体出于面子的需要而被迫做出的行为选择。对此，广州大学的姜彩芬通过结构方程模型对面子与个人的消费选择作了实证研究。在姜彩芬看来，面子不仅体现了个人的社会身份或地位，也关系到自己在他人眼中的外在形象。所以，获得面子或争面子成为现实生活中非常有意思的现象。"人们追求面子其实质是看重面子背后所代表的象征意义和符号资源，因此，争得面子就意味着符号资源的获得和在此基础上个人社会关系网络的扩张，而不要面子则意味着这种资源的缺失及由此带来的不被他人认可和尊重的结果。"[②] 由此不难发现，在消费社会里，个人的行为决策是受消费市场的操控和主体的内在压力双重作用而处于非自主的状态。

不仅如此，消费也是消费者为了构建起自我与外在世界的联系而积极主动地进行行为选择的过程。在无孔不入的广告轰炸下，消费者一方面受外在的诱惑或操控被迫进入色彩斑斓的消费市场，另一方面又积极、主动地通过消费的方式获得自我认同和社会认同。换句话说，过度消费行为的

[①] 王宁：《消费社会学的探索——中、法、美学者的实证研究》，人民出版社2010年版，第24页。

[②] 姜彩芬：《面子、阶层与消费——基于结构方程模型的实证研究》，载王宁编《消费社会学的探索——中、法、美学者的实证研究》，人民出版社2010年版，第280—302页。

产生从根本上讲是外在的物质刺激和内在的心理冲动相互交织的结果。正如波德里亚（中文名也译为鲍德里亚、博德里亚、布希亚）的消费社会批判理论指出，消费不仅是一种被动的、受外力驱使的行为，而且也是一种"主动模式"。他说，"消费是一种［建立］关系的主动模式（而且这不只是［人］和物品间的关系，也是［人］和集体和世界间的关系），它是一种系统性活动的模式，一种全面性的回应，在它之上，建立了我们文化体系的整体"①。在主动和被动双重力量的共同作用下，消费主义已经成为一种全球化的生活方式和文化现象。与此同时，现代生活领域的消费风险特别是道德风险也日益凸显。正如赵玲指出，社会经济发展需要扩大国内市场的消费需求，而无止境的消费需求却使得消费者更加关注自身的物质生活或生活质量的改善。但事实上，"过分刺激消费，张扬消费的经济功用却存在着潜在的道德风险的"②。对于风险问题，鲍曼进行了更为形象的刻画，把现代消费生活描述为"流动性的"、碎片化、不确定性的生存状态。鲍曼认为，相对于固定的、确定性的传统生活而言，流动性的消费生活缺乏一种人类赖以生存和发展的安全感。这种消费生活模式的展开意味着现代社会的不确定性或风险性，意味着人类"生存不安全状态的到来，或者说，是一种丧失了先前的、常规的防御与补救措施的、崭新而不熟悉的不安全状态的到来"③。

在消费社会里，安全感的缺失使得现代人的生活总是呈现出支离破碎、反复无常、不确定性的情景。也正是在这种荆棘丛生的生存困境中，"个体注定要凭借他们自身的智慧去应对生活世界的非理性（用贝克的话说就是，'专家把他们的矛盾和冲突倾倒在个体的脚下，好意地鼓励他/她本人根据自己的观点去评判所有这一切'）"④。个体正是凭着对矛盾和冲突的主观判断，试图通过不断消费的方式来解决这些生存困境。但不幸的是，它却把现代生活演变成永无止境的"购物冲动"。由此可见，消费

---

① ［法］尚·布希亚：《物体系》，林志明译，上海人民出版社2001年版，第222页。
② 赵玲：《消费合宜性的伦理意蕴》，社会科学文献出版社2007年版，第105页。
③ ［英］齐格蒙特·鲍曼：《流动的生活》，徐朝友译，江苏人民出版社2012年版，第161页。
④ ［英］齐格蒙特·鲍曼：《被围困的社会》，郇建立译，江苏人民出版社2005年版，第204页。

不仅是个体试图解决社会矛盾或危机的重要手段，而且也是一种全球化的生活方式。或者说，风险的全球化及个体化方案解决"系统矛盾"的失败，一方面催生了消费社会，另一方面又加剧了消费社会的风险或危机。通过以上讨论，我们不难把消费的道德风险概括为这样两层意思：一方面是指不合理的消费选择给社会生活或自然环境可能造成的消极影响或不确定性；另一方面，它也指主体通过对消费权利及消费风险的认知，自觉抵制过度消费的生活方式或自主选择环境友好型产品。前者从消极方面论述了反思消费生活的紧迫性和必要性；后者从积极方面论述了防范风险的现实意义。由此可见，探讨消费的道德风险问题不仅有利于提高消费者的道德责任意识和消费权利意识，而且有利于推动整个社会的文明进步。

如果说消费的道德风险是由不恰当的消费生活方式和本末倒置的消费伦理文化造成的，那么，正确理解消费主义的本质内涵也就成为防范消费风险的必要前提。英国著名社会学家坎贝尔（Campbell）沿袭马克斯·韦伯的《新教伦理与资本主义精神》中的基本思路，论述浪漫伦理与消费主义精神的内在关联。坎贝尔指出，"幻象与现实之间的相互作用是我们理解现代消费主义（通常也被理解为现代享乐主义）的关键。因为二者之间的紧张创造了对永恒模式的渴望，随之而来的是对现实的不满及对更好东西的向往。白日梦（Daydreaming）把未来转变成虚幻化的现在"[①]。在坎贝尔看来，消费者之所以不断追求新奇的商品或服务，主要因为白日梦是现代人精神生活的重要内容。一方面，白日梦把人们从辛苦的工作或劳动中抽离出来，进而沉溺于消费或购物的快乐体验，另一方面它使现代人产生了购物的冲动。一言以蔽之，虚幻化的价值理想导致现代人产生了消费冲动或强烈的购物欲望甚至染上难以戒除的"消费瘾"，从而使过度消费成为一种"欲罢不能"的行为模式。

消费主义作为现代社会的重要文化现象，包含着丰富的价值内涵。正如伯明翰大学的马修·希尔顿在探讨20世纪英国消费主义的历史演变过程时曾指出，"消费主义有多重含义。它援引了增加消费率作为合理经济

[①] Campbell, C., "Consuming Goods and the Good of Consuming," in David Crocker and Toby Linden, eds., *Ethics of Consumption: The Good Life, Justice, and Global Stewardship*, Lanham, MD: Rowman & Littlefield, 1998, p.147.

的基础,转而引发一系列的文化效应,而这些对于社会生活纳入商品世界是极其重要的。消费主义要么被理解为一种积极现象,在这个意义上它等同于现代社会的全员参与;要么被理解为消极的表达,如同在1960年它在万斯·帕卡德的《浪费的制造者》中第一次被使用,意指过度的物质主义"①。对于加柏尔(Gabriel)和朗(Lang)而言,消费主义是政治意识形态、生产、阶级关系、国际贸易、经济理论、文化价值及道德价值等多重力量共同作用的自然结果。概括而言,它主要包含三个维度:一是,历史维度;二是,全球维度;三是,生产维度。消费的历史维度主要强调消费主义是人类社会历史演进的必然产物。消费的全球维度是说,消费主义已经成为一种全球化的消费文化现象,可供消费者选择的商品或服务也日益扩大到全球范围。消费的生产维度是指,现代人既是消费者又是生产者。但事实上,辛苦的劳作与令人感官欢愉的消费之间的巨大反差,不仅使现代人不断逃离繁重的生产劳动而沉溺于消费生活,而且还造成消费与生产之间的错位或分离,甚至引发严重的经济危机和道德风险。

正是从这个意义上说,批判性审视消费主义生活方式及现代消费文化对于我们认清当前消费生活的伦理本质及消费的道德风险具有重要的现实意义。自人类进入21世纪以来,"西方消费主义正面临着结构不确定性,日益受到技术和经济力量特别是环境和人口因素的威胁"②。这意味着,消费社会里的道德风险问题是一个综合性课题。因此,我们对消费问题的讨论不能仅仅局限于经济学或社会学领域,而应该从伦理学的视阈深入剖析消费的价值内涵和道德风险。一方面,我们要直面消费生活,从消费伦理学的角度揭示个人消费选择可能带来的道德风险;另一方面,从道德责任的角度为我们防范消费的道德风险提供了相应的伦理对策。具体说来,探讨消费的道德风险问题之所以必要,主要基于三点考虑。

第一,消费概念的暧昧性。消费是现代社会的核心概念,其重要性是不言而喻的。其中,特别注意的是,消费包含着创造性与毁灭性双重内涵。正如帕特森在《消费与日常生活》中指出,"消费一词,源自 con-

---

① Hilton, M., *Consumerism in Twentieth – Century Britain: The Search for a Historical Movement*, Cambridge, UK, New York: Cambridge University Press, 2003, p. 4.

② Gabriel, Y. and Lang, T., *The Unmanageable Consumer*, 2nd Edition, London: Sage Publications, 2006, p. 24.

sumere，意指用光、毁灭，如火的消耗，或者是维多利亚人用来指破坏肺部的结核病一词。然而，在拉丁语中，消费拼写为 consumare，与 consummate 的词义相同，意思是完婚、圆房。在法语中，消费（consumer）是消极的涵义和积极的涵义同时使用。这也就是说，消费既是破坏性的（用尽），又指创造性的（产生圆满）"[1]。按帕特森的解释，日常生活中的消费行为既包含了耗损的意思，又蕴含了创生的内涵。或者说，消费在履行其经济职能时是以自然资源的大量消耗为前提的。由此可见，在现代社会里，消费的暧昧性集中表现为过分夸大消费的经济功能，而忽略了消费的价值维度或伦理内涵，同时还以消费的积极内涵抹杀或遮蔽了消费的消极影响。

第二，奢侈消费的合理化。自人类进入阶级社会以来，奢侈消费在不同时期不同国家或地区都不同程度地存在。不论在西方古典伦理学中，还是在中国传统伦理学中，奢侈通常被视为恶德，节俭被视为美德。然而，在传统社会向现代社会的过渡或转型过程中，经济学与伦理学的分离却为奢侈消费脱离道德的视野创造了有利的条件。而现代社会里"奢侈去道德化"又进一步使奢侈消费彻底摆脱了道德评价或道德判断的束缚，成为一个价值无涉的"中立者"。"这一去道德化过程的核心是对世俗生活的重估。世俗生活由于其对不断重复的日常生活的必需倍加关注而遭到贬斥。"[2] 在 18 世纪欧洲社会的"奢侈大争论"中，旅居英国的荷兰医生曼德维尔率先以"私恶即公利"的道德命题，从功利主义的角度肯定奢侈这一恶德的社会价值。在曼德维尔看来，奢侈虽然是"恶行"，但是它对于各国贸易来说是必要的。这种"必要的恶"在随后的发展过程中逐步褪去"否定性的道德评价"，进而演变成为一种合理的伦理行为。当马克斯·韦伯在《新教伦理与资本主义精神》中把勤劳节俭视为"上帝选民"的重要道德品质时，德国另一位思想家桑巴特在《奢侈与资本主义》中却立足于整个资本主义社会的发展，提出了与韦伯的节俭论针锋相对的观点。桑巴特认为，奢侈是资本主义社会经济发展的核心动力。如果曼德维

---

[1] Paterson, M., *Consumption and Everyday Life*, London, New York: Routledge, 2006, p. 8.
[2] ［美］克里斯托弗·贝里：《奢侈的概念：概念及历史的探究》，江红译，上海人民出版社 2005 年版，第 113 页。

尔是从贸易平衡的角度强调奢侈的经济价值,那么,桑巴特就是从社会经济发展的角度肯定奢侈的伦理价值,强调奢侈是资本主义经济发展的动力源泉。至此,奢侈的现代含义已经从"必要恶"转变成必要"善"。奢侈的合理性和"正当性"是现代消费生活的价值呈现,也是造成消费的道德风险问题的主要原因之一。

第三,消费社会的价值迷失。消费社会将消费视为现代生活的最高目标,消解了现实生活的意义或价值。在消费主义文化全球肆虐的现代社会,各种版本的"消费神话"成为消费者趋之若鹜的人生"信条"。"消费主义使自身成为神话的重要策略是理论表述、价值宣谕的'暧昧性',具体表现为以部分代整体以掩饰尖锐的冲突——具体策略是'审美化'。"[①]"日常生活的审美化"的后果就是,一方面以泛化的审美情趣把消费生活从传统节俭美德的束缚下解放出来,另一方面将"我消费,故我在"(I shop therefore I am)[②]的消费信念深入人心。正如波德里亚在《消费社会》中曾这样指出,"我们的超级购物中心就是我们的先贤祠,我们的阎王殿。所有消费之神或恶魔都汇集于此"[③]。由此可见,消费不仅仅是经济行为,而是人与人或人与物相互交流、沟通的符码和解码的话语体系。在消费符号化的背景下,消费品成为自我向他人传达信息的媒介,消费品成为生活"意义"本身,消费市场成为"驯化"现代人消费行为的"竞技场"。

综上所述,消费的暧昧性、奢侈的合理性和正当性及消费社会的价值迷失,使得消费的道德问题特别是道德风险问题成为当代消费伦理学研究的重要议题。这里,我们探讨消费的道德风险问题不仅要揭示消费主义侵蚀现代人精神世界的客观事实,而且要揭示出现代消费生活的救赎及其回归本位的伦理路径。在消费社会里,现代人面临着各式各样的风险,这些

---

① 刘方喜:《简论消费主义观念的暧昧性》,《中国社会科学院院报》2008年7月8日第3版。

② Campbell, C., "I Shop therefore I Know that I Am: The Metaphysical Basis of Modern Consumerism", in Karin M. Ekström and Helene Brembeck, eds., *Elusive Consumption*, Oxford, New York: Berg, 2004, p.33.

③ [法]让·波德里亚:《消费社会》,刘成富、全志钢译,南京大学出版社2000年版,第8页。

风险一方面来自变幻莫测的市场环境，如黑心棉、地沟油、毒大蒜、假疫苗等问题；另一方面也来自个人的消费行为对社会或自然环境造成的消极影响，如生活垃圾或资源的过度浪费，为了追求地位或社会认同的炫富或攀比消费等。风险的可能性意味着，面对消费问题，我们不能视而不见或漠然处之，而应该"敢于"采取行动积极防范风险。正如吉登斯在《失控的世界》中曾这样写道："毫无疑问我们不能消极地对待风险。风险总是要规避的，但是勇敢的冒险精神正是一个充满活力的经济和充满创新的社会中的最积极的因素。"①

第二节 国内外消费伦理研究现状

一 国外消费伦理问题的研究现状②

从时间来看，消费社会在西方资本主义国家出现的时间要早。有关消费问题的伦理探讨首先引起了一些消费社会学家的关注。在西方消费社会批判理论中，特别值得关注的是消费符号化及消费生活的虚幻化的问题。这是因为现代消费文化宣扬奢侈消费或"为了消费而生存"的价值理念，这与西方古典时期所奉行的节制美德是背道而驰的。

在古希腊时期，西方哲学家主要通过适度美德探讨了节制与奢侈之间的辩证关系，告诫人们选择一种"值得过的"、有意义的生活。近代以降，功利主义经济学以"最大多数人最大的幸福"为基本原则，强调经济增长和社会公共福利的现实意义，并通过"奢侈的去道德化"颠覆了宗教改革运动以来新教伦理中勤劳节俭的道德传统，继而又导致了消费与伦理之间的对立与分离。这种对立和分离一方面使个体的消费行为陷入一种"无人监管"的状态，另一方面也使得人类的消费生活出现了一个价值"真空"。价值"真空"的存在意味着自我生存根基的消逝，这迫切需要一种新的"价值观"来支撑个体的生存。而这一切都为消费主义介入现代生活提供了可能性。

---

① ［英］安东尼·吉登斯：《失控的世界》，周红云译，江西人民出版社2001年版，第32页。

② 参见董玲《西方消费伦理研究评述》，《东南大学学报》（哲学社会科学版）2015年第3期。

美国著名历史学家彼得·斯特恩斯（Peter Stearns）在探讨消费主义演变的历史进程时曾这样指出，18世纪60年代的英国消费革命（consumer revolution）伴随着第一次工业革命产生，它催生了消费主义文化，也使消费社会在一些经济较发达的西方欧洲国家诞生。随后，消费主义横跨大西洋，开始向美洲大陆渗透。"在1850年，美国的消费主义已经与欧洲国家并驾齐驱（in almost the same breath）。到了1880年，学徒（即美国消费者）开始教师傅，已表现出美国消费者的领导地位。"① 从整体而言，消费主义文化蔓延的基本路径是"西欧—美国—全球"。现代消费社会的主要特征就是将新产品的技术研发和对消费者新的消费需求的不断发掘视为社会生活的核心，然后又以"美国化"的方式向世界各地的消费者传播这种消费文化，从而推动了消费主义生活方式的全球化。

从根本来讲，消费主义生活方式的全球传播主要有两个原因。一是，经过18世纪西方国家奢侈的"去道德"阶段，过度消费到了现代社会被视为一种"合理"的生活方式。消费主义奉行消费至上的价值原则，主张个人消费行为正当与否的最终标准取决于它是否促进社会经济的发展。在现代消费社会里，个体的消费选择并不是孤立的经济行为，而是经过"祛魅"与"符魅"的过程被披上了"伦理外衣"，最终得到了公众的普遍认可。或者说，奢侈消费的合理性和正当性为消费主义的全球蔓延和拓展提供了价值依据和道德支撑。二是，在资本的驱使下，生产社会向消费社会的过渡或转型无限放大了消费者的欲望。对于欲望消费问题，鲍曼曾这样写道："消费主义的历史，就是瓦解和抛弃一系列难以跨越的和'稳固'的障碍的历史。这些障碍限制了想入非非，用弗洛伊德的术语说就是，把'快乐原则'转变为'现实原则'。'需要'首先被抛弃，随后被欲望取代。"② 鲍曼认为，欲望是消费社会协调快乐原则和现实原则的重要心理机制。它将现代人不断角色化为各种具体情境下的消费者，把消费生活割裂为具体空间的一次次购物冲动。由此不难发现，消费市场是把人们的主观消费欲望转化为实际购买行为的重要平台。而每次的购物体验给

---

① Stearns, P. N., *Consumerism in World History: The Global Transformation of Desire*, 2nd Edition, London: Routledge, 2006, p. 46.
② [英] 齐格蒙特·鲍曼：《被围困的社会》，郇建立译，江苏人民出版社2005年版，第192页。

消费者带来的不仅是瞬间的感官愉悦,而且也使消费者不断卷入"迅速结束和重新开始"的消费游戏。在消费欲望的驱使下,个体的消费习惯不断被市场所驯化、塑造或培育,以至于最后发展成为一个只有起点没有终点的消费"竞赛"。而各大购物网站或各城市鳞次栉比的购物中心也就成为消费者攀比消费或消费竞赛的"竞技场"。

在消费主义文化的浸染下,奢侈消费、攀比消费或炫耀消费迅速成为社会生活中的普遍现象。据美国制度经济学家凡勃伦的分析,炫耀消费具有其他事物无法比拟的社会认同功能及相应的制度保障。在凡勃伦看来,有闲阶级制度一方面通过渲染荣誉,使个人不断通过炫耀消费博取他人赞许的目光或社会认同;另一方面还以礼仪训练的方式强化了个人的这种消费生活方式。"之所以会这样,直接原因是他时刻要注意到这个水准,习惯成自然,这个水准已与他的生活方式合而为一,因此使他有了深刻印象,认为执行这个消费水准是对的、好的;间接原因是公众方面的坚决态度——遵守公认的消费水准是一个礼仪上的问题,因此不遵守这个水准是要受到轻视、受到排斥的。"[①] 在荣誉和礼仪训练的双重作用下,炫耀消费成为有闲阶级的主要生活方式。而炫耀消费或过度消费不仅导致人们生活意义的丧失、人生价值的迷茫及身份认同的危机,而且带来了一系列的环境问题。

环境问题的恶化突显人与自然之间的紧张,也提出了消费的可持续性问题。可持续消费(sustainable consumption)是可持续发展的重要组成部分。它最早可以追溯到1992年在巴西里约热内卢召开的联合国环境与发展大会。此次会议的纲领性文件《21世纪议程》第四章明确指出,全球环境问题恶化的主要原因之一就是消费模式的不可持续。如此一来,转变消费模式、实现可持续消费成为全球生态环境治理必不可少的重要内容。正如琳达·丝达奇在《多少算够——消费社会与地球的未来》一书的前言中写道:"消费是三位体中被忽略的一位,如果我们不想走上一条趋向毁灭的发展道路的话,世界就必须面对它。这个三位体中的另外两位——人口增长和技术的变化——已引起了注意,但是消费却始终是默默无闻。"[②]

[①] [美]凡勃伦:《有闲阶级论:关于制度的经济研究》,蔡受百译,商务印书馆2007年版,第87页。

[②] [美]艾伦·杜宁:《多少算够——消费社会与地球的未来》,毕聿译,吉林人民出版社1997年版,"前言"第5页。

自卡逊（Rachel Carson）的《寂静的春天》（1962）和罗马俱乐部的《增长的极限》（1972年）等著作的相继问世，消费问题已成为环保主义者颇为关注的重要议题。1998年，马里兰大学召开了以"消费伦理学"为主题的国际会议。根据会议论文，大卫·克罗克（David Crocker）和托比·林登（Toby Linden）编辑出版了《消费伦理学：美好生活、正义及全球守护者》（*Ethics of Consumption: The Good Life, Justice, and Global Stewardship*）一书。书中，克罗克围绕着消费与美好生活这个主题曾这样指出，消费伦理学不仅为消费行为提供了正当与否的道德标准，而且还论述了自我对他人、社会及自然环境应负的道德责任。① 2000年，牛津大学环境、伦理学与社会研究中心的劳丽·迈克（Laurie Michaelis）在研究报告《消费伦理》中追溯了消费主义产生的历史文化根源，同时还探讨了实现可持续消费的伦理资源。② 2005年，罗伯·哈里森（Rob Harrison）、特里·纽霍姆（Terry Newholm）及狄德·肖（Deirdre Shaw）合作编辑了《伦理消费者》（*The Ethical Consumer*）一书。该书从理论化的伦理消费、理解和回应伦理消费者等方面反思了消费主义文化，同时也论述了伦理消费的理论困境。③ 丹麦哥本哈根大学伦理学与法学中心的克里斯汀·科夫（Christian Coff）通过考察食物消费与伦理之间的关系出版了《喜好伦理学：食物消费伦理》（*The Taste for Ethics: An Ethic of Food Consumption*）一书。科夫通过梳理食物生产的历史后指出，食物伦理学具有可追溯性（traceability），而追踪食物最根本的目的在于对生产过程进行全方位的监控，从而确保消费者的食品安全。在科夫看来，消费生活的碎片化迫切需要重塑消费者道德人格的完整性，并通过全面且准确地把握生产史来实现消费行为与消费理念的一致性。齐格蒙特·鲍曼从流动现代性的角度有力

---

① 参见 Crocker, D and Linden, T., "Introduction", in Darid Croker and Toby Linden, eds., *Ethics of Consumption: The Good Life, Justice and Global Stewardship*, Lanham, M.D.: Rown & Littlefield, 1998。

② 参见 Michaelis, "L·Ethics of Consumption", in Jackson, T., eds., The Earthscan Reader, *in Sutainable Consumption*, London: Earthscan, 2006。

③ 参见 Barnett, C., Cafaro, p., and Newholn, T., "Philosophy and Ethical Consumption", in Harrison, R, Newholm, T, Shaw, D., eds *The Ethical Consumer*, London: SAGE, 2005.

地批判了消费主义文化的欺骗性，并且论述了责任消费的可能性。① 在《全球化的责任：伦理消费的政治合理性》（Globalizing Responsibility: The Political Rationalities of Ethical Consumption）一书中，英国开放大学的巴内特从正义和全球责任的角度探讨了伦理消费的可能性。巴内特指出，"在关于气候变化、人权、社会正义、可持续性及公共健康的现代争论中，日常消费模式通常是所有危害的始作俑者，也是解决这些问题的潜在手段"②。2013 年 9 月，第 11 届欧洲农业与食品伦理学协会在瑞典乌普萨拉召开了以"消费伦理学：公民、市场以及法律"为主题的国际会议，对食品和农产品消费过程中的伦理问题展开了热烈讨论。

从整体而言，对消费问题的伦理思考，西方学者主要沿着这样三条路径展开：一是消费者伦理（consumer ethics）的实证研究；二是伦理消费（ethical consumption）的方法论探讨；三是消费伦理学（ethics of consumption）的规范性研究。消费者伦理是以道义论和功利论相结合的伦理模型（其中最具代表性理论的是"Hunt – Vitell"模型）③ 为代表，主要论述了影响人们伦理消费的因素，同时还揭示了消费者伦理决策的内在机制。它侧重分析消费心理和消费文化对消费选择的深刻影响，主要代表人物是史考特·威特（Scott Vitell）、詹姆斯·曼西（James Muncy）等。"伦理消费是将消费作为表达个人道德承诺（moral commitments）的方式。"④ 它集中讨论了消费伦理内化为消费者自觉行动的具体方法或途径，代表人物如克莱夫·巴内特（Clive Barnett）、菲利普·卡法罗（Philip Cafaro）及特里·纽侯姆（Terry Newholm）等。消费伦理学探讨的是消费者在消费

---

① 参见何佩群编译《消费主义的期骗性——鲍曼访谈录》，《中华读书报》1998 年 6 月 17 日。Bauman, Z., *Pastmodern Ethics* Qxford: Blackwell, 1993。Bauman, Z., *Consuming Life*, Cambrige: Polity Press, 2007。Bauman, Z., *Does Ethics Have a Chance in a World of Consumers*? Cambridge, Mass: Havard Vniversity, 2008。

② Barnett, C., Cloke, P., Clarke, N., eds., *Globalizing Responsibility: The Political Rationalities of Ethical Consumption*, Chichester, West Sussex, U.K., Malden, MA: Wiley – Blackwell, 2011, p. 1.

③ 参见 Vitell, S. J., "Consumer Ethics Research: Review, Synthesis and Suggestions for the Future", in *Journal of Business Ethics*, Vol. 43, No. 1, 2003。

④ Barnett, C., Cafaro, P., and Newholm, T., "Philosophy and Ethical Consumption", in Rob Harrison, Terry Newholm and Deirdre Shaw, eds., *The Ethical Consumer*, London: SAGE, 2005.

过程中应该遵守的基本伦理原则和道德规范，侧重论述消费与伦理之间的内在关联，以及正当消费的伦理界限和道德原则，主要代表人物如大卫·克罗克、劳丽·迈克等。这也就是说，消费者伦理、伦理消费及消费伦理学各有侧重点：消费者伦理侧重考察影响消费者伦理消费行为的主观因素或外部客观条件，通过实证研究剖析了道德消费或不道德消费的内在机制。伦理消费主要把消费行为解释为自我对他人承担道德义务的基本方式。而消费伦理学则试图"批判现代消费主义的整体图景"①，为消费者的购买决策提供了相应的理论指引。

由此可见，在消费伦理问题提出之后，西方学者从不同角度探讨了消费伦理的研究对象、基本原则及主要问题，例如消费多少是正当的？消费伦理何以可能？如何构建现代消费伦理学体系？从消费伦理学的角度如何看待消费主义文化？概括地说，西方学者对消费伦理问题的研究主要包括四个方面的内容。

第一，论述消费与环境保护之间的关系

在现代消费伦理学展开之前，西方学者关注较多的是环境问题，譬如如何减少过度消费对自然环境的破坏？如何确定消费合理性的道德边界？正如杜宁在《多少算够——消费社会与地球的未来》中指出，"如果这星球上支持生命的生态系统将继续支持未来后代的生存，消费者社会将不得不大幅度地削减它所使用的资源，一部分转移到高质量、低产出的耐用品上，另一部分通过闲暇、人际关系和其他非物质途径来得到满足"②。杜宁认为，消费社会迫使我们从道德层面反思过度消费的生态困境，并且从实践上降低目前的消费水平。在此基础上，克罗克进一步追问了消费的伦理限度。在克罗克看来，"多少算够"的问题是不完整的，我们有必要深入探讨"什么是足够的""对谁而言是足够的"及"基于什么目的的消费是合理的"等一系列问题。随着环境污染问题愈演愈烈，西方学者理论研究的关注点也逐渐从"多少算够"（how much is enough）的问题转变为

---

① Barnett, C., Cafaro, P., and Newholm, T., "Philosophy and Ethical Consumption", in Rob Harrison, Terry Newholm and Deirdre Shaw, eds., *The Ethical Consumer*, London: SAGE, 2005.

② [美]艾伦·杜宁：《多少算够——消费社会与地球的未来》，毕聿译，吉林人民出版社1997年版，第8页。

"当再多也不够（when too much is not enough）时，我们需要何种消费方式？"的问题。正如乌拉德（Woollard）指出，当再多资源也不够消费时，那么，这种消费模式就带有致命性，"过度消费的绝大多数消极后果可以归结为以私家车为基础无效率的交通系统不成比例的能源高消费"[①]。对于过度消费所产生的环境问题，卡法罗借助环境美德伦理学（environmental virtue ethics）的最新理论成果指出，美好生活需要我们限制并减少破坏环境的消费。以环境美德伦理学为出发点，卡法罗提出了衡量经济消费（economic consumption）正当与否的道德标准。这个标准就是根据"这种消费是改进还是偏离了我们的美好生活"[②]。如果这种消费模式使我们的生活变得更加美好，那么，它就是合理的。反之则不然。卡法罗认为，环境美德伦理学通过限制或降低经济消费水平，在一定程度上提高了我们的生活质量，同时也批判了一些主流经济学家"越多越好"（more is better）的观点。在《致命的消费：对可持续发展的反思》中，德·赫斯（de Geus）通过追溯自我节制和适度消费的美德传统乐观地断言，"'过度消费的终结（the end of over-consumption）'并不是遥不可及的乌托邦"[③]。在德·赫斯看来，过简朴生活者（Down Shifter）所提倡简单化的文化运动为适度消费生活方式提供了有力的理论支撑。

从环境伦理学的角度探讨消费问题往往比较直观地揭示了过度消费对自然环境造成的负面影响。但是，环境伦理学侧重人与自然之间关系的道德考虑，容易忽略影响消费行为的外在文化因素及消费者的内在消费心理或主观动机等因素，因而难以说明消费者应该如何抵制消费主义文化，如何合理消费等问题。

第二，澄清当前伦理消费所面临的主要障碍及亟须解决的难题

对于克罗克来说，明确消费选择的道德标准主要面临着三个方面的理论诘难。一是，人们对个人的消费选择或消费过程的理解或评价存在分歧。

---

① Woollard, R. G., Ostry, A. S., *Fatal Consumption: Rethinking Sustainable Development*, Vancouver: UBC Press, 2000, p. 3.

② Cafaro, P., "Economic Consumption, Pleasure, and the Good Life", in *Journal of Social Philosophy*, Vol. 32, No. 4, 2001.

③ De Geus, M., *The End of Over-Consumption: Towards a Lifestyle of Moderation and Self-Restraint*, Utrecht: International Books, 2003, p. 197.

赞成消费的研究者认为，消费是促进经济增长不可或缺的动力引擎；反对消费的研究者主张，过度消费造成了资源的浪费与环境的破坏；对消费行为持中立立场的研究者则认为，如何消费是个人的私事，与道德善恶无关。二是，对于物质主义或消费主义与消费者节假日狂欢问题，人们的态度截然不同：要么极力谴责，要么大为赞许。可以说，对于如何消费的问题，"公众的争论呈两极化的趋势"[1]。三是，主流经济学家重视商品或服务的生产环节，容易把消费者视为偏好无法满足的效用最大化者（maximizers）。针对这些问题，克罗克等人指出，构建现代消费伦理思想体系首先必须回应价值中立主义和主流经济学家的理论诘难。借鉴贝克的风险社会理论，纽侯姆（Newholm）指出，个人主义价值观的盛行使得西方人的消费选择正面临着缺乏传统文化指引的诸多困境。这使得消费伦理学研究显得尤为紧迫和必要。而展开消费伦理学研究的首要工作就是澄清当前消费伦理学理论构建所面临的主要挑战，重构伦理消费的哲学基础。具体而言，当前消费伦理学研究迫切需要解决以下四个问题：（1）检审伦理消费被讨论和拓展的正式与非正式的微观文化环境；（2）进一步探讨在道德自我构建过程中的"伦理消费者"（ethical consumers）及消费者伦理学（consumer ethics）的多样化叙事；（3）追溯并解释过去一段时间里有关伦理消费的讨论；（4）比较与对照不同文化语境中各种各样有关伦理消费的讨论。"[2] 如果说纽侯姆（Newholm）从消费社会的文化环境探讨伦理消费研究中的主要问题，那么，牛津大学的迈克则从社会市场机制的角度揭示了现代消费生活不可持续性的症结所在。对于迈克而言，消费社会的市场机制没有为过度消费所造成的环境风险提供合理的解释，从而直接导致消费主义生活方式的全球盛行，所以，转变消费主义的生活方式是实现可持续消费的主要途径。必须承认，这些研究成果从不同角度揭示了伦理消费的理论难点和现实挑战，这对于我们正确认识和把握消费伦理的研究主题具有重要意义。

第三，探讨伦理消费思想体系的构建

---

[1] Crocker, D, Linden, T., "Introduction", in Crocker, D. and Linden, Toby., eds., *Ethics of Consumption: The Good Life, Justice, and Global Stewardship*, Lanham, MD: Rowman & Littlefield, 1998, p. 2.

[2] 参见 Newholm, T. and Shaw, D., *Studying the Ethical Consumer: A Review of Research*, Journal of Consumer Behaviour, 2007。

克罗克把经济伦理学家阿玛蒂亚·森（Sen）和道德哲学家纳斯鲍姆的能力方法相结合，为消费者具体情境下的消费选择提供了一个基本伦理标准。这个标准就是能力和功能。克罗克认为，"如果某种消费模式或消费选择更能保护和促进这些能力和功能，那么，它就优于其他消费模式或消费选择"[1]。如果某种消费选择弱化了这种能力的实现，那么，它就是不正当的。与克罗克不同，巴内特从美德伦理学的角度考察了道义论方法和功利论方法在消费行为的道德评价方面的缺陷与分歧，进而提出以德性论方法化解现代消费之谜。巴内特指出，在道义论中，消费行为正确与否主要取决于它是否遵守可普遍化的道德规则；在功利论中，消费的"善"与"恶"关键在于这种消费行为的后果是否促进公共福利。巴内特认为，功利论和道义论侧重消费行为外在道德规则的设定，往往忽略了对消费行为内在动机的考察，从而导致伦理消费决策仅仅停留于理论层面，而最终流于形式。所以，伦理消费还有赖于德性论方法的补充，而责任就是其中重要的美德。因为"伦理消费的策略比较模糊地蕴含在某特殊伦理模型的普遍化过程中。这种模型强调个人的消费选择承载着对他人的责任感，伦理行为容易被界定为一种比较宽泛的责任选择。这种责任既是对人类的负责，也是对非人类负责。并且，这种选择是以消费者的身份认同为前提的"[2]。

第四，从消费伦理学的角度审视消费主义文化

消费与消费主义的主要区别在于：消费是人类社会生活的重要组成部分，而消费主义是生产社会向消费社会过渡或转型的文化产物。"消费主义文化的首要特征在于否认延搁和适宜性的美德，否认满足的延误。"[3]鲍曼认为，在消费社会里，幸福生活的追求意味着不断制造商品、不断抛弃废弃物。支撑消费主义经济有两个重要前提：一是诉诸消费者的欲望；二是诉诸消费社会的虚假承诺。鲍曼认为，消费主义强调即时消费和即刻享乐，实际上是把个人的自由降格为物的消费，带有极大的欺骗性。鲍曼

---

[1] Crocker, D., "Consumption, Well-Being, and Capability", in Crocker, D. and Linden, Toby., eds., *Ethics of Consumption: The Good Life, Justice, and Global Stewardship*, Lanham, MD: Rowman & Littlefield, 1998, p.376.

[2] Barnett, C., Cloke, P., Clarke, N., eds., "Consuming Ethics: Articulating the Subjects and Spaces of Ethical Consumption", in *Antipode*, Vol.37, No.1, 2005.

[3] Bauman, Z., *Consuming Life*, Cambridge: Polity Press, 2007, p.85.

通过对"伦理学在消费者世界中有机会吗"的追问,论述了全球化时代人类社会生活的不确定性及这种不确定性所造成的多重风险。在鲍曼看来,日常消费生活的不确定性不仅导致审美趣味支配了个人的消费决策,而且还使得伦理共同体整体机制失灵。"'共同体(community)'的思想作为人类生存的必要条件通过对自身风险的体验而产生。"① 因而,鲍曼从流动的现代性出发呼吁消费者应该树立一种责任意识,并自觉做出负责任的选择。责任意味着对某人负责(responsibility to oneself)(你欠自己的,犹如直言不讳的商人不断重复讨债)。② 与鲍曼不同,迈克通过传统文化的内在张力揭示了消费主义的文化根源。迈克指出,"消费主义是启蒙科学和个人浪漫主义观点之间不幸婚姻的结晶"③,虽然康德的道义论、边沁的功利论及罗尔斯的社会契约论之间存在分歧,均无法与人们对"什么是正确的"的直觉判断相一致,但是它们可以成为可持续消费的伦理资源。在迈克看来,改变当前消费模式的关键在于通过整合现代伦理学与传统伦理资源,凭借着公平和正义两个重要伦理原则构建人与人之间和睦共处的共同体,并通过对话、交流的方式追寻更美好的生活。

总体而言,西方消费伦理学是对消费生活中伦理问题的自觉回应。消费伦理问题的提出体现了现代消费生活的三重转变。一是,从消费向消费主义的转变。前已备述,消费主义是当下全球盛行的生活方式和文化模式。消费主义取代日常生活消费的经验事实表明,消费不仅仅是社会经济发展的驱动力,而且已经完全蜕变成个体人生价值或意义的载体。在经济全球化时代,消费主义的存在不仅是一个不争的事实,而且是人类社会发展的必然趋势。如果消费主义是一个问题,那么,它就需要全世界共同面对。正如斯特恩斯曾指出,消费主义的历史研究并不表明消费行为的善或恶。但值得注意的是,消费主义作为一种全球化的趋势,使得现代人容易受其操控,因此,"如何管理消费主义是人类面临的一个重要挑战。尽管

---

① Bauman, Z., *Does Ethics Have a Chance in a World of Consumers*? Cambridge, Mass.: Harvard University Press, 2008, p.153.

② 参见 Bauman, Z., *Does Ethics Have a Chance in a World of Consumers*? Cambridge, Mass.: Harvard University Press。

③ Michaelis, L., "Ethics of Consumption", in Tim Jackson. eds., *The Earthscan Reader in Sustainable Consumption*, London: Earthscan, 2006, p.330.

消费主义的背后隐藏着诸多复杂的因素，但消费主义是人类历史演进的产物，所以，它应该服务于人类的目的"[1]。

二是，从节俭消费向挥霍或浪费的转变。众所周知，奢侈或浪费是现代消费社会的普遍现象。潜藏在这一现象背后强有力的支撑就是奢侈或浪费的合理性和正当性。正如波德里亚指出，消费社会的奢侈浪费现象并不是个人非理性行为的残余物，而是个人理性选择的必然结果。挥霍性浪费及消费费用的增加，其现实作用就在于这些消费行为表现了个体差异或生活意义。"'消费'作为消耗的概念显示出了轮廓，也就是作为生产性的消费——与建立在需求、积累和计算基础之上的'节约'恰恰相反。"[2] 这也就是说，现代社会对消费行为的经济功能的片面夸大，一方面颠覆了传统社会的节俭美德，另一方面也给奢侈浪费披上了合法的外衣。

三是，从消费革命向消费者运动（consumer movement）的过渡或转型。消费主义文化在消费社会中诞生，继而通过消费者运动将消费主义推向了一次又一次的高潮，如绿色消费主义（green consumerism）、伦理消费主义（ethical consumerism）、政治消费主义（political consumerism）等。绿色消费主义是以消费者的绿色消费行为积极响应了20世纪70年代的西方国家环境主义运动。伦理消费主义则体现了消费者对购买决策过程中一些道德问题的关注，如"血汗工厂"、企业社会责任、公平贸易等。政治消费主义是指消费者通过政治参与的形式进行消费选择或自觉抵制某种产品或服务，希望以此改变市场对个人消费决策的权力操控。总之，消费社会的诞生否认了传统社会的节俭美德，同时肯定了奢侈或浪费等消费行为，从而使得消费主义在全球范围内畅行无阻；而在消费主义全球蔓延的过程中，形形色色的消费者运动又将个体的消费权利和道德责任问题凸显出来。从这个意义来讲，消费主义从来就不是脱离人们的道德评价而孤立存在的生活方式和文化模式。它体现了商品交换背后的人与人之间的某种伦理关联。

美国学者斯特恩斯在探讨消费主义的演进历史时曾经指出，从消费行

---

[1] Stearns, P. N., *Consumerism in World History: The Global Transformation of Desire*, 2nd Edition, London: Routledge, 2006, p. 159.

[2] ［法］让·波德里亚：《消费社会》，刘成富、全志钢译，南京大学出版社2000年版，第25—26页。

为的消极影响看,"消费主义是非常肤浅的"①。首先,它使消费者容易被市场营销人员或广告所操控,最终不得不屈服于被剥削或被压迫的工作环境;其次,消费主义生活方式使得消费者沉溺于物质享乐,往往忽略自身的精神需求;最后,过度消费产生了大量废弃物,极大破坏了生态环境。从消费行为的积极影响看,消费主义既提高了消费者的权利意识,也是保护消费者正当消费权益的社会运动形式。作为社会运动形式,它给消费者提供了一种归属感,"通常代表了自由和个人选择,也代表着对僵化的社会等级或性别歧视的反抗"②。因此,消费主义从整体而言是一把"双刃剑",既造福于人类,又给现代人带来了风险或灾难。换句话说,消费主义虽然对于提高消费者的权利意识及维护消费者的正当权益具有重要作用,但是,这并不意味是我们可以忽略消费主义的负面影响。

通过对国外消费伦理思想的梳理,我们不难发现:(1)消费主义文化的甚嚣尘上,加剧了全球的环境危机及消费生活的道德风险,使消费伦理学研究成为必要;(2)如何防范消费的道德风险问题是现代消费伦理学无法回避的重要课题。西方消费伦理学研究虽然取得较为丰硕的理论成果,但是,从整体而言,它不够成熟,部分概念也比较模糊,还存在不少问题尚待解决。

第一,消费者伦理的实证研究有待加强。目前,"Hunt–Vitell"模型是消费伦理实证研究的主流分析工具。它主要结合功利论与道义论的理论方法剖析消费者伦理决策的生成机理。但是,从当代美德伦理学的复兴看,该模型仅仅考察了消费行为的动机与结果,往往忽略了消费者道德品质的锤炼或理想人格养成的主体基础。正如巴内特和克罗克等人指出,美德伦理学的最新理论或新亚里士多德主义的方法给伦理消费提供了有益补充。消费伦理的本土化研究也表明,尽管国内青年学者赵宝春和曾伏娥从经济管理学的角度,分别通过理性理论和"扎根理论"剖析了伦理消费行为和非伦理消费行为形成的外在机理,但伦理学意义上的实证研究还比较欠缺。本书因篇幅所限,也未展开消费伦理或伦理消费方面的实证

---

① Stearns, P. N., *Consumerism in World History: The Global Transformation of Desire*, London: Routledge, 2006, p.158.

② Stearns, P. N., *Consumerism in World History: The Global Transformation of Desire*, London: Routledge, 2006, p.158.

研究。

第二，消费的概念和消费主义文化的积极内涵还需深入挖掘。对于何谓消费，学术界可谓是仁者见仁、智者见智，尚未形成一致的意见。"在社会学家看来，消费是社会衰败的产物；对于心理学家而言，消费是畸形人物的病理学；对于人类学家而言，消费是本真文化缺失的表现。"① 就此而言，从词义上澄清消费的原始内涵是当前消费伦理学研究必不可少的重要工作。从文献检审情况看，批判与超越消费主义是近年来国内外学者的普遍共识。但是，这并不意味消费主义文化就会自然而然地消失，特别是在食品安全问题（如苏丹红、三鹿奶粉、地沟油事件、"僵尸肉"等）堪忧的情形下，它可能需要更多的消费者运动自觉抵制商家的不道德行为或假冒伪劣的商品，从而捍卫消费者自身的合法权益。值得注意的是消费主义的原始内涵就是保护消费者的正当权益。因此，从消费主义的积极内涵中提炼食品安全监管的伦理措施对于保护消费者的正当权益具有重要现实意义。

第三，伦理消费及其相关难题亟待进一步澄清。无论是消费伦理学，还是消费者伦理学，其最终目标是将伦理消费的理论落到实处。但迄今为止，何谓伦理消费依然是一个颇受争议的问题。从内容来看，"一方面，伦理消费被界定为对特定物的道德关注。消费伦理学主要涉及环境的可持续性、健康和安全风险、动物福利、公平贸易、劳工的生活条件及人类权利等方面的内容。另一方面，它把消费理解为一种以伦理方式行动的手段。这种消费从特定对象的关注延伸到各种各样的实践。它包括购物、投资决策、个人银行业务和养老金"②。可以说，伦理消费涉及诸多领域，如食品安全、环境卫生、银行金融等，是一个跨学科的综合性研究课题。这意味着，消费伦理学在理论构建方面面临着诸多理论诘难和现实挑战。不仅如此，伦理消费的可操作性也是一个问题。因为影响消费者伦理消费决策的因素是多方面的。据哈森等学者的最新研究成果显示，影响消费选择的因素主要包括"复杂性、暧昧性、

---

① Wilk, R., "Consuming Morality", in *Journal of Consumer Culture*, Vol. 1, No. 2, 2001.
② Barnett, C., Cloke, P., Clarke, N., eds., "Consuming Ethics: Articulating the Subjects and Spaces of Ethical Consumption", *Antipode*, Vol. 37, No. 1, 2005.

冲突性及可靠性"①。这些因素一方面容易导致消费者道德信念的丧失和心理焦虑，另一方面还导致过度消费行为的产生及行为后果的不确定性。

第四，防范消费风险的伦理路径尚需探讨。针对消费风险问题，曼努埃尔·维拉斯克斯（Manuel G. Velasquez）在《消费者生产伦理学》（*The Ethics of Consumer Production*）中通过契约论、适当关怀伦理及社会成本理论等分析了商家或消费者的道德责任及其责任范围。维拉斯克斯认为，积极承担个体行为的道德责任是我们防范或规避风险的必要途径。但与此同时，他也意识到在明确责任主体时契约论、适当关怀伦理及社会成本理论都不同程度地存在问题。所以，维拉斯克斯最后不得不遗憾地表示："伤害成本的分配问题在任何社会都会出现，犹如我们依靠技术解决问题，直到技术被引进若干年后技术的负面影响才能显现。不幸的是，它也是一个问题，可能并没有'公平'的解决方法。"②

二 国内消费伦理问题的研究现状

消费是人类的重要社会实践活动。虽然消费直到现代社会才成为一个重要概念，但是，人们对消费的道德关注却由来已久。在传统社会里，由于物质的稀缺和资源的匮乏严重束缚了人们消费选择的范围，所以，这一社会现实直接激励着人们自觉或不自觉地将节俭确立为重要的行为美德。正如老子在《道德经》中把"俭"视为三大"法宝"之一。对于老子而言，节俭是自我道德修养的内在需要，也是实现社会长治久安的根本途径。

中国改革开放40余年来，城乡居民的消费生活日新月异，已经发生了翻天覆地的变化。这种变化一方面表现为消费品的日益丰富，它使人们逐渐摆脱了物质短缺的困扰，另一方面还表现为人们的消费品位和生活情趣越来越个性化和多样性。随着可供选择的消费品范围逐步地扩大，消费不仅是满足人们衣、食、住、行等物质生活需要的基本手段，而且是自我

---

① Hassan, L., Shaw, D., Shiu, E., Walsh, G., and Parry, S., *Uncertainty in Ethical Consumer Choice: A Conceptual Model*, Journal Consumer Behaviour, Vol. 12, No. 3, 2013.

② Velasquez, M. G., "The Ethics of Consumer Production", in Beauchamp, T. L. and Bowie, N E. eds., *Ethical Theory and Business*, Englewood Cliffs, N. J.: Pearson Prentice Hall. 1993, p. 189.

个性的表达方式及获得社会认同的根本途径。如果说这种寻求自我认同和社会认同的消费倾向是追求同一性，那么，整个社会的消费倾向集中表现为多样性。在现代消费社会里，个性化的追求使得消费者倾向于购买和他人不一样的商品。一旦自己与其他人在服装、配饰等方面一样，便会招致"撞衫""撞包"等之类的嘲笑或讥讽。因此，基于个性化需求的消费选择通常表现出多样性和差异性，而不仅仅是盲目从众的同一性。而标新立异地过度消费的直接后果就是它危及现代人的身体健康。正如北京大学魏英敏教授曾这样指出，"所谓现代社会'文明病'，不是别的，正是消费过度，营养过剩造成的"[①]。除此之外，过度消费还消耗了大量的自然资源，从而造成生态环境问题的不断恶化。

　　总之，消费社会的到来和现代消费文化的急剧变迁，使得消费问题逐渐成为伦理学研究者普遍关注的重要课题。虽然中国古代先哲对节俭和奢侈等问题有过精彩的论述，但是，对于消费伦理的系统研究却出现在现代社会，特别是在应用伦理学诞生之后。1971年，美国著名政治哲学家罗尔斯的《正义论》一书的正式出版，标志着西方理论伦理学研究的实践转向，即元伦理学的衰退和实践哲学的兴起。如果说20世纪70年代西方国家的环境公害问题的集中爆发是应用伦理学萌芽的标志，那么，20世纪80年代以来，全球人口数量急剧增长、核威胁、技术迅猛发展（如代孕母亲、克隆、安乐死等）、贸易公平、环境可持续性等问题就是西方应用伦理学诞生的实践基础。它使得欧美国家各高等院校纷纷成立了应用伦理学中心。到了90年代，国内高校也纷纷加入了应用伦理学研究的行列。究其原因，"一方面西方应用伦理学研究已走在前面，另一方面现代化建设的新形势呼唤贴近生活的道德理论，日新月异的现代生活要求伦理思考与现实生活的密切对话"[②]。

　　消费伦理学是应用伦理学不可或缺的重要内容，也是属于经济伦理学的范畴。从整体而言，我国经济伦理学研究主要根据马克思政治经济学所提出的生产、交换、分配、消费四个经济环节而分别展开讨论的。随着研

[①] 魏英敏：《消费伦理与保护生态环境》，《中国矿业大学学报》（社会科学版）2000年第3期。

[②] 卢风、肖巍编：《应用伦理学导论》，当代中国出版社2002年版，第36页。

究内容的深化和拓展，到了20世纪90年代末，我国消费伦理学逐渐从应用伦理学中独立出来，成为一门交叉性的分支学科。消费伦理学作为一门独立的学科，意味着它关注的中心议题不仅仅是个人的消费行为或消费者的道德人格，更是整个社会的消费生活，乃至现代消费文化等问题。1995年，刘光明在《经济问题探索》上公开发表了《论消费伦理》[①]一文。这篇文章第一次将消费伦理作为独立的研究对象提出来。刘光明认为，消费主义在个人层面上表现出一种消极的财富观；在社会层面上表现了病态的经济运行方式。因此，我们有必要通过消费伦理或中道原则指引消费生活，以此来实现物质生活与精神生活的和谐和平衡。

2002年，上海师范大学的周中之教授出版了国内第一部有关消费问题的伦理学专著——《消费伦理》[②]。该书从消费伦理的定义、中西消费伦理思想比较、消费伦理规范及其对我国社会发展的现实意义等多方面系统地阐述了消费过程中的伦理问题，以及消费伦理学研究和消费道德教育的必要性。在此基础上，国内学者还对消费伦理学领域的其他相关问题展开了深入耕耘，产生了一系列的理论成果，如《消费合宜性的伦理意蕴》[③]、《消费伦理研究》[④]、《现代社会的消费伦理》[⑤]、《全球化背景下的中国消费伦理》[⑥]、《高技术社会消费伦理研究》[⑦]、《主体的张扬与退隐——现代文化场域中的消费主义研究》[⑧]、《破解消费奴役：消费主义和西方消费社会的批判与超越》[⑨]、《马克思消费思想及其当代价值研究》[⑩]等。由此不难发现，消费作为现代社会的核心概念，已经使消费伦理学成为当前学术研究的热门课题。

[①] 参见刘光明《论消费伦理》，《经济问题探索》1995年第5期。
[②] 参见周中之《消费伦理》，河南人民出版社2002年版。
[③] 参见赵玲《消费合宜性的伦理意蕴》，社会科学文献出版社2007年版。
[④] 参见何小青《消费伦理研究》，上海三联书店2007年版。
[⑤] 参见徐新《现代社会的消费伦理》，人民出版社2009年版。
[⑥] 参见周中之《全球化背景下的中国消费伦理》，人民出版社2012年版。
[⑦] 参见魏晓燕《高技术社会消费伦理研究》，人民出版社2013年版。
[⑧] 参见杜早华《主体的张扬与退隐——现代文化场域中的消费主义研究》，江西人民出版社2014年版。
[⑨] 参见罗建平《破解消费奴役、消费主义和西方消费社会的批判与超越》，社会科学文献出版社2015年版。
[⑩] 参见张美君《马克思消费思想及其当代价值研究》，光明日报出版社2016年版。

从整体而言，国内消费伦理学研究首先是在经济伦理学的理论框架下展开讨论的。然后，把消费伦理学从经济伦理学中抽离出来作为一个独立的研究对象，深入探讨其中的消费问题及重构消费的伦理维度。在短短几十年的时间里，我国消费伦理学已取得颇为丰硕的理论成果。对于当前中国消费社会中的伦理问题，国内的实证研究主要集中于消费者伦理方面。如曾伏娥在《消费者非伦理行为形成机理及其决策过程研究》中从消费者的伦理信念角度探讨了非伦理消费行为形成的内在机制。[①] 赵宝春通过对消费者、社会及企业三个因素的关联性分析得出，社会奖惩和企业善于营销都会影响消费者的伦理感知和伦理决策。[②] 总之，个人的消费选择过程中诸如公平、可持续性、"适宜性"等伦理问题，已经得到学术界的普遍关注。我国消费伦理学的理论研究主要包括五个方面的内容。

第一，从道德风险或价值危机的角度剖析美国金融危机的深层原因

自 2008 年美国金融危机爆发以来，不少学者从道德哲学的角度对当代消费生活进行了反思。在《反思金融危机背后的文化病症》中，俞吾金教授把金融危机理解为经济和文化共存互生的"综合性危机"。他认为，虚无主义、感觉主义及人们对欲望和身体的过分关注是消费主义盛行的内在根源，也是这次金融危机的哲学根源。[③] 在《美国金融危机背后的道德风险及启示》中，中国建设银行风险管理部的刘桂峰侧重探讨了金融危机中的道德因素。他认为，"不负责任的消费理念及由此导致的奢侈无度的消费行为是构成这场危机背后的最深层次的道德原因"[④]。在刘桂峰看来，不负责任的消费选择一方面加剧了人与自然之间的紧张和矛盾，导致了严重的生态危机，另一方面还加剧了人与人、地区与地区及国家与国家之间的冲突和斗争，从而造成了严重的社会危机和政治危机，甚至还导致整个人类安全体系的失灵。对于 2008 年美国金融危机，华东师范大学的赵修义提出了颇有见地的看法。他认为，无论是社会责任，还是美国公众的消费伦理观，都不足以解释此次金融危机。因为对金融危机的伦理

[①] 参见曾伏娥《消费者非伦理行为形成机理及其决策过程研究》，武汉大学出版社 2010 年版。
[②] 参见赵宝春《消费伦理研究：基础理论与中国实证》，中国人民大学出版社 2014 年版。
[③] 参见俞吾金《反思金融危机背后的文化病症》，《文汇报》2009 年 6 月 24 日。
[④] 刘桂峰：《美国金融危机背后的道德风险及启示》，《经济研究参考》2009 年第 9 期。

反思不能仅仅停留在这一层面,而是要深入反思新保守主义及其所推行的自由主义经济政策,"危机表明伦理和价值观层面的确存在着值得我们深刻反思的问题,但是这些问题是不能就伦理论伦理的,必须放在这个世界政治经济格局的大背景中去研究和思考,才能找出解决问题的症结"①。

第二,通过剖析过度消费行为的伦理实质,进一步揭示当前我国消费伦理学所面临的主要问题及现实困境

在《对消费的伦理追问》中,湖南师范大学的唐凯麟从人的社会性本质角度论述了消费行为合理性和正当性的伦理尺度。唐凯麟认为,认清人的本质与内在需要的一致性是正确消费的必要环节。但事实上,消费社会不断打破了人类生存需要的基本界限,将人的主观欲望无限放大,使之成为消费的内在尺度,从而导致消费背离了人类的内在需要。② 或者说,"消费主义僭越了消费的合理性界限,使消费宰制人,因而人类丧失了主体性、独立性,以及独有的人文精神,消费主义造就了人的另类本质,使人处于消费奴役状态"③。在《消费伦理的瓶颈及其突破》中,湖北大学的陈翠芳从消费活动的外部环境角度入手剖析了现代消费伦理所面临的两大难题:一是,消费主义奉行"消费即幸福"的生活信条,拒斥了节俭朴素的生活方式及其消费伦理观;二是,消费行为的个性化倾向,导致人们片面地强调消费权利和自由消费,而忽略了消费的伦理尺度。面对现代消费伦理的困境,陈翠芳指出,"我们重视消费伦理,根据现阶段人们的物质生活条件和心态,合理地定位消费伦理,提高其针对性和现实性"④。

除了讨论当前消费伦理学的内在困惑和外在挑战之外,也有研究者从"范式危机"和"道德风险"角度揭示了过度消费的问题。如张志丹把现代消费伦理的困境归结为"范式危机",认为"消费伦理研究缺乏高度的方法论自觉、范式意识淡薄(最多在研究中自觉不自觉地隐含着某种范

---

① 赵修义:《如何对金融危机进行伦理反思》,《道德与文明》2010年第2期。
② 参见唐凯麟《对消费的伦理追问》,《伦理学研究》2002年第1期。
③ 罗建平:《破解消费奴役:消费主义和西方消费社会的批判与超越》,社会科学文献出版社2015年版,第8页。
④ 陈翠芳:《消费伦理的瓶颈及其突破》,《湖南师范大学社会科学学报》2009年第6期。

式），导致消费伦理研究陷入'范式危机'之中"①。在他看来，"理想范式""问题范式"及"实践范式"之间的有机整合是构建当代消费伦理学的必要路径，即：从问题出发，缜密地反思现代消费生活；从实践出发，探寻理想的消费模式。在《消费合宜性的伦理意蕴》中，南京航空航天大学的赵玲紧扣"合宜性"的概念，解释了现代人的生存困境及过度消费的社会问题。赵玲认为，消费社会过分夸大消费的经济功能，势必带来经济危机和道德风险。"消费及消费的数量不仅成为衡量经济是否成功的标准，而且成为发展的最终目标和人生的最高价值。更为可怕的是，当消费沦为经济增长的手段的同时，却带来了极为突出的社会矛盾，比如人与人、国家与国家为争夺有限的资源和生存空间的争斗；当这种目标和价值观达到自然的边界时，就使人与自然处于对立状态，导致了人对自然的无度的掠夺，对生态环境造成严重损毁。"② 借助上述研究工作，国内学者获得了较多的思路和启发。正是在这个意义上说，探讨消费伦理的主要问题和现实困境为当代消费伦理学的理论构建奠定了基础。

第三，梳理消费伦理学历史嬗变的进程，论述消费伦理的基本维度、核心原则及其主要内容

何小青在《消费伦理研究》中指出，消费从本质上讲是主体实现自我价值的重要方式，也是一个关乎人类安身立命的重要问题。或者说，消费行为的根本落脚点是人类的幸福生活，其终极目的是实现人类"自由而全面的发展"的目标。何小青认为，消费行为既包含了经济维度，也包含了自然、社会、人文关怀等道德维度。而消费行为的经济维度和伦理维度之间的内在关联性意味着，转变消费主义生活方式实际上包含五个方面的内容，即"由奢侈消费向生态性消费转变；由数量型消费向质量型消费转变；由贫富悬殊的不公平消费向均衡性消费转变；由非自主消费向自主性消费转变；由感性享乐消费向理性责任消费转变，使消费的道德正当性及经济合理性在更高层次上和谐统一"③。在何小青看来，构建现代消费伦理学的"核心"基石是消费伦理原则，而这些道德原则主要包括

---

① 张志丹：《消费伦理研究的三重范式》，《河海大学学报》（哲学社会科学版）2011年第4期。

② 赵玲：《消费合宜性的伦理意蕴》，社会科学文献出版社2007年版，第109页。

③ 何小青：《消费伦理研究》，上海三联书店2007年版，第86页。

五个方面的内容，即：可持续消费原则、公平消费原则、适度消费原则、和谐消费原则及科学消费原则。在《消费伦理与保护生态环境》中，魏英敏教授指出，过度消费是当前生态危机的重要原因之一。消费主义作为过度消费或奢侈消费的价值基础，就是"消费至上主义，为消费而消费，这种消费意味着奢侈、浪费、暴殄天物"①。其消极影响集中表现为两个方面：一是导致了自然环境的破坏；二是使人们沉溺于当下的消费享乐而丧失了自身的理想信念。

面对当代消费生活的急剧变迁，周中之从经济全球化的角度把我国消费伦理研究划分为三个阶段。第一个是现代消费伦理学的萌芽阶段，即："能挣会花"的日常生活用品消费阶段。第二个是现代消费伦理学的发展阶段，即家用电器、按揭购房等耐用品消费阶段。"先消费后还贷"的贷款消费突破了传统社会里量入为出的消费观念。第三个是现代伦理观念遭遇现实生活的诸多挑战而进入全面变革阶段。自2001年中国加入世界贸易组织以来，消费环境越来越多样化和人性化，人民的生活质量也得到显著提高。但过度消费带来的问题如环境污染问题、公共卫生和食品安全问题、假冒伪劣的产品质量问题，又成为当代消费伦理学亟须解决的重要课题。通过回顾我国消费伦理观念的变迁过程，周中之不仅揭示了现实生活中的消费问题，而且还提出了以适度消费、绿色消费、科学消费的伦理原则为基础来构建现代消费伦理思想体系。首都师范大学的王淑芹从公共性伦理的角度论述了消费伦理的适度原则及利他性、自律性、责任性等道德特征，强调"人类消费的正当性是毋庸置疑的，但人类消费活动的伦理意蕴则是需要阐释和说明的"②。此外，也有学者注意到科学技术的飞速发展对现代人消费生活的重要影响。例如在《高技术社会消费伦理研究》中，魏晓燕不仅论述了高科技社会消费领域中的三重伦理悖论，并且探讨了高技术社会消费伦理研究的基本方法和理论原则。③

第四，批判消费主义带来了生态风险，并结合中国传统文化中的节俭美德，对消费问题进行本土化解读

---

① 魏英敏：《消费伦理与保护生态环境》，《中国矿业大学学报》（社会科学版）2000年第3期。
② 王淑芹：《消费伦理：公民社会的公共德性》，《光明日报》2010年12月5日。
③ 参见魏晓燕《高技术社会消费伦理研究》，人民出版社2013年版。

客观地讲，消费演变成一种全球化的生活方式绝非偶然。它是社会经济、政治、文化等多重力量共同作用的结果。当消费演变成一种至上的道德原则和人生信条时，它便成为消费主义。在经济全球化时代，西方消费主义凭借着强大的渗透力成功地遍布于社会生活各个角落。依照中山大学社会学家王宁的观点，中国消费主义的兴起与西方国家消费革命的路径不同。在节俭主义向消费主义的转型过程中，西方国家大致历经了两百多年的时间，主要通过消费革命的形式否认了新教伦理中的节俭美德；中国经过40余年的改革开放，通过社会主义市场机制给消费提供了经济政策上的庇护。由此可见，消费主义在中国诞生并取代原来生存意义上的消费是我国从计划经济向市场经济过渡和转型的必然结果。在市场经济体制中，消费作为扩大再生产的经济意义得到充分肯定。消费主义的神奇作用就在于通过消费市场不断发掘或培育新的消费欲望，进而以"习惯成自然"的方式不断提高人们的消费生活水平和消费行为的价值标准，最终赋予过度消费或奢侈浪费以正当性和合理性的道德评价。这种价值现象表明，"消费主义本身成为一种意义供给机制。在这种意义供给机制中，现世的消费欲望的满足被合法化、合理化，并成为人生幸福的一个重要途径和来源"①。由此不难发现，消费主义价值观不仅颠覆或否定了传统消费伦理中崇俭黜奢的道德原则，而且还肯定了欲望消费或奢侈消费的合理性和正当性。

不仅如此，琳琅满目的商品给个体的消费行为赋予了社会认同和符号意义。而"意义消费所带来的社会差异与过度性消费分别为消费在道德正当性与经济合理性两个方面提出了伦理规范的诉求，从而为消费伦理的研究设定了存在的可能性"②。消费主义文化的全球扩张从根本来讲不是一种单向运动，而是消费者、商家及市场三者之间互竞共存的过程。消费者并不是完全被动地接受商家或市场所推销的产品，而是根据自身的兴趣、偏好、个性等在消费市场中自主选择商品。商家则根据市场的消费需求不断调整经营策略。可以说，消费者、商家及市场作为消费社会的三个维度，在彼此互动中产生了一种新的消费文化，即：消费主义文化。而消

---

① 王宁：《从节俭主义到消费主义转型的文化逻辑》，《兰州大学学报》（社会科学版）2010年第3期。

② 邹广文、夏莹：《消费伦理的现实性质疑》，《理论学刊》2004年第4期。

费主义文化不断改变着人们的消费品位和消费理念。从这一点来说，消费主义是一种全球化的共谋。在消费主义全球化的背景下，如何重建消费生活的伦理秩序呢？对于这个问题，湖南师范大学的徐新曾这样指出，"对西方消费社会的道德批判，让我们深刻地体会到，生活中既有的消费秩序并不代表这种伦理关系本身就是合理的，现代面临的消费道德危机，恰恰意味着出现了某种程度的秩序紊乱，而这种失序状态的消失，在根本上有赖于新的秩序的形成"①。这种新旧秩序的更替或转型意味着，我们不仅需要澄清现代消费生活的道德问题和伦理实质，而且还应积极构建合理的、健康的消费伦理思想体系。在谈及现代消费伦理的构建时，研究者习惯把消费生活与传统节俭美德联系起来。在《关于节俭与消费的道德思考》中，陈剑旄和王玉生辩证地考察了传统节俭观的合理性及其局限，并提出了合理消费的伦理界限。他们认为，合理消费的伦理界限就在于这种消费选择"既合乎经济发展的需要，又合乎社会发展的需要，既满足人的长远利益要求，又满足人的近期要求，既不损害后代人的消费要求，又满足当代人的消费需求"②。换句话说，合理消费的伦理标准就是实现经济发展和社会发展、人的长远需要和近期需要，以及当代人的消费需要和未来人的消费需要之间的平衡。它是实现可持续发展的重要途径，也是消费正义的内在要求。北京师范大学的晏辉将消费正义理解为合理消费的核心内容，认为消费正义实际上包括代内正义和代际正义两个方面的内容，是社会正义的重要体现。这里，消费正义或节俭消费认真审视了经济理性的不足，并且从价值理性的角度重新诠释了消费的伦理维度。

如果说在物质匮乏时期人们对消费生活的基本态度是崇俭黜奢，那么，在物质丰裕时期，人们对消费问题的伦理探讨则集中表现为对消费社会和消费主义的警惕和批判。可以说，批判和超越消费主义是近几十年来我国消费伦理学研究的主流观点。与这种乐观主义的道德批判不同，中山大学的王宁教授更愿意从社会学的角度把消费主义理解为既定的"社会事实"，坚持认为消费主义的出现虽然背离了传统的节俭美德，但作为一种客观必然现象，它却是社会生活的"常态"。

---

① 徐新：《现代社会的消费伦理》，人民出版社 2009 年版，第 210 页。
② 陈剑旄、王玉生：《关于节俭与消费的道德思考》，《道德与文明》2003 年第 1 期。

第五，借鉴消费社会批判理论的既有成果，深刻反思现代消费生活

在消费市场中，消费者体会到的是与辛勤劳动截然不同的精神愉悦。不仅如此，信用卡、京东白条、支付宝的花呗或借呗等多种金融支付手段又为现代人的消费选择提供了一种前所未有的便利条件，从而极大地拓宽了消费者选择的范围。当下，与消费主义的伦理批判并肩而立的是消费社会批判理论。从方法论角度来说，消费社会批判理论主要通过消费的符号学研究，对现代社会的"消费主义综合征"进行全面的诊断，同时也对操控消费生活的市场机制及资本主义社会进行有力的挞伐。消费社会最早诞生于欧美国家。因此，从严格意义来说，消费社会批判理论并不是本土化的知识体系。对于中国学者而言，前期的研究工作主要是翻译和介绍西方消费社会批判理论。

在消费社会批判理论阵营中，最引人注目的是法国思想家波德里亚（中文名也译为鲍德里亚、布希亚）。波德里亚的许多作品被陆续翻译成中文，如《消费社会》（2002年版）、《生产之镜》（2005年版）、《象征与死亡》（2006年版）、《符号政治经济学批判》（2009年版）等。波德里亚消费社会批判理论的重要启示就在于运用符号学方法剖析消费社会的异化现象。2007年，夏莹在其博士论文的基础上完成了《消费社会理论及其方法论导论——基于早期鲍德里亚的一种批判理论建构》一书。该书采用符号学的方法，通过概括和梳理波德里亚（鲍德里亚）的社会批判理论，力求凝练出一种一般意义上的消费社会批判理论及其方法论体系。作为一般批判理论，它涵盖了消费社会批判理论领域的主要代表人物、核心议题及最新理论进展。通过这种梳理和凝练，夏莹最后得出这样的结论："第一，消费社会理论并非是后现代理论的某一派别，而是以法兰克福为源头的批判理论在当代社会的最新表现形式。第二，消费社会理论以具有新的内涵的'消费'为批判视角，以符号学为分析方法，试图揭示在新的历史条件下社会的内在矛盾。"[①]

毋庸置疑，解读商品的符号或象征意义是我们理解消费社会的重要理论进路。对此，中国社会科学院的孙春晨曾指出，符号消费虽然强化消

[①] 夏莹：《消费社会理论及其方法论导论：基于早期鲍德里亚的一种批判理论建构》，中国社会科学出版社2007年版，第236页。

者的身份意识，但是它以符码或解码的方式引导消费，又不可避免地导致消费者的人格异化。"消费品的符号价值在于，一旦某人选择了某类商品，那么，就在一定程度上代表了其对该类商品所体现出来的风格、品位等的认同，消费的数量和质量在相当大的程度上标志着个体的成就、能力与趣味，消费成为个体价值的最好说明。"[1] 也就是说，个人的消费行为即便是在消费社会也具有伦理意义。只不过在具体的伦理内涵方面与传统消费伦理思想有着天壤之别。对于消费的经济维度和伦理维度，周中之曾这样指出，消费行为的经济尺度涉及"能不能"的问题，消费行为的伦理尺度则是关乎"愿不愿意"和"应不应该"的问题。具体而言，消费对象、消费的数量及消费的形式主要涉及个人生活领域，在多数情形下是依靠人类社会的道德原则和行为准则来调节或制约的。"'能不能'问题涉及消费的经济承受力，'愿不愿意'问题和'应不应该'问题涉及消费者的道德观念。"[2]

从整体而言，国内消费伦理学研究主要集中表现为对西方消费主义的批判性反思。其中，批判和超越消费主义是现代消费伦理学的主流话语体系。但令人遗憾的是，消费主义的消极影响虽然得到学术界普遍关注，但积极内涵却没有得到应有的重视。其结果就是消费主义的复杂性被掩盖在各种消费社会批判理论之中。殊不知，消费一词包括两个方面的内容，一方面指资源浪费或耗尽，另一方面也指生活的圆满或完成。正如法国学者多米尼克·戴泽从社会人类学的角度指出，"消费是一个具有两面性的现象，既带来社会的交流，又激发了社会冲突，既像个'救世主'一样让地球成为理想的福地，又给整个世界抹上了一层悲剧色彩"[3]。所以，消费概念包含着双重内涵。而这一点也决定了消费主义概念的双重性。马修·希尔顿在回顾20世纪英国消费主义历史时曾这样指出，"消费主义有多重含义。它援用提高消费率作为合理经济的基础，引发一系列的文化效应，而这些对于社会生活纳入商品世界来说是极其重要的。消费主义要么被理解为积极现象，在这个意义上它等同于现代社会的全员参与；要么

---

[1] 孙春晨：《符号消费与身份伦理》，《道德与文明》2008年第1期。
[2] 周中之：《全球化背景下的中国消费伦理》，人民出版社2012年版，第199页。
[3] [法] 多米尼克·戴泽：《消费》，邓芸译，商务印书馆2015年版，第45页。

被视为消极的表达,犹如 1960 年它在万斯·帕卡德的《浪费的制造者》中第一次被使用,意指过度的物质主义"①。也就是说,消费主义的双重内涵是由消费的双重内涵所决定的。如果我们仅仅看到某方面的内容,而简单地对消费主义做出善或恶的价值判断,那么,这在一定程度上都带有片面性或歧义性。正如坎贝尔指出,"任何试图把消费从我们生活中更宽泛的道德主义和理想主义的框架下隔离开来,并且在这一过程中没有影响我们世界整个道德图景就赋予其'恶'的评价,都带有欺骗性。因为消费主义不仅可能影响现代人类生存的道德本性,而且也广泛地影响其他方面的现代生活实践。因而,这些要求的不是人类生活方式的细微调整,而是人类文明的转向"②。

事实上,国内不少研究者也注意到"消费的道德风险"问题,如赵玲在《消费合宜性的伦理意蕴》中谈"消费作为经济增长点的道德风险",张容南等在《消费主义与消费伦理》中提及"消费社会的深重危机"等。但是,她们并没有就这一问题展开深入而系统的讨论。尽管也有研究者自觉认识到道德责任在消费社会里的现实意义,进而把责任消费与适度消费相提并论,认为个人的适度消费就是体现了自我对社会或自然的道德责任。这里,适度消费主要是针对过度消费和消费不足等问题而提出来的重要伦理原则。过度消费败坏了社会风气,浪费了自然资源;而消费不足则严重阻碍了社会经济的发展。因此,过度消费和消费不足都是有问题的消费。虽然这些观点阐明了责任消费和适度消费的重要价值和现实意义,但是,责任消费和适度消费在此被混为一谈,实际上并没有澄清责任消费的伦理本质。除此之外,片面强调消费主义的消极影响导致了人们忽略了它对于保护消费者正当权益的积极意义,进而造成责任消费原则成为无源之水、无本之木。总之,当前我国消费伦理学研究还存在不少问题亟待解决。现有理论成果不仅缺乏比较广阔的研究视角,而且也缺少对消费主义的整体把握。对于消费问题,我们不仅要批判消费主义,而且要清

---

① Hilton, M., *Consumerism in Twentieth - Century Britain*: *The Search for a Historical Movement*, Cambridge, UK, New York: Cambridge University Press, 2003, p. 4.

② Campbell, C., "Consuming Goods and the Good of Consuming", in David Crocker and Toby Linden, eds., *Ethics of Consumption*: *The Good Life, Justice, and Global Stewardship*, Lanham, MD: Rowman & Littlefield, 1998, p. 152.

醒地认识到消费主义对于保护消费者正当权益的重要作用。如果说使消费回归社会生活的本位、并满足人民日益增长的美好生活需要是我们反思现代消费生活的根本目的，那么，探讨消费的道德风险问题就是实现这一目的的重要前提。而研究消费的道德风险问题，我们不仅需要澄清现代消费伦理的精神实质，而且还需要论述防范消费风险的伦理路径。

第三节 基本思路与主要内容

前已备述，消费主义是一种大众化的生活方式，也是一种全球化的文化现象。消费社会的显著特征是彰显了商品的符号价值。正如法国思想家波德里亚曾经把消费理解为观察现代社会的重要视角，将其解释为"符号的操纵系统"。在波德里亚看来，消费已经超出了原有的价值系统，而成为一种信息交流的语言符号体系。具体而言，我们可以从以下三个方面来把握消费这个概念："（1）不再是对物品功能的使用、拥有等；（2）不再是个体或团体名望声誉的简单功能；（3）而是沟通和交换的系统，是被持续发送、接收并重新创造的符号编码，是一种语言。"[1] 在这段重要论述中，波德里亚论试图通过商品的编码和解码形式为消费社会提供一种语义学的解释。与此不同，英国思想家丹尼尔·米勒试图从辩证法的角度把消费理解为"历史先锋"。米勒认为，不仅消费对当代政治经济学产生了巨大的影响，而且政治经济学也影响到现代人的消费决策。在米勒看来，对消费问题的本质探讨必须通过辩证的方法"超越善与恶的对立，或者符号消费与功利主义消费的二元论"[2]。由此不难发现，因为研究者观察问题的角度不同，所以，他们所采取的分析工具和研究方法也不相同，其消费理论也是千姿百态。

---

[1] ［法］让·波德里亚：《消费社会》，刘成富、全志钢译，南京大学出版社 2000 年版，第 88 页。

[2] Miller, D., "Consumption as the Vanguard of History: A Polemic by Way of an Introduction", in Daniel Miller, eds., *Acknowledging Consumption: A Review of New Studies*, London: Routledge, 1995, pp. 53 – 54.

一 基本思路

毋庸讳言,但凡涉及商品交换的地方,均存在消费行为。只不过,消费的大众化和个性化,以及作为一门独立的分支学科的消费伦理学是现代社会的产物。传统社会奉行节俭消费,主要是因为物质匮乏或资源的短缺;而现代社会鼓吹奢侈或浪费,主要是由于商品的外在刺激和资本增值的内在需要。在现代消费社会急剧变革的过程中,消费主义赋予了消费一词新的伦理内涵,给人们提供了一种本末倒置的道德标准,即认为奢侈浪费是一种"善行"。这既否认了西方古典时期的节制或适度等美德,也否认了中国传统文化中的节俭美德。或者说,消费的伦理内涵到了现代社会已经发生了根本性的变化,即奢侈成为一种"正当"的消费行为。从伦理学的外部看,经济增长的社会目标也不断为消费主义的全面扩张开辟出新的路径。可见,消费主义成功的秘密就在于解除人的自我约束机制,彻底释放人的欲望,并将奢侈或浪费确立为社会生活和个人行为的价值准则。或者说,消费主义价值观给现代人提供的是一个头足倒立的"意义供给机制"。它强调消费是生活的根本目的,或者说,过度消费和奢侈浪费就是幸福生活。于是,消费便成为每个人获得社会地位或幸福感的证明手段和主要方式。与此相反,如果个人的消费选择不符合消费主义所设定的价值标准和行为准则,那么,个体的身份或地位就得不到相应的证明或公众的认同。从这个意义来说,幻象化的消费生活给主体提供了一种关于自我身份或社会地位的可见性证明,使其更加沉溺于消费,进而以短暂的物质享乐和精神愉悦遮蔽了现实生活的伦理意义。

尽管消费主义的有力支持来源于经济增长的理由,但这并不意味着所有经济学家都会异口同声地赞成过度消费。例如加尔布雷思(Galbraith)、朱丽叶·朔尔(Schor)等经济学家纷纷对美国人的消费生活提出了质疑。加尔布雷思通过消费者主权理论论述了当资本主义国家步入"丰裕社会"时所面临的重重危机。朔尔则指出,美国自由主义思想不仅使消费主义成为一种独特的文化现象,而且也导致了个人消费行为日益中立化的趋势。她通过对美国人过度工作(overwork)和过度消费(overspend)现象的两项实证研究揭示出,竞争性消费的经济体制不但没有提高消费者的生活福利,反而进一步扩大了消费者心中的"期望差距"。这种"期望差距"——

方面加剧了消费者内心的焦虑或不满足感，另一方面还滋生了越来越多的"不正常消费行为"[①]，如商店偷窃、信用卡恶意透支、邻里攀比消费等。

消费主义是消费社会不容忽视的重要文化现象，也是维护消费者的正当权益的重要途径。但消费主义的消极内涵意味着，它将给人们的生活和自然环境带来道德风险。正如张容南等在《消费主义与消费伦理》一文中指出，"消费社会表面上实现了人人平等，人人幸福的神话，却不知繁荣的表象背后潜藏着巨大的危机。消费社会使我们面临着双重危机：一是意义危机或者说信仰危机，这是一种精神危机，另一个危机则是直接威胁到人类生存的生态危机"[②]。换句话说，消费的道德风险不仅影响到社会经济水平或人类的生活质量，而且还危及到人与自然之间的和谐及整个自然生态系统的平衡。鉴于此，本书以消费的道德风险为研究视角，首先从词义学角度解释了消费概念，澄清消费所隐喻的价值内涵，这既揭示了消费作为肺结核病需要我们对其进行"哲学治疗"或积极预防，也论述了消费问题从根本上讲是一个伦理问题。其次，以历史与逻辑相结合的方法梳理了西方消费伦理思想的历史嬗变过程，从而论述了现代消费伦理的精神实质。再次，通过两个神话（即：消费的非道德神话和消费主义的道德神话），阐述了消费的道德风险的具体内容。最后，从责任伦理的角度探讨了防范消费的道德风险的基本路径。

这里，我们不是停留于字里行间为了批判而批判，而是立足于两个面向探讨消费社会的道德风险：一是面向消费伦理；二是面向消费生活本身。前者通过对当前消费伦理的检审揭示其伦理实质，后者则进一步揭示过度消费行为的道德风险。消费伦理与消费生活是相辅相成的，前者为后者提供了基本的价值导向，后者是前者的实践基础。本书通过对消费主义的整体解读及对消费行为道德风险的剖析，一方面希望引起学术界同行对消费问题的重视，另一方面激发人们对当前消费问题的伦理反思，自主地选择一种有意义的生活。正如日本学者堤清二在《消费社会批判》中指出，批判理论应该重视被经济学所忽略的行为领域，只有立足于跨学科的

---

① ［美］比尔·麦吉本等：《消费的欲望》，朱琳译，中国社会科学出版社2007年版，第32页。
② 张容南、卢风：《消费主义与消费伦理》，《思想战线》2006年第2期。

消费概念，我们才能"改变产业社会范式的含义，从这个意义上要回到'消费'概念的本来意义上去，从而排除消费的符号化现象，形成一种自我完成、自我成就的消费概念"[①]。本书的基本思路，如图 1 所示。

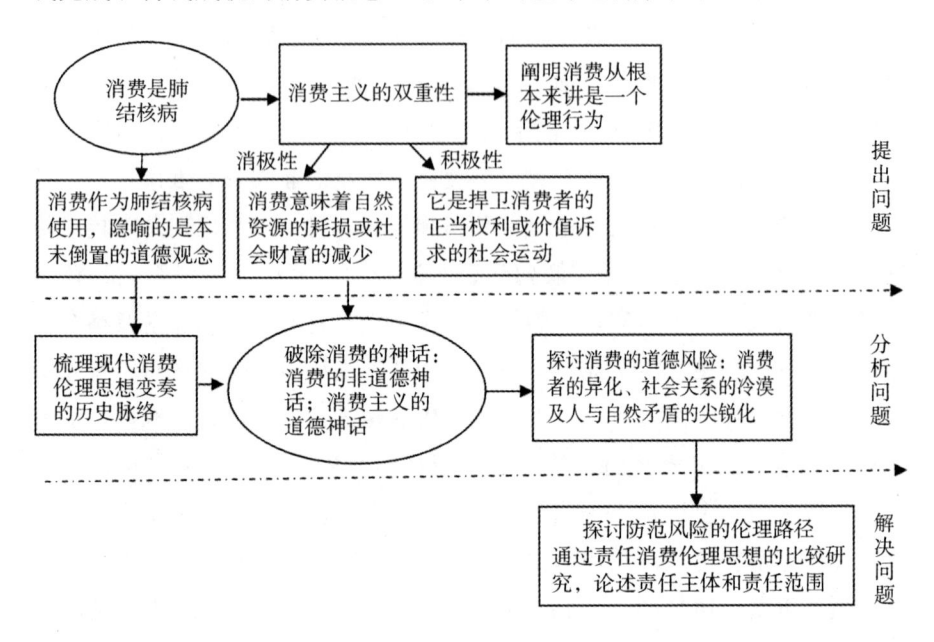

```
提出问题：
消费是肺结核病 → 消费主义的双重性 → 阐明消费从根本来讲是一个伦理行为
                    ↙消极性    ↘积极性
消费作为肺结核病使用，隐喻的是本末倒置的道德观念    消费意味着自然资源的耗损或社会财富的减少    它是捍卫消费者的正当权利或价值诉求的社会运动

分析问题：
梳理现代消费伦理思想变奏的历史脉络 → 破除消费的神话：消费的非道德神话；消费主义的道德神话 → 探讨消费的道德风险：消费者的异化、社会关系的冷漠及人与自然矛盾的尖锐化

解决问题：
探讨防范风险的伦理路径通过责任消费伦理思想的比较研究，论述责任主体和责任范围
```

图 1　本书的基本思路

二　主要内容

当前，我国消费伦理学研究主要借助消费社会批判理论审视了消费文化和消费主义生活方式。但事实上，由消费所带来的风险，特别是道德风险，正逐渐成为现代消费伦理学的热门课题。正如美国思想家弗兰克在《奢侈病：无节制挥霍时代的金钱与幸福》一书中曾把过度消费理解为一种"病态"或不健康的生活方式。他用"奢侈病"概括了现代社会的精神状况并这样指出，"当我们用在奢侈品方面消费的增长速度相当于整个消费增长速度的 4 倍时，我们的公路、桥梁、供水系统和其他公共基础设施部分的情况则在恶化，这使人们的生活处于危险之中"[②]。

[①] ［日］堤清二：《消费社会批判》，朱绍文译，经济科学出版社 1998 年版，第 17 页。

[②] ［美］罗伯特·弗兰克：《奢侈病：无节制挥霍时代的金钱与幸福》，张杰、蔡曙光译，中国友谊出版公司 2002 年版，第 7 页。

本书以道德风险为观察视角展开对消费问题的研究，其主要目的不仅在于揭示消费的伦理本质和道德风险，而且还在于提高消费者的风险意识和道德责任意识，强调通过责任消费伦理积极防范消费的道德风险，以责任伦理原则构建人类共同生活的安全栖息地。从概念的内涵和外延来看，责任消费伦理与消费责任伦理存在着细微的差别。消费责任伦理，英语为"Ethics of responsibility in consumption"，侧重责任伦理二字，强调消费行为或消费选择过程中的责任伦理原则。而责任消费伦理，英语为"Responsible ethics of consumption"，侧重消费伦理，它不仅包含消费行为的责任维度，而且也包含了主体在进行消费决策时对他人负责的道德情感和意向性行为。丹尼尔·米勒在《消费：疯狂还是理智——读懂人类消费的隐秘心理》中谈及自己的写作意图时曾这样指出，"我的一个愿望就是将对消费的研究从道德审判或政治立场的束缚中解救出来。而我所写的内容在很大程度上是想为对消费的研究提供一个学术的基础，来研究消费本身究竟是什么，而不是我们以自己的意愿强加给它的定义"[①]。要言之，现代消费问题研究在米勒看来重点不是探讨应该"如何消费"的道德原则，而是要澄清消费的本质内涵。由于"消费——利用物质产品和服务满足人类需要的行为——与规范社会互动及个人社会性的道德伦理密不可分。而在当代中国学术界，学者们常以传统的道德观、国家政策和利益或者经济发展程度来理解消费伦理，这些都是片面和缺乏说服力的"[②]。因此，我们探讨消费社会的道德风险问题，主要通过对消费概念的追根溯源阐述消费主义的整体内涵。一方面，通过论述消费主义在保护消费者正当权益方面所发挥的重要作用，将消费主义从纯粹的道德批判的语境下解放出来。另一方面，我们也希望通过对消费和消费主义内涵的整体把握来揭示现代消费生活的伦理本质，进而论述防范或规避消费的道德风险的伦理路径。

导言部分首先解释风险、道德风险及消费的道德风险三个基本概念。然后，概述了国内外学者对消费伦理问题研究的最新进展及尚待解决的理

[①] [英] 丹尼尔·米勒：《消费：疯狂还是理智——读懂人类消费的隐秘心理》，张松萍译，经济科学出版社 2013 年版，"序言"第 4 页。

[②] [英] 丹尼尔·米勒：《消费：疯狂还是理智——读懂人类消费的隐秘心理》，张松萍译，经济科学出版社 2013 年版，第 64 页。

论或现实问题。最后，围绕这些问题，笔者简要介绍了本书的研究内容和基本思路。

第一章首先从词义上解释消费概念，指出消费是一种肺结核病，并且论述消费概念肺病隐喻的价值内涵；然后，结合现代社会消费主义运动的发展现状，剖析了消费和消费者概念的伦理内涵变迁过程。这里，本书借助消费者运动通过对现阶段消费主义的整体刻画，集中回答了这样的问题，即个人的消费选择究竟是不是一个伦理问题？如果说答案是肯定的，即消费也涉及道德判断和伦理评价，那么，随之而来的问题就是，消费伦理的内涵在现代社会又经历了什么样的变革？事实上，由这种伦理思想所支撑的现代社会始终存在一种紧张：一面是伴随着消费者权利意识的不断增长，另一面是过度消费所带来的消极影响。通过辩证地考察消费主义的积极内涵和消极内涵，我们不难发现，消费社会是一个进步与退步并存、经济繁荣与意义缺失共在的社会形态。而这种矛盾性存在主要是因为"由制度破坏和强化了的个体化所导致和维持的焦虑（需要指出的是，在消费社会中，生活通过一系列持续的非连续性的消费正在被消耗）。它们的生产和再生产依赖于消费市场对这种状况的反应，也就是说依赖于下面的策略：非理性的理性化、差别的标准化，以及通过人类状况的不稳定来获得稳定"[1]。

第二章梳理了西方消费伦理思想历史演变的过程。通过这种梳理，我们不仅澄清了现代消费生活的伦理变奏，而且还揭示出现代消费生活的伦理实质。在学理上讲，消费与伦理是两种不同的价值系统，分别代表着现实的商品世界与理想的价值世界。其中，消费与伦理之间的对立和分离是现代西方消费伦理思想历史演变过程中不可或缺的重要阶段。具体而言，它要么表现为消费对伦理的拒斥，要么表现为忽略了对消费行为的伦理考察。前者从经济学的角度否认了对消费进行道德评价的可能性和必要性；后者从私有财产权的角度拒绝对私人生活领域进行道德评价。

从西方消费伦理思想的历史演进过程不难发现，消费与伦理的关系

---

[1] ［英］齐格蒙特·鲍曼：《被围困的社会》，郇建立译，江苏人民出版社2005年版，第209页。

大致经历了"消费与伦理的融合""消费与伦理的分离"及"消费与伦理重新融合"这样三个阶段。西方消费伦理思想"合—分—合"的演变轨迹意味着，探讨消费的道德风险问题不仅需要回答当下消费伦理研究的紧迫性和重要性，而且还必须审视现代消费伦理的实质内涵。事实上，消费行为的社会性和伦理性本质不仅意味着消费应该进入伦理学的视野，而且意味着消费理应成为道德调节的对象。这也就是说，除了对立与分离之外，消费与伦理的关系还表现为相互统一和相互融合。现代消费生活也表明，消费与伦理之间的互动越来越频繁、越来越趋于融合。不仅如此，实现现代消费生活的本质回归也就是在消费与伦理的对立统一关系中反思消费生活，摒弃过度消费的生活方式和本末倒置的消费伦理观，从而推进现代消费方式的伦理变革。

第三章以神话与风险为主题详细论述了消费社会的道德风险问题。现代社会给消费者提供了两个道德神话，即：消费的非道德神话和消费主义的道德神话。消费的非道德神话否认了消费的道德维度，从而使消费蜕变成一个纯粹的经济行为。如果说消费的非道德神话是从资本逻辑的角度否认了消费伦理研究的必要性和可能性，那么，消费主义的道德神话就是从文化工业的角度肯定了消费的"伦理内涵"。这也就是说，大众化的过度消费，一方面将消费从价值世界中剥离出来，造成现代社会与传统社会的价值断裂，使得消费成为一个无关善恶的经济行为；另一方面还导致消费主义价值观的普遍盛行，危及既有的伦理秩序和道德规范。事实上，在经济全球化时代，任何人的消费选择不可避免地要与其他人发生关联。消费的公共性和伦理性内涵不仅有力地证明了"消费的非道德神话"的虚幻性，而且也为伦理学介入消费生活提供了有力的支持。而消费的非道德神话和消费主义的道德神话既导致了过度消费的全球盛行，也加剧了过度消费的道德风险。从整体而言，消费的道德风险主要包括消费者的异化、社会关系的冷漠及人与自然矛盾的尖锐化三个方面的内容。

第四章主要从责任伦理的角度论述了防范消费社会的道德风险的具体路径。前已备述，消费是人们构建自我身份或社会认同的重要手段，也是人们在内在冲动和外在刺激双重作用下试图建立自身与外在物质世界相互关联的重要方式。正如王宁指出，消费的至上性使人不断沦为被自己消费的对象。"人们从事消费,实质上不过是创造、维持或改变着自己的认同。"[1] 消费的认同功能及各种各样的"消费神话"致使消费者沉溺于个人的生活享乐,从而忽略了自己对他人或社会应该肩负的道德责任。鲍曼立足于碎片化的道德生活,通过约纳斯的责任伦理和列维纳斯的他者伦理学,把消费社会的道德责任解释为第一哲学意义上的"为他者负责"。克罗克借鉴森的能力方法,根据最大多数人最大化的社会福利原则,从后果论的角度论述了消费者的道德责任。这里,本书通过对鲍曼和克罗克的责任消费伦理思想的比较研究,从责任主体和责任范围的角度进一步探讨了防范消费社会的道德风险的伦理进路。

  第五章是对我国消费道德风险问题的深度反思。这一章首先从中国社会特有的面子文化、当前享乐主义的生活哲学及消费道德教育的缺失三个方面论述了我国防范消费道德风险所面临的主要问题。继而,从消费道德教育、当代中国消费伦理文化的构建及生态安全体系建设三个角度探讨了防范我国消费道德风险的具体对策。最后,本书还进一步指出,消费的道德风险一方面来源于消费行为本身,另一方面来自全球盛行的消费主义文化和现代消费伦理观。结合消费社会"垃圾围城"的现状,本章从人类文明的角度提出,道德风险的防范和化解有待于人们的共同参与和协力合作来构建人类共同生活的安全区域。而满足人类安全需要的重要前提就是增强和提高每个人对他人的道德责任意识。责任消费伦理作为人之为人的内在需要,既是防范消费的道德风险的重要路径,也是推进我国生态文明建设的必要途径。

---

[1] 王宁:《消费社会学:一个分析的视角》,社会科学文献出版社 2001 年版,第 53 页。

第一章 从消费到消费主义:消费是一个伦理问题吗?

消费与消费主义是两个不同的概念。消费是维持人类生存和促进社会发展的必要手段,而消费主义是现代社会的主流生活方式和重要文化模式,它在与各个国家或民族地方性文化的激烈碰撞中相互融合,进而呈现出全球蔓延的态势。尽管消费主义在全球范围内不断扩张,但是学术界对它的评价却是褒贬不一。赞成者认为,消费是促进经济增长不可或缺的动力源泉,因此,消费"越多越好"这一点是不容置疑的。反对者认为,过度消费偏离了人类美好生活的目标,也导致了自然环境问题的恶化。这里,赞成者充分肯定了消费在促进经济增长方面的基础性作用;反对者清醒地意识到,过度消费带来了诸多社会问题和环境污染问题。如果说前者是对消费行为的经济评价,那么,后者就是对消费行为的伦理评价。

显然,上述两种观点是相互抵牾、相互掣肘的。但现代经济学是作为伦理学的重要分支学科而发展起来的。这一事实意味着,消费行为的经济评价和伦理评价之间是相互关联的。经济学与伦理学的内在关联性表明,消费行为正当与否最终还取决于这种消费选择是否促进了自我完善和社会发展,是否有利于保持经济发展与环境保护之间的平衡。于是,有关消费问题的伦理讨论似乎又回到经济伦理学的一个老话题:如何在实现经济快速发展的同时还保持舒适而美丽的宜居环境?依照学术界的普遍共识,消费主义是一种个人主义、享乐主义、物质主义的价值观,因此,我们应该批判和超越消费主义。但事实上,消费主义就字面意思而言不仅是"消费至上"的享乐主义价值观,而且也是以消费者为中心的社会运动形式。从国内外消费者运动的现实情形看,所谓消费主义是指以捍卫消费者的正当权益为根本宗旨的社会运动。如果说消费主义作为享乐主义的价值观是一种欧美化的意识形态，那么，它作为社会运动形式就是一种全球化的消费者运动。而全球化的消费者运动意味着，这种社会运动能够为世界上所有国家的消费者提供服务，它们以捍卫消费者的正当权利或权益为根本宗旨。由于消费权利是人权内容的重要体现，所以，作为捍卫消费者正当权益的消费主义运动无疑就是推动人类文明进步的重要力量。中国近代史上的国货运动不仅反映了民族主义与消费主义的完美结合，而且也表现了个人的消费行为蕴含着爱国的道德情感。"消费国货就等于消费了国货中包含的高尚的道德情感，它利用政治话语塑造了一种异于一般的消费文化。"[1] 由此不难发现，目前我国消费伦理学研究更多的是认识到消费行为的负面影响，而忽略了这样的事实：无论是个人的消费行为，还是消费主义生活方式，都包含着积极的伦理内涵。造成这种片面性理解的主要原因是因为当代消费伦理学否认了消费概念的整体性和双重性，并且对消费主义赋予了"恶"的道德判断。对此，华东师范大学的吴金海曾批评指出，"在经济需要消费支撑或者说消费在经济领域的地位日益显现的今天，对消费主义全盘否定或者说超越消费主义就如同拆卸驱动经济发展的引擎，是对市场经济本身的一种否定"[2]。从这个意义来说，要澄清消费主义的伦理本质，我们首先需要回答的就是"什么是消费"这个问题。

第一节　消费概念的哲学解释

现代消费社会给人们提供了琳琅满目的商品，但其背后潜藏着各式各样的商业营销手段。在商业广告四处飞扬的风险时代，消费是现代社会的核心概念。随着消费主义生活方式的全球化及消费问题的日益严峻，各种消费社会批判理论也蜂拥而至。无论这些社会批判理论秉持什么样的世界观和价值立场，它们首先面对的问题就是解释消费这个概念。正如日本经济学家堤清二在《消费社会批判》中指出，"从当今全球性社会的观点对消费社会进行批判，改变产业社会范式的含义，从这个意义上要回到

---

[1]　王敏：《从土货到国货：近代消费行为政治化与民族主义思潮》，知识产权出版社2014年版，第43页。

[2]　吴金海：《对消费主义的"过敏症"：中国消费社会研究中的一个瓶颈》，《广东社会科学》2012年第3期。

'消费'概念的本来意义上去，从而排除消费的符号化现象，形成一种自我完成、自我成就的消费概念"[1]。

对于"什么是消费"的问题，不同的学者可能会给出不同的答案。经济学家认为，消费是衡量经济发展水平的重要标准，也是促进经济增长和提升人民生活质量的重要引擎。社会学家主张，消费是维系人与人之间相互关系的纽带，也是各种社会问题和社会矛盾相互汇集的焦点。伦理学家则强调，消费并不是一个纯粹的经济行为，而是应该遵循科学、和谐及可持续性等原则的伦理行为。从现有的研究成果看，消费问题已经得到学术界的普遍重视。但是，这些理论研究主要侧重消费的表面特征和工具价值，往往忽略了对消费概念本质内涵的梳理和澄清。

一 消费是肺结核病：一层被忽略的词义

那么，什么是消费呢？在《说文解字》中，"消"，尽也；意指枯水季节河水断流，直至部分或整个河床干涸。"费"，财用也；同金文 𢿘，意指用刀划开装贝壳或钱币的皮囊或布袋，取出钱财用于购买某物或商品。"消"和"费"两个词结合起来就是消费。简单说来，消费是指钱财或物品被消磨、耗损、用完等。日本社会学家三浦展曾经从构词结构的角度指出，"consume 在英日词典中的意思是'用光''烧光''吃光'和'喝光'。'con'的意思是'全部'，'sume'的意思是'拿走'"[2]。可见，消费在三浦展那里是指全部自然资源或财物的耗尽。在《牛津高阶英汉双解词典》中，消费（英语 consumption）一词包括两层意思：一是指耗损或消耗；二是指肺结核病（tuberculosis）。从整体而言，消费的第一层涵义是指自然资源或财物的减少或消耗。这一点已经得到学术界的普遍关注。而消费的第二层涵义不仅在字典中的词义解释比较简单，而且在当前消费问题的理论研究中没有引起足够的重视。这里，本书尝试以这种简单的词义（即：消费是肺结核病）为出发点，揭示消费概念的隐喻内涵。

消费是肺结核病意味着，消费具有与肺结核病相似的病理特征。结核

---

[1] ［日］堤清二：《消费社会批判》，朱绍文译，经济科学出版社 1998 年版，第 17 页。
[2] ［日］三浦展：《第 4 消费时代》，马奈译，东方出版社 2014 年版，第 134 页。

病是由于结核菌入侵患者的身体而引发的一种传染性疾病,它以肺结核为主。一般来说,肺结核病与恶劣的医疗卫生环境、较差的营养状况等外界物质生活条件有关。在过去社会医疗水平偏低、物质生活资料匮乏的情况下,结核病是笼罩在肺结核病患者头上的死亡阴影。随着人们生活条件的逐步改善和公共卫生医疗水平的不断提高,20世纪初世界范围内的结核病发病率首次出现下降的趋势。到了20世纪40年代末50年代初,链霉素、异烟肼等抗结核病药物的相继问世,极大降低了肺结核病的发病率,从而有效地控制了这一疾病的传播。

然而,在此后近60多年的时间里,由于抗生素的人为滥用、人类免疫缺陷病毒的广泛传播及耐药结核菌的频繁出现,又使得肺结核病的发病率呈现上升的态势。到了1993年,世界卫生组织不得不向公众发出这样的警告:"全球处于结核病紧急状态。"据2017年10月30日世界卫生组织发布的《2017全球结核病报告:结核病是全球第九大致死疾病》数据显示,自2000年以来全球结核病治疗已经挽救了5300万患者的生命,但2016年又新增了1040万例肺结核病患者,要实现2030年终止结核病的目标仍然面临着严峻考验。"结核病是全球第九大致死疾病,甚至高于艾滋病。2016年,全球艾滋病毒阴性人群中有约130万结核病患者,艾滋病毒呈阳性人群中另有37.4万人因结核病死亡。"[①] 这些数据表明,肺结核病与其他癌症一样,是一种容易致人死亡的疾病。肺结核病和癌症的主要区别在于:后者是无法治愈的,主要表现为患者病情的每况愈下,从此一蹶不振;前者是可以预防的,甚至可以得到根本医治,其病情可能时好时坏,有时甚至红光满面,让人忽略了疾病的存在或死亡的到来。肺结核病与一般的富贵病也不同,前者以瘦骨嶙峋反映出患病者的身体虚弱或物质生活方面的匮乏,后者则以身体的臃肿或富态表现了患者营养过剩或长期缺乏体育锻炼的状态。

从流行病的角度看,肺结核病是一种需要不断补充营养或改善生活条件的疾病,也是一种身体潮湿的体液病。"四体液说"是古希腊著名医生希波克拉底最早创立的。在希波克拉底看来,按照体液的不同,人可以分

---

① 《2017全球结核病报告显示:结核病是全球第九大致死疾病》,http://www.chinadevelopment.com.cn/zk/yw/2017/11/1186999.shtml。

为四类：第一类是胆汁质的人，其性格特征是急躁而易怒；第二类是多血质的人，愉悦而乐观；第三类是黏液质的人，迟缓而冷漠；第四类是忧郁质的人，浪漫而消沉。肺结核病患者属于第四类。肺结核病的发病原因除了居住环境的恶劣、物质生活方面的匮乏之外，主要还与个人的忧郁心理有关。忧郁是19世纪西方浪漫主义作家的常见心理疾病，也是他们易患肺结核病的主要原因，如饱受肺结核病折磨的拜伦、雪莱、济慈、卡夫卡等。

如果说患者心理忧郁是肺结核病被浪漫化的内在原因，那么，它被浪漫化的外在原因就是医生所开列的治疗结核病的药方，即让患者为了寻找有利身体康复的居住地而进行长途跋涉的旅行。内因与外因的交互作用给肺结核病增添了浪漫化的色调。而肺结核病与西方浪漫主义运动的相结合不仅使面色苍白和体形消瘦成为衡量美与丑的外在尺度，而且使肺结核病患者成为健康者眼中品德"高尚"的人。如此一来，肺结核病成为病人自身颇感骄傲且自豪的事情。因为它是使人优雅且品格"高尚"的疾病，犹如《红楼梦》中"娇花照水"且"弱柳扶风"的林黛玉在肺结核病严重时散发出来令人惊艳的病态美。可见，肺结核病颠覆了传统的审美情趣。"结核病的发烧是身体内部燃烧的标志：结核病人是一个被热情'消耗'的人，热情销蚀了他的身体。远在浪漫派运动出现前，由结核病生发出来的那些描绘爱情的隐喻——'病态'之爱的意象，'耗人'的热情的意象——就已经被使用，从浪漫派开始，该意象被倒转过来了。"[1] 总之，肺结核病充满了暧昧，一方面弥漫着象征死亡的恐惧，另一方面又被赋予了浪漫主义的色彩或高尚且优雅的气质，充斥着颠覆性的审美情趣和道德判断。肺结核病损耗的是患者的身体，不断将其掏空，而肺结核病的审美化和道德化营造的是本末倒置的人生图景。正如桑塔格指出，从疾病隐喻的角度看，肺结核病是一种精神性的疾病，是"一种灵魂病（a disease of the soul）"[2]。也正是在这个意义上，波德里亚把消费社会解释为消费者"出卖灵魂"的交易所。

---

[1] Sontag, S., *Illness as Metaphor*, New York: Farrar, Straus and Giroux, 1978, p.21. 另参见中译本［美］苏珊·桑塔格《疾病的隐喻》，程巍译，上海译文出版社2003年版。

[2] Sontag, S., *Illness as Metaphor*, New York: Farrar, Straus and Giroux, 1978, p.20. 另参见中译版［美］苏珊·桑塔格《疾病的隐喻》，程巍译，上海译文出版社2003年版。

二 消费的肺病隐喻

如前所述，消费就字面意思而言是一种肺结核病。作为肺结核病的使用，消费与肺结核病的隐喻（metaphor）是密不可分的。或者说，肺结核病归根结底是一种精神性疾病或心理疾病，也是一种隐喻。它原指患者肺部不断发生组织病变，经流血和溃烂形成巨大的空洞。肺结核病隐喻的是主体的生存根基被颠倒化的道德判断和审美情趣侵蚀，从而构织出空洞的人生图景。这种隐喻是我们理解消费概念的前提。正如美国著名作家苏珊·桑塔格（Susan Sontag）指出："没有隐喻，一个人不可能进行思考……当然，所有的思考都是解释（interpretation）。"[①]

隐喻作为一种修辞手法，是说话者表达意义的基本方式和主要载体。它通常以"是"呈现出"不是"的本质及某事物与另一事物之间的相似性。法国著名哲学家保罗·利科（Paul Ricoeur）在《活的隐喻》一书的前言中这样指出："隐喻的地位，隐喻的最内在和最高的地位并不是名词，也不是句子，甚至不是话语，而是'是'这个系动词。隐喻的'是'既表示'不是'又表示'像'。"[②] 这也就是说，隐喻通常阐明的是被解释项所隐藏的真实内涵。隐喻的修辞手法通过跳到解释项的认知功能之外，为我们提供一种有关被解释项的理论洞见（insight），例如"人是狼"。这里，说话者把人称作狼主要根据自己的经验常识，以常识补充"狼"在日常语言中的字面含义。"把人称为狼意味着展示由相应的常识组成贪婪成性[③]的系统。"[④] 这里，我们对人的本质把握或哲学解释一方面借助"狼"这个概念的基本语义，另一方面还依靠"人"与"狼"相似性的常识话语系统。人之所以为人主要是因为人超越了自身的动物性，不仅仅"是"动物（即狼），但人的贪婪自私的特性又使其在言行举止方面"像"狼。

消费是（像）肺结核病。首先是因为消费选择与肺结核病具有相同

---

① Sontag, S., *Illness as Metaphor*, New York: Farrar, Straus and Giroux, 1978, p.5.
② ［法］保罗·利科：《活的隐喻》，汪堂家译，译文出版社2004年版，"前言"第6页。
③ 原文为 lupin，本意为羽形豆，据说这种植物好占地方，故人们把它与贪婪成性的狼相比。——译者
④ ［法］保罗·利科：《活的隐喻》，汪堂家译，译文出版社2004年版，第119页。

的病理特征，即：发热和耗损。肺结核病包含着一对相互对立的力量：一面是，患者因为自己身体虚弱或营养不良需要向内进食滋补；另一面是，由于情感的充盈需要向外释放欲望或热情。同样，消费也是一个矛盾的统一体，一方面，它是经济增长的动力引擎；另一方面，由于消耗了大量的自然资源，所以，消费数量的增加又意味着社会财富的减少。在这里，消费的"发热"特征表现为促进了社会经济的快速增长，而耗损则表现为自然资源的消耗及人的本质在消费过程中被符号所吞噬或消解。消费与肺结核病之间隐喻性的关联，不仅仅因为二者在病理学上的相似性，更重要的一点是消费一词原先就是指肺结核病。据《牛津英语词典》（*Oxford English Dictionary*）记载，消费（consumption）作为肺结核病（pulmonary tuberculosis）的同义词使用可以追溯到1398年。"当气血亏损时，随之而来的便是痨病（consumpcyon）和衰弱。"① 换句话说，消费包含了病理学意义上肺结核病的内涵，即身体的消耗，以及身体某部位或生命有机体出现异常肿块。进一步说，消费潜藏着不健康的生活方式或头足倒立的审美情趣或道德判断。从人的角度看，消费作为一种符号或象征，在消解个体生存的价值或意义的同时，还使"消费者受到一种模型'游戏'和其选择的规定"②，沦为一种无灵魂的肉体存在，或者如马尔库塞所言的"单向度的人"。从社会发展的角度看，消费作为拉动经济增长的基础性要素，不仅意味着生产活动的完成，而且意味着自然资源的消耗或损毁。这也就是说，消费一词包含两层意思：耗损和完成。"耗损"体现了消费的消极内涵，而"完成"体现了消费的积极内涵。如果我们仅仅看到消费的消极内涵，或者纯粹谈论消费的积极内涵，那么，这无疑带有一定的片面性。其中，消费的消极内涵意味着我们需要警惕不合理消费所带来的道德风险和经济危机，也需要从自我的内心深处积极探寻健康的生活方式或适度消费的可能性。然而，遗憾的是，这种不健康的消费常常被肺结核病的浪漫化与道德化所遮蔽，并且成为消费者张扬自我个性和表达自我身份的基本方式和重要途径。

---

① Sontag, S., *Illness as Metaphor*, New York: Farrar, Straus and Giroux, 1978, p. 9. 另参见中译本［美］苏珊·桑塔格《疾病的隐喻》，程巍译，上海译文出版社2003年版，第22页。

② ［法］让·波德里亚：《消费社会》，刘成富、全志钢译，南京大学出版社2000年版，第226页。

在过去医学不发达或治疗手段匮乏的时期，一旦患上肺结核病，无亚于给患病者划定了"死亡的期限"。在物质充裕的消费社会里，肺结核病虽然可以预防甚至能得到彻底的根治，但是它们并没有因此消失，反而呈现出愈演愈烈的趋势。用桑塔格的观点来说，肺结核病已经演变成无可救药的癌症（cancer）。"早期资本主义假设了这样的前提：有计划的花费（spending）、节约、算计及自律的必然性——这种经济取决于欲望的合理限制。肺结核病（TB）被刻画为一些包括 19 世纪经济人负面行为的形象（images）：消费，浪费，以及活力的挥霍。发达资本主义要求扩张、投机及新需要（满足与不满足的问题）的创造，信用卡购物及流动性——这种经济取决于欲望的非理性沉溺。癌症被刻画为包括 20 世纪经济人的负面行为的一些形象：畸形增长及拒绝消费或消耗的能量压抑。"[1] 当前消费主义生活方式全球蔓延的事实也表明，与其说"经济人"拒斥消费，毋宁说他们为了满足自己的财富欲或享乐欲而更加肆无忌惮地消费。

在《疾病的隐喻》中，桑塔格指出，肺结核病隐喻的是经济增长的价值困境及文化缺陷。而在笔者看来，消费作为一种肺结核病，消费越多意味着肺结核病越重；肺结核病越重，意味着患者离死神的距离越近。正如波德里亚指出，"物品身上患着癌症：非结构性配件的大量繁衍，虽然促成了物品必胜的状态，却是一种癌症。然而，也就是在这些非结构性的元素上（自动化主义、配件、非基本需要的分化），组成了流行和引导性消费的社会通路"[2]。一言以蔽之，不健康的消费已经将能治愈或可预防的肺病患者演变成濒死的"癌症"患者。然而，肺结核病患者总是以暂时的病情好转或面色红润，忽略了肺病的致命性。最诡秘的是，消费主义者以数字化的经济增长颇感自豪，不仅没有意识到过度消费的经济危机和道德风险，而且还忽略了自然资源的枯竭或生态危机的可能性。

德国风险理论家贝克曾将现代消费生活方式理解为个体应对社会问题和秩序设计的一种方案。英国后现代伦理学家鲍曼则认为，消费生活方式是"社会工程"失败之后个体一系列自由选择的结果。而丹尼尔·米勒

---

[1] Sontag, S., *Illness as Metaphor*, New York: Farrar, Straus and Giroux, 1978, p.9. 另参见中译本苏珊·桑塔格《疾病的隐喻》，程巍译，上海译文出版社 2003 年版，第 73 页。

[2] ［法］尚·布希亚：《物体系》，林志明译，上海人民出版社 2001 年版，第 144 页。

更倾向于把消费理解为"历史的先锋"(the Vanguard of History),认为"在许多情况下,消费议题都给迄今为止仍支撑每个原理的基本前提带来根本性挑战"[1]。这种挑战不仅表现为消费颠覆并取代了生产在经济活动中的主导地位,而且还表现为以消费的绝对话语权肯定了奢侈或享乐的合理性。一旦奢侈消费成为现代人趋之若鹜的社会"美德",那么,炫耀消费或挥霍浪费就会成为一种普遍的社会现象。不仅如此,消费者在各种各样的市场营销策略的围攻之下最终沦为一个"无灵魂的"、符号化的存在者。法国思想家波德里亚曾经指出,消费社会就是消费者"出卖灵魂"的交易场所,它消解了人的本质和现实生活的意义。波德里亚认为,"消费并不是普罗米修斯式的,而是享乐主义的、逆退的。它的过程不再是劳动和超越的过程,而是吸收符号及被符号吸收的过程。所以,正如马尔库塞所说,它的特征表现为先验性的终结。在消费的普遍化过程中,再也没有灵魂、影子、复制品、镜像。再也没有存在之矛盾,也没有存在和表象的或然判断。只有符号的发送和接受,而个体的存在在符号的这种组合和计算之中被取消了"[2]。

消费社会最响亮的口号就是消费,而且是展示自我个性和追求自我认同或社会认同的消费。它以经济增长的迷人光环遮蔽了消费者无根的生存困境及环境污染的严峻事实。肺结核病也是如此,时常呈现出健康的假象,以面部潮红、神清气爽掩盖了身体虚弱与患病的事实。肺结核病隐喻的是空洞的人生或本末倒置的价值体系,也是经济繁荣现象背后隐藏着社会有机体病入膏肓的"灵魂病"。消费的哲学解释不仅要揭示出肺病隐喻,而且试图使消费者摆脱这种隐喻的阴影。如果说肺结核病需要积极预防或接受医治,或按塞涅卡的说法由奢侈而产生的燥热病症需要"哲学治疗",那么,消费的肺病隐喻不仅需要我们密切关注消费问题,努力揭示出消费的阴暗面或晦涩之处,而且有待于我们采取有效的措施积极防范或规避消费的道德风险,跳出肺病隐喻,摆脱这种病痛的折磨,从而开启

---

[1] Miller, D., "Consumption as the Vanguard of History: A Polemic by Way of an Introduction", in Daniel Miller, eds., *Acknowledging Consumption: A Review of New Studies*. London: Routledge, 1995, p. 1.

[2] [法]让·波德里亚:《消费社会》,刘成富、全志钢译,南京大学出版社2000年版,第225页。

健康消费生活的可能性。如果说肺结核病是因忧郁而产生的心理疾病，那么，我们迫切需要做的就是心灵治疗，从自我的内心深处重建"心灵的秩序"，通过伦理消费探寻健康的、有意义生活的秘密通道。

第二节 消费主义的界定及其多重面向

一 消费主义的基本内涵

毋庸置疑，消费概念到了现代社会，其内涵已经发生了巨大的变化，进而蜕变成一种消费主义（consumerism）的生活方式和价值观。作为一种生活方式和价值观，消费主义一方面与全世界各个国家或民族的地方性文化发生激烈的碰撞，另一方面又与之相互影响、相互渗透、相互贯通、相互融合。

依照雅尼斯·加布里埃尔（Yiannis Gabriel）和蒂姆·朗（Tim Lang）的归纳，消费主义一词主要包括五个方面的内容：它是"发达资本主义国家的道德教条（moral doctrine）"、"炫耀消费的意识形态"、"全球发展的经济意识形态"、西方发达资本主义国家的"政治意识形态"及"寻求提升消费者权利和保护消费者权益的社会运动"。[1] 概言之，消费主义一词主要包含两个维度：一方面，作为一种全球化的生活方式，消费主义是以消费文化为载体向世界各国消费者传播或渲染发达资本主义国家过度消费的生活理念或意识形态；另一方面，它通过各式各样的消费者运动，以捍卫或维护消费者的正当权益为根本目的，集中体现了消费者对自身消费权利的价值诉求。前者在消极意义上揭示了消费主义的伦理本质及其对社会经济文化产生的负面影响；后者从积极意义上表现了消费者在消费选择方面的自主性与自我权利意识的提高。日常生活经验表明，消费主义的消极内涵和积极内涵几乎同时存在。一方面是暴殄天物的浪费或奢侈消费层出不穷；另一方面是消费者捍卫自身正当权益的社会运动此起彼伏。例如2008年国内知名品牌三鹿奶粉被爆出含三聚氰胺有毒成分之后，消费者自觉发起了抵制三鹿奶粉的社会运动。2012年"钓鱼岛事件"激发了中

---

[1] Gabriel, Y. and Lang, T., *The Unmanageable Consumer*, 2nd Edition, London: Sage Publications, 2006, pp. 8 - 9.

国消费者的反日情绪,进而出现了抵制日货运动。2017年韩国乐天集团乐天玛特超市因"萨德事件"遭到中国消费者的集体抵制。

总体而言,消费主义是一个包罗万象的、错综复杂的理论体系和实践模式。消费主义一词主要包括生活方式、意识形态及文化理念三个方面的内容。

1. 消费主义是现代人获得自我认同或社会认同及构建社会关系的一种生活方式。

在消费社会里,消费主义首先表现为社会各阶层普遍接受的一种生活方式。之所以如此,其重要原因之一就在于它诉诸消费者的欲望。换句话说,支撑着消费主义生活方式的现实基础并不是人们维持生存和发展的基本需要,而是被人为制造或消费市场所激发出来的消费欲望。当某个具体的消费欲望被满足之后,另一个新的消费欲望又被市场所激发或挖掘,进而填充先前已经被满足的消费欲望所留下的空隙,最终"制造"出大量"欲壑难填"的消费者。或者说,在消费社会里发挥作用的是个体的消费欲求,而不是维持人类生存和发展的消费需要。由此而产生的是一种过度消费的经济模式。

随着经济全球化时代的到来,消费主义凭借着自由消费和平等消费的旗号,使得琳琅满目的商品在世界范围内畅行无阻。它们通过文化媒介或广告营销等手段,使消费者在享受丰裕生活所带来的种种便利的同时,还在不知不觉之中忽略或遗忘了自身的现实生活或生活意义。换句话说,这种"竭泽而渔"的欲望消费或生活享乐不仅导致越来越多消费者沉溺于"快餐式"的商品世界,而且也导致日益丰富的商品世界逐渐遮蔽了消费生活的本真价值和现实意义。而人的自然本质的丧失又给生态环境带来灾难。正如张晓立在探讨美国消费文化时曾这样指出,西方资本主义社会通过"消费拉动生产"的经济模式,彻底释放了人的欲望。因此,"当代美国文化实质上就是'享乐文化'和'纵欲文化'。它将消费行为制度化、体制化和神圣化,最终将人类物质消费欲望无限夸大和神话,将人类带上自我毁灭生命和资源耗损的单行道"[1]。一言以蔽之,消费主义生活方式

---

[1] 张晓立:《美国文化变迁探索:从清教文化到消费文化的历史演变》,光明日报出版社2010年版,第225—226页。

背后潜藏着诸多风险或危机。而这些风险或危机为现代社会的安全秩序带来了巨大挑战。

2. 消费主义是发达国家操纵本国或其他发展中国家消费者的意识形态工具。

后现代伦理学家鲍曼曾这样指出，消费在现代生活的核心地位意味着，消费主义一方面是现代人秉持的生活方式和消费理念，另一方面也是西方资本主义社会的主流意识形态。"一旦被作为一个中心范畴接受时，消费主义就会使我们对人的动机、人的态度、个人与社会之间的关系，以及人类生存的总体逻辑所作的最基本的假定产生不同的看法，作出不同的评价。"[①] 所以，消费主义是现代社会批判理论中一个非常重要的概念。它强调消费而不是生产，注重个人的生活享乐，通过消费的方式构建起消费者与外在物质世界的社会联系。这种生活方式表现为不同消费者在消费观念和消费偏好方面的相似性，同时又在个人的消费品位或消费选择方面表现出高度的个性化。总体说来，消费主义是大众化和个性化、一致性与多样性杂糅的意识形态。不同国家的消费者虽然身处不同的环境和文化氛围，但在消费兴趣方面却时常表现出惊人的相似性。为了实现社会控制和安全保障的目标，消费主义以理性假设的方式对消费者进行教化和引导；为了防止个体沦为不合格的消费者或"废弃物"，它既鼓励自由消费，又赞同消费者积极参与攀比消费或奢侈浪费。

作为发达国家的一种意识形态，消费主义主要以消费文化为依托向发展中国家乃至全球的消费者传播自由、平等、博爱等资本主义社会的价值观。它使消费者沉溺于五光十色的物质世界，而忽视了消费选择中不自由、非自主、不平等、被剥削的现实。在生产社会里，资本家凭借着对生产资料和生活资料的占有，以利润的最大化为根本目的，无偿占有雇佣工人的剩余劳动所创造出来的剩余价值。这里，资本家对雇佣工人的剥削是赤裸裸的、显而易见的。工人不仅意识到资本家对他/她的剥削或压榨，而且试图以实际行动或工人运动的形式反抗或摆脱这种剥削或压榨。与生产社会相比，消费社会则采取了较为隐蔽的手段对人们的消费选择和消费方式进行了全面操控。在消费社会里，企业或商家对消费者的操控或剥削

[①] 何佩群编译：《消费主义的欺骗性——鲍曼访谈录》，《中华读书报》1998年6月17日。

是非常隐秘、不易察觉的。这种隐蔽性表现为以自由消费、打折促销及消费狂欢为噱头，致使消费者不仅没有意识到资本家所精心设置的各种营销陷阱，而且乐于接受消费市场为其所提供的五光十色的商品，浑然不觉这种"自主消费"背后所潜藏的操纵或奴役。从整体而言，生产社会与消费社会都存在资本家对现代人的剥削或奴役。二者的主要区别在于：生产社会里的劳动者竭力摆脱生产劳动的艰辛或剥削；而消费社会里的消费者却"乐"在其中，不断地游走于这种令人满足或不满足的商品世界。

众所周知，过度消费需要过度生产提供相应的客观对象与物质财富来支撑。而过度生产与过度消费之间的恶性循环不仅减少了消费者社会交往的时间，而且给消费者带来身心疲惫的焦虑感。由此不难发现，消费社会与生产社会的另一个重要区别还表现为：前者把消费理解为生活的根本目的，后者把消费理解为经济活动的终点和实现美好生活的重要手段。对于鲍曼而言，"消费者市场不断地向传统开战，欲望就是这场战争的主要武器。一定要防止习惯（甚至是最活跃的习惯）凝固成传统，而不断改变欲望就是最有效的预防针（当然，不断变化的注意力强化了不断改变的欲望）"[①]。消费社会以推陈出新的形式不断打破了传统社会勤劳节俭的生活习惯，从而使得短暂易逝的、变化莫测的消费欲望支配着现代人的消费选择。从这一点来说，现代社会的消费史也就是过度消费或欲望消费不断确证自身合理性的历史。虽然消费是经济增长的动力源泉，但这种数字化的经济增长是以牺牲自然环境为代价的。日本思想家岩佐茂在《环境的思想》中指出，"资本的逻辑把满足人的要求的生活资料作为商品来生产，是为了获得更多的利润。资本的逻辑把包含人格在内的一切东西贬低为追求利润的手段，同时在生产过程中又尽量消减费用。对资本的逻辑来说，无偿接受环境、大气、水等自然资源，如果没有法律规定，在生产过程中把污染的大气、水排放到环境中，这是理所当然的事。其结果是环境被破坏，对此资本的逻辑是毫不关心的"[②]。由此不难发现，"资本的逻辑"就是以利润或剩余价值的最大化为根本旨趣。它用经济目的的合理

[①] ［英］齐格蒙特·鲍曼：《被围困的社会》，郁建立译，江苏人民出版社2005年版，第146页。

[②] ［日］岩佐茂：《环境的思想——环境保护与马克思主义的结合处》，韩立新等译，中央编译出版社1997年版，第169页。

性消解了所有的价值判断，从而也将自然降格为资本家牟利的工具或手段。

加布里埃尔和朗认为，消费主义作为西方发达资本主义国家的意识形态在经济、政治、文化三个领域发挥着非常重要的作用。首先，它是一种经济意识形态，一方面把消费者的购物欲望理解为经济增长的核心动力，另一方面通过跨国公司操纵全球消费市场，从而为资本家攫取更多的社会财富。作为一种政治意识形态，消费主义从政治权利的角度强调国家应该成为个人的消费权利和消费者最低生活保障的重要守护者。作为一种文化意识形态，消费主义把"炫耀消费"（conspicuous consumption）理解为美好生活本身，使"消费"成为社会分层和身份区分的重要标准。也就是说，消费主义意识形态主要通过商品市场对消费者进行消费培训或"驯化"，用商品的符号价值弱化了商品的使用价值和交换价值，从而塑造了一种有别于新教伦理的消费观。在马克斯·韦伯的新教伦理中，勤劳是上帝赋予每个选民的重要天职；节俭消费是上帝选民应该具备的重要美德。但现代消费伦理学则认为，消费特别是炫耀消费，是美好生活的核心内容。总之，"就消费主义的意识形态而言，商品的交换价值和使用价值在界定消费时被忽视或贬低为次要的或微乎其微的作用，交换价值和使用价值作为价值也难逃符号化（的命运）。因此，当下的消费被视为根植于符号之中"[①]。

毋庸置疑，消费主义奉行过度消费的价值原则。由于它把经济增长视为第一要务，往往忽略了消费行为的社会后果，特别是它给自然环境造成的负面影响，甚至也没有意识到穷奢极欲的消费行为对消费者自身所造成的消解。因此，消费主义作为一种意识形态，其背后潜藏着巨大的生态风险和人文危机。

3. 消费主义宣扬一种过度消费、奢侈浪费的文化理念

消费主义自诞生以来，不仅是一种发达国家的意识形态，而且在文化领域占据着十分重要的地位。文化通常被理解为文明的同义词。从文化概念的历史变迁看，它更多涉及组织管理的当下视野，而不是对历史积累的

[①] Lodziak, C., *The Myth of Consumerism*, London, Sterling, Virginia: Pluto Press, 2002, p. 30.

总结。正如鲍曼指出，"'文化'这一观念，是在18世纪中后期作为管理人类思想与行为之缩略术语而被创造命名的。'文化'一词并不是作为一个描述性术语问世的，也就是说，并不是对已经形成、被观察到并且得到记载的人类行为惯例的简称。只是到了近一个世纪以后，当文化管理者们回首被其视为自己所创造的成果并且仿效上帝创造世界的范例，称这一创造是好的时，'文化'才意味着'被规范化调节的'、惯例性的、不同于其他管理下其他类型的人类行为。'文化'之观念，是作为一种意图之宣言而诞生的"①。

文化概念"作为一种意图之宣言而诞生"的历史事实表明，潜藏在文化背后的社会关系是管理者与被管理者。这种非对称性且不平等的关系意味着，管理者是社会秩序的维护者和行为规则的制定者，被管理者是行为规则的践行者。管理者的重要职责之一就是用社会行为规范或规章制度等他律形式代替被管理者的道德自律。换句话说，文化体现了管理者的"意图"，在本质上讲就是对被管理者实施行为的教化和引导，从而使其服从于管理者的管理。而在现代社会里，消费主义文化想要在激烈的市场竞争中获得一席之地，就必须屈从于消费市场的理性标准。文化越来越贴近现代生活意味着，这种文化越来越多地表现出"消费主义综合征"，是一种"脱离、断裂与遗忘的文化"②。

这也就是说，现代消费文化把消费视为个人自由的象征，从而使消费脱离了生产的视阈和道德的引导。这种"自由"使得消费者误以为消费品位或消费数量是个人事业成功或身份地位的体现，并且坚信消费越多越能获得社会或他人的认同。但事实上，消费主义文化的全球盛行导致了虚假自我与真实自我、符号幻象与现实生活，以及消费行为的经济评价与消费行为的道德评价之间的断裂。这种断裂抽离了人类生存的根基，使消费主义沦为意义的替代物，同时也是滋生风险和灾难的温床。正如贝克指出，风险社会里的文化虽然带有一定程度的盲目性，但是它为我们反思风险和灾难提供了重要的观察视角和理论方法。贝克认为，从文化层面来

---

① [英]齐格蒙特·鲍曼：《流动的生活》，徐朝友译，江苏人民出版社2012年版，第56页。

② [英]齐格蒙特·鲍曼：《流动的生活》，徐朝友译，江苏人民出版社2012年版，第67页。

看，现代社会的日常生活不仅具有盲目从众性，而且也难以在根本上消除其隐含的风险。但是，它以各种信息的表述所形成的社会想象丰富和拓宽了人类反思风险问题的理论视野。"这使隐藏的潜在的风险和威胁已经变成社会大众所能够看得到的风险和威胁，并在一些具体细节上及在人们自己的生活范围内唤起了社会公众的重视——这就需要文化层面上的观察，并通过这种文化层面上的观察使得盲目的社会公众或许能够重新赢回他们进行自主判断所应有的独立性。"①

在这段话中，贝克通过探讨风险文化，一方面揭示当前文化的缺陷（即"盲目性"），另一方面还明确指出对风险问题的文化审视是人们重获自主性和独立性的重要途径。或者说，它为我们反思风险社会的问题和提高自身的风险意识指明了方向。在风险社会里，消费主义文化通过消费市场的平台不断刺激现代人的消费欲望，进而培训或驯化人们积极追求个性化消费、标新立异的生活品位和消费风格。从这个意义来说，消费市场是通过对消费者消费行为的操控或驯化，使其逐渐丧失了自主性，最终成为一种功能化的存在者或消费性的动物。但事实上，"生活秩序的必然性在人那里发现自己的界限：人拒绝被完全同化为一种功能。并且，也绝不可能有唯一的、完善的和最终确定的生活秩序。人不愿意仅仅活着，他要决定选择什么和捍卫什么。如果不是这样，他就是把生活当作单纯的生存来接受，他听从一切代他做出的决定"②。

在《物体系》中，波德里亚（中文名也译为布希亚）曾经从主体和客体关系的角度将消费理解为一种"符号的系统化操纵活动"。波德里亚认为，现代社会的符号消费与原始社会的礼物性消费或节日性庆典不同，也与近代社会的"布尔乔亚的奢华"不同。因为"消费是一种建立关系的主动模式（而且这不只是［人］和物品间的关系，也是［人］和集体、和世界间的关系），它是一种系统性活动的模式，也是一种全面性的回应，在它之上，建立了我们文化系统的整体"③。受这种"文化系统"的

---

① ［德］贝克，王武龙编译：《从工业社会到风险社会（下篇）——关于人类生存、社会结构和生态启蒙等问题的思考》，《马克思主义与现实》2003年第5期。

② ［德］卡尔·雅斯贝斯：《时代的精神状况》，王德峰译，上海译文出版社2005年版，第51页。

③ ［法］尚·布希亚：《物体系》，林志明译，上海人民出版社2001年版，第222页。

影响，消费者在消费选择方面通常表现出盲目性和从众性。这意味着，消费主义文化把消费视为生活的目的，颠倒了生活目的与生活手段、虚幻世界与现实世界的关系，从而以虚幻性的生存状态遮蔽了消费生活的本真意义。换言之，由于消费主义文化是根植于风险社会或消费社会之中的，所以，对消费主义文化或生活方式的批判性反思是我们防范消费风险的必要前提。如果对当前的消费生活及这种消费文化不进行批判性反思，那么，隐藏在其背后的风险可能会给人类带来毁灭性的影响。

二　消费主义的多重面向

在现代社会里，消费主义生活方式从勤劳节俭的美德传统中挣脱出来，一方面与各个国家或民族的地方性文化发生了激烈的碰撞，另一方面在商品交换日益频繁的经济环境中也使得人们的正当消费权益遭受损害事件屡见不鲜，如虚拟高价的商品、假冒伪劣或仿制品等。仅就后一个问题而言，"消费者权益受到损害，其本身不是一个个人问题，而是资本主义经济体系中内在的问题，以社会力量来解决此问题的运动是19世纪中叶的英国劳动运动"[①]。这种劳动运动的主要目的在于提高个人的工资或薪酬，并且希望通过这种运动提高自身和家人的生活质量。但实际情况并非如此。人们的生活或生存处境并没有因为"劳动者运动"或工资收入的提高而得到相应的改善。与此同时，消费领域中的假冒伪劣、信用卡恶意透支、环境公害等问题也逐渐暴露出来。而解决这些消费问题不仅推动了消费者运动的发展，还衍生出形式多样的消费主义。

消费者运动是伴随着现代社会商品的极大丰富和消费者追求高品质的生活而产生的社会运动形式。从消费者运动的基本立场和价值诉求来看，它不是某个国家的意识形态，而是某消费者群体的购物倾向和理想表达。因此，它与作为意识形态或生活方式的消费主义有着显著的区别。作为一种生活方式或西方发达国家的意识形态，消费主义主要以道德教条的形式，消解了新教伦理中的自我克制和勤劳节俭等道德传统，把消费解释为"美好生活"（good life）的核心内容。而作为一种社会运动形式，消费主

[①] ［日］铃木深雪：《消费生活论——消费者政策》，张倩、高重迎译，中国社会科学出版社2004年版，第6页。

义主要通过消费者的集体抵制、禁购或购买某品牌商品等行动,试图维护自身的消费权利。根据消费者运动的价值诉求不同,它主要包括合作的消费主义(co-operative consumerism)、绿色消费主义(green consumerism)、伦理消费主义(ethical consumerism)、政治消费主义(political consumerism)。

1. 合作的消费主义

抵制某商品或服务是西方消费者运动所采取的主要形式。合作消费主义也不例外。合作消费者运动中的抵制行为主要针对的是商品买卖过程中的低质高价问题。合作的消费者是由部分消费者为实现某具体目标自愿组织起来而形成的彼此合作或互助协作的群体,它最早出现在英国工业革命时期。1844年,英格兰西北部的洛奇德尔(Rochdale)地区为了抵制当地大都会的高价商品而成立了谷物磨坊。基于保护消费者正当消费权益的现实需要,合作的消费主义通过"人民自助"(self-help by the people)[①]的原则,不仅有力地抵制了虚拟高价或质量低劣产品,而且给参与合作的消费者提供了控制商品生产的权利空间。

在《难以驾驭的消费者》中,加布里埃尔和朗充分肯定了合作消费主义在维护消费者切身权益方面所发挥的重要作用。他们把合作的消费者(co-operative consumers)理解为消费主义社会运动中的"第一次浪潮",声称"合作为工人阶级提供了更丰富的、更易满足的社会存在,同时也为他们提供了一个构建更美好世界的机遇。大众积极参与消费者运动,也有助于创造一个新的公民社会,反之则不然。合作是理论与实践、手段与目的相结合的颠覆性产物,它深刻地影响且仍将影响当前正盛行的市场营销理论"[②]。可以说,合作消费者运动给消费者提供了维护或捍卫自身消费权利的平台。通过团结合作,消费者不仅支配着生产内容和生产数量,而且在一定程度上还确保了合作各方能够享受较高品质的消费生活,诸如舒适的住房、物美价廉的食物、较好的公共教育和社会医疗服务等。

与此同时,在现代消费社会里,合作的消费主义还面临着不少困难。

[①] Gabriel, Y. and Lang, T., *The Unmanageable Consumer*, 2nd Edition, London: Sage Publications, 2006, p.157.

[②] Gabriel, Y. and Lang, T., *The Unmanageable Consumer*, 2nd Edition, London: Sage Publications, 2006, p.157.

从合作消费者运动本身看,全球化的消费市场已经使职业经纪人开始处理消费者之间的合作事宜。但职业经纪人功利主义的价值取向使得消费者之间的合作容易演变成少数人私有利益的追逐。这种合作虽然在短时间内并不会造成整个消费者合作组织的坍塌,但是,由于这些人目光短浅、急功近利,这使得他们容易忽略了自身对自然环境和人类社会的道德责任。从合作消费者运动的外部环境看,自20世纪初第一辆福特车下线生产以来,大众消费和个性化消费模式已经把消费者置于消费社会至高无上的位置。换句话说,无论是大众消费,还是个性化消费,都使合作消费者运动把关注的目光投向与自身利益密切相关的事务,而不是自我对公共事业的道德责任。而消费者不断膨胀的消费欲望与日益锐减的自然资源之间情势的紧张,又将合作消费者运动的局限性暴露得一览无余。尽管这种局限性并不会导致合作消费者运动完全消失,但这足以表明,合作消费者运动将不是消费社会主流的运动形式。它将逐步被其他形式的消费者运动所取代。正如加布里埃尔和朗指出:"虽然积极的合作式实践者/消费者仍然保持着巨大的潜力,但是目前全球化的消费市场及国际分工使得合作消费者运动的作用显得微乎其微。"[1]

2. 绿色消费主义

绿色消费主义运动的兴起与欧美国家环境问题的恶化是密不可分的。它主要针对20世纪下半叶的环境污染问题而提出了绿色消费的生活理念。据世界观察研究所的数据统计,自20世纪60年代以来,随着消费品的日益丰富和商品交换越来越频繁,人们"对铜、能源、肉制品、钢材和木材的人均消费量已经大约增加了1倍;轿车和水泥的人均消费量也已增加了3倍;人均使用的塑料增加了4倍;人均铝消费量增加了6倍;人均飞机里程增加了33倍"[2]。这些触目惊心的数据无不表明,现代人的消费水平已经达到了一个前所未有的历史高度。如果这种不断攀升的消费水平不加限制地任其发展,那么,其后果必将是整个生态系统的崩溃。

这也就是说,环境问题与现代消费主义生活方式是密切相关的。日本

---

[1] Gabriel, Y. and Lang, T., *The Unmanageable Consumer* 2nd Edition, London: Sage Publications, 2006, p.159.

[2] [美]艾伦·杜宁:《多少算够——消费社会与地球的未来》,毕聿译,吉林人民出版社1997年版,第11页。

学者岩佐茂曾经把消费生活方式的转变和生产体制的变革结合起来,用"资本的逻辑"解释了环境问题的深层根源。岩佐茂认为,"资本的逻辑"蕴含着"大量生产—大量消费"的经济模式,塑造了一个既"方便"又"不方便"的社会。"方便"是指便捷高效的生活服务;而"不方便"主要指由于过度消费所造成的生活焦虑和环境问题。岩佐茂指出,过度生产的经济模式既带来过度消费的生活方式,也带来大量的废弃物。"由大量生产获得利润的资本的逻辑是,通过过度的商业行为刺激消费欲望,把大量的产品作为商品推销出去。因此,资本的逻辑是推销方便的逻辑,不仅如此,为了获得利润自己也最大限度地追求效率性、方便性。资本的逻辑,从其本性来说,是完全依赖效率性与方便性的。所以,资本的逻辑得到贯彻的社会也就是驱使人追求片面的扭曲方便性的社会。"① 这里,岩佐茂用"资本的逻辑"论述了过度消费的环境风险。实际上,"资本的逻辑"是以利润的最大化为最高目标的。它给人们提供了快速而便捷的现代生活方式,同时又将人和自然贬低为资本家牟利的工具或手段。而现代社会里工具理性的盛行又导致人或自然沦为"资本"的奴仆,最终导致环境问题进一步恶化。

那么,如何解决过度消费所带来的环境问题呢?自 20 世纪 70 年代以来,社会各界普遍意识到,转变消费生活方式、实现绿色消费是保护环境的重要途径之一。1988 年,英国民间环保人士约翰·埃里克顿(John Ellickinton)和茱莉娅·赫尔兹(Julia Hailes)合作出版了《绿色消费者指南》②一书。该书呼吁消费者购买对环境危害较小或有益于环境保护的商品。几年后,二者又合著了《绿色消费者超级市场购物指南》③ 和《绿色商业指南》④。这两本书分别从消费者和产品生产者角度论述了绿色消费的生活理念。从总体而言,绿色消费者运动是以绿色消费者为核心力量,力

---

① [日]岩佐茂:《环境的思想——环境保护与马克思主义的结合处》,韩立新等译,中央编译出版社 1997 年版,第 161 页。

② 参见 Elkington, J. and Hailes, J. *The Green Consumer Guicle*: *From Shampoo to Champagne*: *High - street Shopping for a Better Enviornment*, London: Victor Gollancz, 1988。

③ 参见 Makower, J., Elkington, J. and Hailes, J., *The Green Consumer Supermarket Guide*, New York: Penguin Books, 1991。

④ 参见 Elkington, J. and Hailes, J., *The Green Business Guide*, London: Victor Gollancz, 1991。

图实现三个目标。第一，通过提高消费者的环保意识，使消费者自觉抵制无绿色标识的产品，并通过消费者投票的市场机制淘汰或抵制对环境危害较大的企业或产品。第二，消费者通过对商品生产、流通、消费等环节的追踪和关注，促使企业生产环境友好型的产品。第三，从环境保护的角度鼓励消费者绿色消费，减少不必要的消费，从而降低环境污染的程度。一言以蔽之，绿色消费者运动以绿色消费者为主力军，一方面向消费者宣传"绿色消费"的生活理念，另一方面主张通过绿色消费最大限度地提高消费者的环保意识，从而推动消费者生活方式的变革和社会的绿色发展。

那么，什么是绿色消费呢？按照学术界的普遍共识，所谓绿色消费主要包含三层意思：第一，在消费对象上要求消费者选择有助于自己身心健康，且对自然环境危害较小的商品；第二，在消费价值观上要求消费者坚持绿色、环保、可持续的消费原则，既满足当代人的消费生活需要，又满足下一代人的消费需要；第三，在消费行为的末端上注重对垃圾问题进行科学分类，尽可能减少对自然环境造成二次污染。从整体而言，绿色消费是对工业文明以来人类生活方式的深刻反思，它反对以牺牲环境为代价的不恰当的消费方式，主张从消费品的选择、消费行为及消费观三个方面致力于实现人与自然的和谐共存、生态系统的可持续性等目标。在根本上讲，绿色消费是可持续发展的内在要求。而绿色消费者运动从环境保护的角度鼓励消费者购买绿色、无公害产品。随着绿色产品受到众多消费者越来越多地追捧，国内外许多大中型企业纷纷加入"绿色营销计划"。它们以研发绿色产品为基础，面向消费者开展绿色营销。这一方面促使企业在技术方面积极革新，把环保理念渗入产品设计过程，另外还从社会制度方面通过环境标志认证进一步规范消费市场，对绿色产品与非绿色产品进行区分。继德国的"蓝色天使"、北欧的"白天鹅"、欧盟的"欧洲之花"等环境标志之后，中国在1994年也启动了环境标志认证工程。在短短二十多年里，国家环保总局先后制定和修订了97项环境标志技术要求，从保护臭氧层、解决区域性环境问题、改善家居环境等方面对绿色产品进行分类，并且提供了相应的环境标志认证。这种环境标志认证的主要目的在于引导消费者通过对绿色产品的认知和了解，自觉选择环境友好型的产品；同时通过消费者对绿色产品的青睐或选择，反过来促使企业采用清洁生产，注重资源的回收与循环再利用。

虽然环境标志认证工程取得了一定的成效，但是，绿色消费的整体情况却不容乐观。真正能够把绿色消费的理念落实到具体购买行为上的表现还不尽如人意。绿色消费的积极倡导者主要是一些环保主义者，最积极的践行者是追求生活质量或品位的富人群体及一大批盲目的追随者。而对绿色消费进行系统分析、冷静思考的理论研究总是微乎其微。简单说来，它主要有四个方面的原因。一是，消费者环保意识较弱，对绿色产品或环境标志认证产品的认知度不高，不会辨别绿色产品和非绿色产品，甚至把绿色产品误解为只对产品进行颜色上的区分。二是，由于绿色产品加工、储藏、检验、认证等环节的费用一般高于其他普通产品，这使得绿色产品的成本及其销售价格普遍偏高。所以，与非绿色产品相比，绿色产品并不具有任何价格优势。价格偏高导致绿色产品通常不是普通消费者的首要选择。三是，许多不法商家在生产、经营、管理中采取了投机取巧的经济策略，这一方面导致大量的假冒伪劣产品或所谓"绿色产品"充斥着消费市场，严重破坏了公平竞争的市场环境，另一方面也使消费者在上当或受骗的经验教训中容易对绿色产品丧失信心。四是，错综复杂的消费市场使得消费者的购物环境并不理想。在我国以生产为主导的经济模式向以消费为主导的经济模式转型中，相关制度和法律法规的不健全不仅使部分消费者的权益得不到应有的保障，而且还给商家的不诚信生产或经营活动提供了可乘之机。

从人与自然的相互依赖关系看，洁净的空气质量、健康的水源及宜居的周边环境都是人类美好生活不可或缺的重要内容。但资本不断增值的本性意味着，追求最大化的利润是资本主义国家社会化大生产的最终目标，这使得自然环境被贬斥为实现这一经济目标的主要手段。这里，"在环境问题上资本的逻辑与生活的逻辑的深刻对立意味着，回避与资本的逻辑的对立就看不到实际解决环境问题的希望。为了抑制资本的逻辑的横行霸道，实现向环境保护生产体制乃至循环性生产体制的转换，有必要对由大量生产体制造成的环境破坏进行法律制裁，并引入税金、课以罚金等经济手段，来保全环境。但是如果不通过舆论、运动的力量来与资本的逻辑斗争，任何一手都不能发挥作用"[①]。从这个意义来说，绿色消费者运动为

[①] ［日］岩佐茂：《环境的思想——环境保护与马克思主义的结合处》，韩立新等译，中央编译出版社 1997 年版，第 170 页。

我们反思当前的环境问题提供了一个重要的途径，同时它也在引导消费者的绿色消费方面发挥着非常重要的作用。

3. 伦理消费主义

如上所述，绿色消费主义打着"绿色消费"的旗号，引导消费者不断提高自己的环保意识，并鼓励消费者自觉抵制对环境危害较大的商品。这一点是值得肯定的。但真正的问题在于西方绿色消费者运动从一开始就偏离了绿色消费原则及保护环境的目标。例如某些发达国家打着"绿色消费"的旗号，一方面向一些生态环境保护尚好的国家或地区索取自然资源或以低廉的价格购买原材料，另一方面还把废弃物或电子垃圾偷偷转移到中国、印度等发展中国家，这给发展中国家或其他经济欠发达国家或地区的森林植被或生态环境造成难以估量的损失。更严重的是，巨大的利润空间使得"绿色产品"成为世界各国不法商贩竞相仿造的"重灾区"。其结果是大量的假冒伪劣产品流入消费市场，从而开创了"劣币逐良币"的消费时代。

因此，继绿色消费者运动之后，西方国家就出现了伦理消费者运动。伦理消费者运动与绿色消费者运动有着明显的区别：后者主要关注环境问题，提倡通过绿色消费来实现环境保护的目标；前者把关注的目光投向了发展中国家，主要通过伦理消费者（ethical consumer）协会和伦理消费者电子杂志等形式，向消费者宣传伦理消费的生活理念。1988 年，英国民间团体组织成立了伦理消费者协会。这一协会根据企业产品的道德价值、"公司社会责任"、公平贸易等实际现状，对企业产品或公司进行伦理排名，并且通过"伦理消费者"电子期刊的形式向消费者介绍某企业或产品的道德记录，同时还向消费者宣传了"伦理品牌"或伦理消费的生活理念。消费者对环境污染问题和社会正义问题的关注，不仅对个人的消费行为产生了巨大影响，而且也在全球范围内"掀起了一场'道德消费者运动'（ethical consumer movement）"[①]。道德消费者运动以伦理消费者为核心力量，要求大型跨国公司或零售商积极承担对社会公众的道德责任。这也就是说，在伦理消费者运动中，唯有秉持"伦理营销"原则、并自

---

① 余晓敏：《"道德消费主义"：欧美管理学界的理论与实证研究以及对我国的启示》，《甘肃社会科学》2005 年第 4 期。

觉承担社会道德责任的企业，才能赢得越来越多消费者的拥护，并在激烈的消费市场中立于不败之地。反之则不然。

随着伦理消费者运动的展开，"伦理品牌"或"伦理营销"也逐渐成为欧美国家跨国企业或公司的重要经营策略。"伦理品牌"使得企业或公司在原材料采购、生产、销售等环节更加注重自己的市场形象，不仅自觉维护该品牌在消费者心目中的道德地位，而且还善于利用"品牌效应"或"伦理营销"去吸引更多消费者购买。从消费者的角度看，"伦理品牌"一方面是市场对企业产品的道德评价，另一方面还意味着企业在消费者的心目中享有较高的信誉度。

由此可见，消费者的购买决策主要取决于企业或公司良好的市场表现或道德记录。与之相反，企业或公司的不良道德记录或欺诈性经营行为，不仅容易使其品牌形象受损，而且还可能导致企业或公司产品销售环节受阻。在20世纪90年代，壳牌石油公司英国分公司计划将废弃的"钻井平台"沉入大西洋。壳牌石油公司不负责任的环境政策随即遭到了德国消费者的集体禁购。最后，壳牌石油公司最高决策层不得不放弃原先的计划。实际上，中国近些年也曾出现过与此相类似的情形。2008年三鹿奶粉的三聚氰胺事件被曝光后，国内几乎所有消费者自发停止购买三鹿奶粉。可以说，消费者的伦理购买行为不仅关注企业产品的品牌、质量、交易公平，而且还重视企业的信用及它对社会或消费者的伦理责任，并对企业的原材料采购、加工、生产、流通等环节进行全程跟踪或监督。

4. 政治消费主义

政治消费主义是20世纪90年代以来西方消费者运动的重要流派。在政治消费主义的阵营中，公民消费者是消费者运动的主力军。它与绿色消费者、伦理消费者的主要区别在于：绿色消费者主要强调产品的绿色标识，也重视自身消费行为是否对自然环境带来负面影响。伦理消费者强调企业或公司对消费者和社会的"伦理责任"，也主张消费者根据商品或企业的伦理排名进行消费选择。而这也进一步促使企业注重自身的品牌形象或伦理营销策略。相比之下，政治消费者更强调消费者作为社会公民的道德责任，主张通过政治参与的形式不断提高消费者的公民觉悟或公共意识。

在现代消费社会兴起之前，消费在政治学中并没有引起太大的关注。

但是,"由于微不足道的消费行为保持对于传统政治权力的尊重而言是极其重要的",所以,"政治化的消费"(politicise consumption)也逐渐成为相关决策机构的重要政治策略。"政治化的消费"继承了美国企业家拉夫·纳德所发起的"物超所值"运动的遗产,也借鉴了日本消费者合作运动及欧洲国家绿色消费者和伦理消费者运动的经验教训。它重视消费行为的经济后果,开辟了各个国家或民族地方性文化自我构建的多样化道路,也为平等消费和反抗剥削或欺诈提供了巨大的道德空间。政治消费不是消费政治,而是消费者自发组织起来,把抵制洋货和消费国内商品作为反抗其他国家的贸易制裁或政治威胁的重要手段。换句话说,政治消费主义是以政治消费者的身份自发结合在一起的,试图通过这种社会运动表达自己的爱国情怀,并且希望以政治消费的形式发展本国经济,从而捍卫国家的整体利益。

更重要的一点还在于,政治消费主义是对经济全球化的自觉回应。在现代社会里,经济活动与政治活动之间的矛盾集中表现为全球性经济增长与地方性政治治理之间的脱节,进而使得个人的消费偏好替代了公共生活对普遍善的追求。政治消费主义把消费者视为社会公民或无国界的世界公民,使消费者积极承担公民职责,"致力于分配正义,并使受其影响的人们得到体面、受尊重的对待。这种承诺主要通过购买行为来表达。生活在超出负责任政府控制范围的全球化背景下,政治消费主义使个人作为世界公民来表达自己的正义感"[①]。从这个意义来说,政治消费主义强调全球正义,把消费市场视为政治学研究的主要对象,并从公民责任的角度鼓励消费者积极参与公共事务及全球环境治理。正如杜宁曾这样指出,"消费主义的根基可能是肤浅的,因而它也可能是脆弱的。但是个人行动和自愿简朴似乎不能把它根除。那么,我们必须用什么方式把它根除呢?答案也许在于政治与个人的结合中"[②]。

2001年,瑞典斯德哥尔摩城市大学召开了政治消费主义专题研讨会。

[①] Follesdal, A., "Political Consumerism as Chance and Challenge", in Michele Micheletti, Andreas Follesdal and Dietlind Stolle, eds., *Politics, Products, and Markets: Exploring Political Consumerism Past and Present*, New Brunswick: Transaction Publishers, 2004, p. 19.

[②] [美]艾伦·杜宁:《多少算够——消费社会与地球的未来》,毕聿译,吉林人民出版社1997年版,第109页。

与会期间,安德烈亚斯·福尔斯达尔(Andreas Follesdal)在《作为机遇与挑战的政治消费主义》一文中指出,政治消费主义并不是西方发达资本主义国家的意识形态;对于我们而言,它既是机遇也是挑战。在福尔斯达尔看来,政治消费主义主要包含五个方面的内容:"(1)能动性(Agency);(2)自我表达(Expression of Self);(3)相互尊重的表达(Expression of Mutual Respect);(4)改造犯错者的手段(Instruments for Reforming Wrong-doers);(5)改革商业活动的手段(Instruments for Reforming Business Practice)。"[1] 这里,所谓能动性是指消费者通过净手(clean hands)的方式自觉抵制政治腐败或其他不道德的商业贸易,从而切断个人消费行为与这种消费选择所造成的不道德结果之间的因果关联。"自我表达和相互尊重的表达"是说,政治消费是消费者表达自我以及表达对他人尊重的重要手段。它把政治消费者运动理解为自我表达的方式,这既体现了消费者作为公民的道德关注和审美情趣,也体现了公民—消费者对他人自主性的尊重。改造犯错者和改革商业活动的意思是说,政治消费主义是对做错事的人再社会化(re-socializing)的主要工具,也是变革商业活动的基本方式。通过再社会化和改革的手段,政治消费主义鼓励买卖双方通过积极参与全球市场的国际治理,并希望以此来构建更公平、更正义的国际经济秩序。

通过对消费主义多重面向的讨论,我们不难发现,绿色消费主义、伦理消费主义及政治消费主义是当前消费者运动的主要形式。无论是绿色消费,还是伦理消费和政治消费,这些消费者运动都表明,消费主义的存在是一种客观现实或历史演进中的必然现象,也是消费社会的主要文化形态和生活样式。它同消费概念一样具有双重性。除了毁灭、耗尽等消极内涵之外,它还包括捍卫或保障消费者正当权益的积极内涵。事实上,早在1979年,国际消费者联盟组织(International Organization of Consumers Union)就从消费者运动的角度强调指出,无论是发达国家,还是发展中国家,消费者都应该拥有这样八项基本消费权利:"生活的基本需求得到保

---

[1] Follesdal, A., "Political Consumerism as Chance and Challenge", in Michele Micheletti, Andreas Follesdal and Dietlind Stolle, eds., *Politics, Products, and Markets: Exploring Political Consumerism Past and Present*, New Brunswick: Transaction Publishers, 2004, p. 5.

障的权利（the Right to Basic Needs）, 安全的权利（the Right to Be Safety）, 知情的权利（the Right to Be Informed）, 选择的权利（the Right to Choose）, 被倾听的权利（the Right to Be Heard）, 接受赔偿的权利（the Right to Redress）, 接受消费者教育的权利（the Right to Consumer Education）, 在健全的环境中工作、生活的权利（the Right to a Healthy Environment）。"[1] 这些消费权利是人权的重要内容和表现形式，也是消费者运动的基本价值诉求。也就是说，从积极内涵看，消费主义作为一种社会运动形式，不仅有利于维护消费者正当的消费权益，而且也提高了消费者的权利意识和社会生活的安全度。从消极内涵看，消费主义作为西方发达国家的意识形态，通过"不消费就衰退"的经济话语或"消费等于幸福"的道德承诺，一方面造成消费权利的滥用和责任主体的缺位，另一方面还以炫耀消费或幻象化的生存遮蔽了现实生活的意义。整体而言，我们需要厘清消费主义的双重价值内涵，仔细甄别消费主义的消极影响。

综上所述，消费和消费主义都具有两重价值内涵。无论是消费行为，还是消费主义，除了本身所固有的毁灭性和破坏性等消极内涵之外，还包含着圆满或保护消费者权利的积极内涵。这里，我们承认消费和消费主义的积极内涵，其主要目的在于强调从整体上把握消费概念，消费问题的理论研究也不能顾此失彼，既不能否认消费的积极内涵，也不能抹杀消费的消极内涵。或者说，当消费成为一个现实问题时，首先意味着我们应该从整体理解消费概念。正如米勒在《承认消费：新的研究综述》中用"历史先锋"概述了消费在现代社会的重要作用。在米勒看来，承认消费的重要性并不意味着无视消费主义的负面影响而盲目肯定当前的消费生活，也不意味着违背正统的消费批判理论，而在于揭示消费的隐晦之处。在米勒看来，消费社会的秘密就在于：一是，大众消费导致了全球的同质化或异质化；二是，消费具有反社会性；三是，消费具有反本真性；四是，消费创造了某些特殊的社会存在。[2] 随着20

---

[1] [日] 铃木深雪：《消费生活论——消费者政策》, 张倩、高重迎译, 中国社会科学出版社2004年版, 第21页。

[2] 参见 Miller, D., "Consumption as the Vanguard of History: A Polemic by Way of an Introduction", in Daniel Miller., ed., *Acknowledging Consumption: A Review of New Studies*, London: Routledge, 1995。

世纪福特主义生产方式的全面展开，大众消费已经成为大众生产的前提条件和内在预设。大众消费一方面通过人与商品的关系消解了人与人之间的社会关系，导致了消费文化的同质化；另一方面，以个性化表达和认同需求摧毁了同一性文化的基础。可以这样说，同质化和异质化在消费生活中几乎同时发生。消费使得人们越来越多地沉溺于商品世界，忽略了自身的精神生活及社会交往，进而在"自由"消费中演变成某符号或代码，从而丧失了人之为人的本质。总之，消费社会塑造了个人主义、享乐主义、消费攀比或竞争消费的价值观，进而呈现出一种虚幻的或非真实的生存状态。

第三节　消费是不是一个伦理问题？

如上所述，伴随着消费者运动而产生了形形色色的消费主义。绿色消费主义、伦理消费主义及政治消费主义是当前消费者运动的三种主流形式。从基本主张和价值诉求来看，它们与消费社会批判理论语境下的消费主义是截然不同的。前者立足于消费者，通过消费者运动呼吁个人勇于承担保护环境的社会责任，以及作为消费者应享有的各项基本消费权利；后者侧重于经济发展，主张通过大众消费推动经济增长和社会发展。如果说前者体现了消费概念的积极内涵，那么，后者就从另一个角度展示了消费的消极内涵。在消费主义盛行的时代，奢侈或浪费被享乐伦理渲染成一种"合理"且"正当"的生活方式。在18世纪西方社会那场举世瞩目的"奢侈大争论"中，旅居英国的荷兰医生曼德威尔以"私恶即公利"这一充满悖谬性的道德命题诠释了奢侈的经济价值。到了19世纪，与马克斯·韦伯齐名的德国另一位思想家桑巴特在《奢侈与资本主义》中进一步论述了奢侈对于推动资本主义社会经济发展的重要现实意义。[①] 从曼德威尔到桑巴特，奢侈消费逐渐摆脱了传统道德规则的羁绊，并使奢侈消费的经济合理性得到社会各界的充分肯定。奢侈消费正是凭借着消费主义文化的强大渗透力，摧毁了传统社会里节俭消费的道德根

---

① 参见［德］维尔纳·桑巴特：《奢侈与资本主义》，王燕平、候小河译，上海人民出版社2000年版。

基。奢侈消费的经济合理性地位的确立一方面为奢侈的道德正当性扫清了障碍，另一方面也给传统社会的节俭美德带来了地崩山摧的消极影响。那么，奢侈消费是否真的具有道德合理性？或者，更进一步说，在现代社会，个人的消费行为是否涉及伦理价值判断？消费究竟是不是一个伦理问题？

一 从消费到消费主义的蜕变

毋庸置疑，消费是与人类生活密切相关的社会经济活动。后现代伦理学家鲍曼曾经从个人行为、社会生活及社会制度三个角度对消费这个概念进行了概括。在鲍曼看来，现代消费并不是局限于满足人类生物层面的生活需要，而是通过商品的象征或符号价值操纵现代人的消费行为或消费观念。"在生活层面上，消费是为了达到建构身份、建构自身及建构与他人的关系等一些目的；在社会层面上，消费是为了支撑体制、团体、机构等的存在与继续运作；在制度层面上，消费则是为了保证种种条件的再生产，而正是这些条件使得所有上述这些活动得以成为可能。"[1] 鲍曼在这里首先从个体行为层面把消费界定为主体基于自己生理需要和心理需求的对象性活动；其次，从社会生活层面论述了消费选择对于消费者的自我认同和社会认同方面的构建功能，同时，也阐明了消费是维系社会秩序的基本方式；最后，从社会制度层面强调了消费是人类再生产及社会再生产的必要物质前提。

对于鲍曼来说，消费主义是现代社会的特有现象，之所以重要是因为它给研究者提供了一个深度解读这个社会的理论模式。这一理论模式使得消费的现代意义已经远远超出了个人生存需要的范畴，而成为消费者对消费品象征意义或符号价值的追逐。从微观的个体层面看，消费给人们提供了获得他人承认和社会交往的语境和途径。可以说，它是人们获得自我认同和社会认同的主要方式，也是消费者与外在物质世界进行沟通、交流的中介或关节点。从中观的社会层面看，消费是社会工程设计的必要环节，也是经济增长的内在需要。从宏观的制度层面看，消费是社会再生产的前提，它通过一些规章制度和行为准则一方面肯定了消费的合理性，另一方

---

[1] 何佩群编译：《消费主义的欺骗性——鲍曼访谈录》，《中华读书报》1998 年 6 月 17 日。

面向消费者宣传消费主义的生活方式和价值理念。

然而，消费社会肯定了消费的经济价值和即时享乐的现实意义，无形之中使人的消费欲望膨胀。从表面看来，消费是一个与他人无关的私人行为。但实际情况却并非如此：任何人的消费选择都无法避免地要与他人发生直接或间接的关联，而且多数情况下都是不自由的。正如波德里亚通过分析消费社会的操纵机制批判指出，现代消费并不是消费者自主选择的结果。在波德里亚看来，"消费只是一个表面上混乱的领域，因为根据杜克海姆的定义，它不受形式规定的支配，而且似乎陷于需求的失度和个体偶然性之中。它根本不像人们通常想象的那样（这便是为什么经济'科学'讨厌谈到这一点）是一个不定性的边缘领域，在其他任何地方都受到社会规矩约束的个体终于能够在那个属于自己的'私人'范围内享有一点点的自由和个人自主。它是一种主动的集体行为，是一种约束、一种道德、一种制度。它完全是一种价值体系，具备这个概念所必需的集团一体化及社会控制功能"[①]。从这段重要的论述中，我们不难将消费主义的主要特征概括为三个方面。

第一，消费是现代社会的核心概念。在古典政治经济学中，消费一词内在地蕴含着"生产—消费"的理论框架。一般说来，生产是经济活动的起点，消费是经济活动的终点或目标。起点和终点的位置关系意味着，生产给消费提供了客观的物质对象，也决定了消费的数量和消费的范围。或者说，生产是处于经济活动的核心位置或居于支配地位，消费位居"边缘性领域"。然而，随着生产社会向消费社会的过渡或转型，生产与消费之间的位置关系也发生了巨大的变化。因为消费作为"新型生产力"的象征，正逐渐成为现代社会生产劳动的决定性要素或发展经济的基础性环节。从这一点来说，消费不再处于"边缘领域"，而是成为现代生活的核心。

第二，消费的"社会控制功能"主要表现为通过消费驯化和消费培训等方式，使得消费者沉溺于"消费游戏"，变成商品的"奴仆"，从而丧失自主性。在消费社会里，消费行为的驯化主要通过信用贷款或提前消费的形式来调控或约束个人的消费需求和预算支出，其目的是为了发掘消费者身上的"消费力"。所谓"消费力"，简单地说是指个体的消费能力。

---

① [法]让·波德里亚：《消费社会》，刘成富、全志钢译，南京大学出版社2000年版，第73页。

消费社会就是以一种头足倒立的价值形式迫使消费者不断进入"编码价值生产交换系统",从而实现生产力的扩大再生产。或者说,消费社会就是一种通过提升"消费力"来促进生产力发展的新型社会模式。

第三,消费作为一种话语体系,是消费者表达集体价值诉求的重要形式。在经济学家看来,消费通常被理解为个人的经济行为。但对于消费社会批判理论家而言,个人消费仅仅是一种昙花一现的幻象。这种幻象遮蔽了消费者意识中的真实世界,通过"享乐伦理"的价值体系或"应该如此"的道德命令不断刺激消费者的欲望、鼓励其消费。依照波德里亚的解释,消费者一旦进入消费的游戏之中,这种消费就不再是一种孤立无援的个人行为,而是彼此关联、不易挣脱的"集体行动"。"集体行动"是否可能,主要取决于以下两个条件:一是,"消费意识形态"对传统约束机制山摇地动般地否定或破坏;二是,它以颠倒性的伦理价值体系对消费者进行全面的消费驯化,从而使其不由自主地走进琳琅满目的商品世界,参与"消费即幸福"的神话体验。

需要补充说明的是,以上几点并不是彼此孤立的,而是彼此相互关联的。其中,第一点是关键,它决定了后面两层意思。核心是与边缘相对而言的。消费在现代社会中的核心地位意味着,消费决定着其他经济活动,如商品的生产、流通、交换等。它突出表现为:消费支配着生产,而不是生产支配着消费。更进一步说,消费不仅是衡量社会经济发展水平和居民生活质量高低的参照物,而且是对人们社会生活进行全面操纵的主要方式或手段,也是个人身份、社会地位的呈现及其自身价值、意义的表达方式。

第二点体现了消费社会的根本目的。这既肯定了消费决定了生产、"消费力"决定了生产力,同时也阐明了生产与消费的密切联系。马克思认为,"生产直接是消费,消费直接是生产。每一方直接是它的对方。可是同时在两者之间存在着一种中介运动。生产中介着消费,它创造出消费的材料,没有生产,消费就没有对象。但是消费也中介着生产,因为正是消费替产品创造了主体,产品对这个主体才是产品。产品在消费中才得到最后完成……没有生产,就没有消费;但是,没有消费,也就没有生产,因为如果没有消费,生产就没有目的"[1]。马克思在这里不仅论述了生产

---

[1] 《马克思恩格斯选集》第2卷,人民出版社1995年版,第9页。

与消费之间相互依存的"媒介运动",而且还论述了生产与消费之间的对立统一关系。马克思认为,生产给消费提供了客观对象和基本手段,而消费作为生产活动的根本目的和"内在要素",既给劳动产品提供了"主体",同时也意味着生产活动的完成或终结。

第三点论述消费社会操纵消费者的主要手段。它既肯定了第一点(即消费的核心地位),又从意识形态的角度解释了实现控制目标的具体过程。从消费活动的基本类型来看,马克思区分了主体消费和客体消费。马克思认为,"生产直接也是消费。双重的消费,主体的和客体的"[①]。这里,马克思所言的"主体消费"是指主体在生产活动中不断培育和提升自己的各种能力,也指主体在生产实践过程中不断消耗这些能力;"客体消费"是指生产资料和生活资料被消耗而完成整个生产活动的过程。从主体角度看,生产和消费是整个经济活动过程的两个不同维度。消费作为生产活动的"内在要素"又意味着,生产从根本上讲支配着消费,同时决定了消费方式和消费对象。由此不难发现,消费社会的成功之处就在于把消费置于社会生活的核心地位,否认了"消费与生产的同一性"或者"客体消费",从而把"双重消费"扁平化为"主体消费"或个体的欲望消费。众所周知,"主体消费"主要指为实现人类自身再生产和社会经济再生产的消费。现代社会的享乐伦理否认"客体消费",无疑就是用"主体消费"取代了"客体消费",从而抹杀了消费的客体维度和自然前提。更重要的一点还在于,它把消费视为生活的目的,而忽略了这样的事实:消费仅仅是满足人类美好生活需要的重要手段和必要途径。

从消费到消费主义的过渡或转型揭开了消费社会到来的序幕。消费社会的诞生不仅确立了消费在社会生活中的核心地位,而且使消费替代了生产的主导地位。或者说,它以压倒一切的力量给人们提供了一种全新的消费生活方式和消费理念。需要指出的是,消费主义把人们从繁重、乏味的生产劳动中"解放"出来,进而使其沉溺在轻松且愉悦的物质享乐之中。而为了这种"解放",人们所付出的代价就是丧失消费选择的自主权,倍受消费社会的操控或剥削。不仅如此,消费主义在肯定奢侈消费或物质享乐的同时,也给当前的环境保护带来巨大的挑战。更进一步来说,消费社

[①] 《马克思恩格斯选集》第 2 卷,人民出版社 1995 年版,第 8 页。

会的诞生及消费主义的盛行并不意味着现代生活的解放,在它的背后潜藏着更隐蔽的剥削和压迫,更多的是表现为不确定的危机和灾难。

二 消费是一个伦理问题吗?

对"消费是不是一个伦理问题"的哲学追问从根本来讲是要厘清消费与伦理之间的关系问题。对这一问题作何回答通常与人们对消费概念的理解是密不可分的。对于大多数经济学家而言,消费是拉动经济增长的动力引擎,也是衡量人们生活质量的重要尺度。表面看来,消费是一个关乎个人生活品位、购物意愿的经济行为。但是,在牵一发而动全身的经济全球化背景下,个人的消费选择越来越突出地表现为,消费行为是彼此依存、相互依赖的,不能脱离社会关系或社会交往而孤立存在。

在传统社会里,整个社会生产力水平的低下及物质资料的相对匮乏限制并严重制约了人们消费选择的范围或对象。因此,提高生产能力和积累更多的物质财富成为这一历史时期的主要任务。节制或节俭也成为人们备受推崇的社会美德。与之相对应的是,奢侈或浪费成为经济发展的主要障碍,被赋予"恶"的道德判断。然而,到了现代社会,消费作为社会生活的标识和符号,逐渐从满足人类生存和发展需要的重要手段演变成社会生活的核心目标。这一转变意味着,消费并不是一个纯粹的经济行为,而是关乎他人的社会行为,更是消费者的身份构建及获得社会认同的重要途径。用符号学理论来说,消费的"符号价值"或"社会功能"意味着,消费承载着错综复杂的价值理念和伦理判断。湖南师范大学的唐凯麟曾经从人性及人的社会性本质角度肯定了消费的伦理维度。唐凯麟认为,消费伦理学研究就是要在根本上解决消费观念和消费行为的正当与否的价值标准问题。任何人的消费选择都不是与外界相隔绝而独立进行的经济行为,而是"内含着人和社会、人与自然的关系,内含着一种伦理的意蕴"[1]。对于消费的伦理特性,印第安纳大学的理查德·威尔克(Richard Wilk)在《消费的道德性》一文中也表达了相同的观点。他指出,对消费行为的伦理审视是人们构建自身与外在物质世界相互关联的必要途径,"因为消费通常无法避免地涉及公正问题、个人利益与集体利益的关系问题及即时满足与

---

[1] 唐凯麟:《对消费的伦理追问》,《伦理学研究》2002年第1期。

延迟满足之间的矛盾，所以，消费在本质来讲是一个道德问题"①。

　　由此不难看出，消费问题究根结底还是一个伦理问题。而探讨消费伦理问题也就是从伦理学的角度论述消费行为正当性的道德尺度和价值准则。那么，为什么消费伦理问题在当代经济伦理学中没有引起足够的重视呢？从经济学与伦理学的内在关系来看，经济伦理学忽略消费中的伦理问题，主要是因为现代经济学与伦理学的分离，仅仅考虑了经济行为本身。"随着现代经济学的发展，伦理学方法的重要性已经被严重淡化了。被称为'实证经济学'的方法论，不仅在理论分析中回避了规范分析，而且还忽视了人类复杂多样的伦理考虑，而这些伦理考虑是能够影响人类实际行为的。"② 不仅如此，现代经济学的"无伦理特征"不仅否认了现代经济学的伦理基础，而且还创造出"企业的非道德神话"。从行为发生学的角度看，消费选择的私密性和个体性特征使得人们容易把消费理解成一种与他人无关的且价值中立的行为。甘绍平在论述自主消费时代的伦理问题时曾这样指出，消费伦理没有得到当代经济伦理学的重视，主要有两个原因。一是，与社会化大生产形成鲜明对比的是，消费表现出高度的私密性特征，这使得消费成为自我个性和主观需求的表达方式。二是，消费伦理强调消费的伦理限度，这无疑将会影响或阻碍社会经济发展，进而带来大量的社会失业问题。也就是说，消费作为私人生活领域的重要内容，其个体性和私密性特征使人容易忽略了消费行为的公共维度和价值内涵。除此之外，强调消费的伦理维度，不仅制约或限制了社会经济的发展水平，而且还带来其他方面的经济伦理问题。因此，无论是价值中立论还是自由主义经济学都试图把消费伦理问题排斥在经济伦理学之外：前者把消费理解为价值无涉，无须他人对其进行道德评价的个体行为；后者把消费界定为促进经济增长的主要手段，进而将消费伦理理解为阻碍经济发展的绊脚石。

　　但事实上，在经济全球化时代，任何消费选择都不可能独立存在。它都无法避免地涉及消费者与他人（如商品生产者、运输人员、产品销售者

---

① Wilk, R., "Consuming Morality", in *Journal of Consumer Culture*, Vol. 1, No. 2, 2001.

② [印度] 阿玛蒂亚·森：《伦理学与经济学》，王宇、王文玉译，商务印书馆2001年版，第13页。

等)之间的直接或间接联系。因此,消费就其本质而言并不是一个脱离人类社会而独立存在的个人行为,而是一个关乎他人的社会伦理行为。而消费的伦理内涵意味着,"个人应该如何消费"的问题实际上包括消费正义、他人或未来人类的消费权利,以及个体的消费权利与消费责任等一系列道德难题。换句话说,否认消费的伦理本质势必割裂消费与伦理之间的内在关联。纵观人类生活方式变迁的历史长河,消费生活自始至终都是伦理学研究者颇为关注的重要对象。无论是传统社会对节俭美德的倡导,还是现代社会对奢侈消费的鼓吹,批判性地审视消费生活都是消费伦理学不可或缺的重要内容。只不过,人们对消费的道德评价在不同时期有着不同的内容。消费伦理的表现形式也随着生活方式的变迁不断变化(西方消费伦理思想的历史演变参见第二章,这里不再赘述)。正如加布里埃尔和朗在《难以驾驭的消费者》一书中从历史的角度考察消费和消费者两个概念的价值内涵时曾这样指出,自14世纪以来,消费(Consume)和消费者(Consumer)这两个概念有着不同的伦理内涵:"消费一词在英语中有着否定的内涵,意指'毁灭、用尽、浪费、耗尽'。与此相反的是,'消费者'是一个带有更多肯定内涵的概念,意指自己与(商品)供应者拥有正常的、持续的关系。"[1] 随着18世纪英国的"消费者革命"(Consumer Revolution)和20世纪美国的"咆哮的二十年"(Roaring Twenties),消费者一词已经成为各种文化思潮和社会运动汇聚的"图腾柱(totem pole)"。随之而来的就是,消费主义也被人们视为"合理且正当"的生活方式。

从整体而言,人们对消费和消费者这两个概念的道德评价在不同时期包含着不同的价值内容。大致说来,消费者一词无论在物质匮乏的工业革命之前,还是在工业革命早期都是一个褒义词。消费者的称谓不仅意味着消费品或物资供应的充足,而且意味着个人能够获得持续的物质资源或生活保障。然而,到了现代社会,消费市场的操控机制改变了这一价值判断。它剥夺了消费者的自主选择权利,将其降格为"物"。从这一点来说,人们对消费者的价值评价略带贬义的成分。之所以做出这种否定性的价值评价主要有两个原因:一是,人们在物质消费过程中忽略了自身的精

---

[1] Gabriel, Y. and Lang, T., *The Unmanageable Consumer*, 2nd Edition, London: Sage Publications, 2006, p.8.

神需求，或者说过度消费或不必要的消费不仅使消费者丧失了自主性，而且也掩盖了消费生活的内在本质或真实意义；二是，过度消费又人为地制造出"过度生产"或"过度劳动"，这既剥夺了人与人之间社会交往的时间，也极大地压缩了现代人闲暇生活的空间。

与消费者的价值评价不同，人们对消费一词的道德评价略显复杂。它在早期的使用中包含了积极和消极两层意思。在《消费与日常生活》中，马克·帕特森曾经从词源学角度论述指出，"消费一词，源自 consumere，意指用光、毁灭，如火的消耗，或者是维多利亚人用来指破坏肺部的结核病一词。然而，在拉丁语中，消费拼写为'consumare'，与'consummate'的词义相同，意思是完婚、圆房。在法语中，消费'consommer'是消极的含义和积极的含义同时使用。所以，消费既是破坏性的（用尽），又是创造性的（产生圆满）"①。这里，消费的消极内涵意味着，任何消费都是以资源或财物的消耗为前提的。因此，任何人的消费行为无法避免地会造成资源或财富的减少及对自然环境的破坏，消费的积极内涵又意味着生产活动的完成或人类自身再生产活动的完成。随着英国工业革命和消费革命的相继爆发，以亚当·斯密为代表的古典政治经济学家从国家福利增长和经济发展的角度论述了消费的经济价值。在斯密看来，消费是社会经济活动的终极目标，由于奢侈消费意味着社会财富的减少，因此，"奢侈都是公众的敌人，节俭都是社会的恩人"②。这也就是说，在这一时期，人们对消费问题的探讨主要围绕着奢侈和节俭问题展开的。如果说斯密是从增加国民财富的角度否认了奢侈消费，那么，桑巴特就是从资本主义经济发展的角度肯定了奢侈消费的现实意义，而巴尔本则是从贸易平衡的角度开启了"奢侈去道德化"的过程。（"奢侈去道德化"详见本书第二章，这里将不再赘述）

"奢侈去道德化"意味着，消费的价值内涵在工业革命之后已经出现了细微的变化：消费特别是奢侈消费逐渐脱离了道德的视阈，成为一种价值中立或合理性的经济行为。到了 20 世纪 30 年代欧洲社会经济大萧条时

---

① Paterson, M., *Consumption and Everyday Life*, London, New York: Routledge, 2006, p. 8.
② ［英］亚当·斯密:《国民财富的性质和原因的研究》上卷，王亚南、郭大力译，商务印书馆 2002 年版，第 314 页。

期，罗斯福推行"凯恩斯主义"的消费政策。在"不消费就衰退"经济口号的推动下，消费实际上已经变成美国人表达爱国之情的道德义务或道德责任。至此，消费一词的价值内涵发生了根本性的变化，即：经过了"奢侈的去道德化"或价值中立的阶段，最后演变成一种个人的"美德"或"道德行为"。这种转变不仅意味着现代人消费观念的根本性变革，而且还意味着奢侈消费行为的合理性和正当性。需要指出的是，在消费社会里，即便是肆意狂欢的浪费或挥霍也被理解为"合理"且"正当"的生活方式。所以说，现代社会并不是一个消费脱离了伦理学视阈的享乐社会，而是由一种头足倒置的价值判断和审美情趣指引人们的现实生活。依照鲍曼的观点，现代消费生活是由消费美学代替了消费伦理来引导的。确切地说，由社会学家涂尔干设计的"这种道德引导是在美学意义上而不是在伦理意义上运行的。其主要传播工具不再是有远见的领袖的道德权威或者是利用说教的道德布道者，而是'被关注的名人'（他们之所以成为名人，是因为正被关注）的榜样力量；附加的法令和分散而粗暴的实施权力，都不是它的根本手段。与所有的美学体验对象一样，通过娱乐产业迂回进入的道德引导，是通过诱惑来行动的"[①]。

换句话说，消费市场通过本末倒置的价值体系把人们对风险的焦虑和恐慌不断地转化为现实的消费需求，从而放大了消费者的购物欲望。这不仅使得现代人沉溺于消费的符号游戏，而且给消费者提供了一种幻象化的生存图景。阿伦特在接受"莱辛奖章"时发表的公开演讲中曾经对消费社会的风险问题表示出极大的担忧。她甚至模仿海德格尔的语气从现象学哲学角度指出，现存的世界是一个被忽视或遗忘的、非人性化的世界。非人性化的存在或幻象化的生存遮蔽了个人在公共生活领域里对他人、社会及自然界的道德责任，也给人们带来了心理焦虑或身份认同的危机。阿伦特认为，现存的世界之所以是被人遗忘的世界，主要是因为现代生活的不确定性摧毁了传统社会的价值基石，表现出一种非真实的状态。她指出，"历史中有许多黑暗时代，在其中公共领域被遮蔽，而世界变得如此不确

[①] ［英］齐格蒙特·鲍曼：《共同体：在一个不确定的世界中寻找安全》，欧阳景根译，江苏人民出版社2003年版，第81页。

定以至于人们不再过问政治，而只关心对他们的生命利益和私人自由来说值得考虑的问题。生活于这样一些时代并由它们所塑造的人们，很可能总是倾向于要么厌恶世界和公共领域，尽量地忽略它们，要么越过它们，跑到它们背后——就仿佛世界只是人们可以躲藏到它背后的一种表象——以达成与他们的同伴的相互理解，而不考虑在他们之间存在的世界"①。由此不难发现，现代生活的不确定性主要因为人们过于关注个人利益与欲望满足，这不仅使个体忽略了公共政治事务或集体利益，而且还以虚幻的生活享乐遮蔽了现实生活的真实意义。

总之，生产社会向消费社会的过渡或转型，使得消费者丧失了自主性和能动性而成为一种功能性的存在。所以，人们对消费者的道德评价经历了从肯定到否定的变化过程。与此不同的是，人们对消费行为的道德评价经历了比较复杂的变迁过程，即：从肯定与否定的双重价值评价，到摒弃其否定内涵而得到经济学意义上的肯定，最后到伦理学意义上的肯定。也就是说，个人的消费行为在消费社会也是有伦理意义的。只不过，在现代社会里，消费的否定内涵被遮蔽了，而肯定内涵被无限地放大或人为地扭曲。因此，我们有必要批判性地审视这种消费伦理。或者说，现代消费社会的真正问题并不是"消费的去道德化"，而是在节俭消费伦理之中夹杂着被大众认可的"享乐伦理"。换句话说，这种变化并不是说传统社会的节俭美德完全被奢侈消费所取代，而是现代消费伦理的基本内涵发生了变化，出现了节俭消费伦理与奢侈享乐相互混杂的情形。"享乐伦理兴起的一个标志是享乐不再具有道德的贬义，而是获得文化的合法性。所谓享乐的合法性，指的是人们普遍认为享乐是可以接受的、正当的、无可非议的、值得追求的。"② 因此，后现代消费伦理研究不能仅仅停留在对消费行为的善恶判断，而是要深入剖析现代消费伦理的本质。正如米勒曾这样指出，"任何把消费解读为'善'或'恶'的理论似乎忽略了当前历史的关键点。以至于甄别这种亲缘关系（kinship）的好或坏逐渐成为一项有用的工作。简单说来，消费是一个客观化的过程，即：它是指商品或服务的使用，并在使用过程中对象或行动同时变成世界中的实

---

① ［德］汉娜·阿伦特：《黑暗时代的人们》，王凌云译，江苏教育出版社 2006 年版，第 9 页。

② 王宁：《从苦行者社会到消费者社会：中国城市消费制度、劳动激励与主体结构转型》，社会科学文献出版社 2009 年版，第 346 页。

践，以及我们确立或理解自己在世界中位置的方式"[1]。米勒在此用"历史先锋"（the Vanguard of History）这一概念论述了早期社会批判理论在评价消费行为方面所存在的不足，认为消费更多地表现为市场的商业意图及消费品对消费者的符号操控。孙春晨借助符号学理论曾这样指出，符号消费虽然强化了消费者的身份意识，但是它以符码或解码的方式引导消费，又势必导致消费者的人格异化。在孙春晨看来，商品的符号意义就在于，消费对象、消费数量及消费品位体现了消费者的个人价值。消费者一旦购买某类商品，就会有意或无意把自己划分到现实生活中的某个社会阶层，亲身体验这种符号消费所带来的自我认同和社会认同。于是，符号消费也就强化了消费行为的伦理价值。[2] 从伦理学的角度看，消费对现代生活的操纵或颠覆突出地表现为，奢侈浪费或炫耀消费成为一种合理的社会现象。而奢侈消费的合理性一方面给当前的社会生活及价值观造成不小的冲击，另一方面也使消费者在过度消费中逐渐迷失了自我，丧失了自我的本真性。然而，简单地呼吁回归传统社会的"节俭美德"在消费社会又是不合时宜的。因为这种做法仅仅是一种极富浪漫色彩的幻想。正如波德里亚在批判消费社会时这样指出，"'克制'消费或意图建立一个需要的格式来规范它，乃是一种天真或荒谬的道德主义"[3]。

综上所述，对于消费究竟是不是一个伦理问题，中外学者的回答既肯定又明确。消费是与人类生活息息相关的实践活动，人们对消费行为的道德评价始终贯穿于人类社会生活变迁的历史过程。只不过，在不同的历史时期，有关消费的道德评价的内容和形式也不尽相同。正如有学者曾这样指出，消费主义作为现代社会的特有现象，"在伦理学意义上不能中立，在政治学意义上也不能中立，因此，它是一个颇具挑战性的、备受争议的领域"[4]。具体说来，无论主张消费行为的价值中立，还是否认消费的道

---

[1] Miller, D., "Consumption as the Vanguard of History: A Polemic by Way of an Introduction", in Daniel Miller, eds., *Acknowledging Consumption: A Review of New Studies*, London: Routledge, 1995, p. 30.

[2] 参见孙春景《符号消费与身份伦理》，《道德与文明》2008年第1期。

[3] [法]尚·布希亚：《物体系》，林志明译，上海人民出版社2001年版，第227页。

[4] Gabriel, Y. and Lang, T., *The Unmanageable Consumer*, 2nd Edition, London: Sage Publications, 2006, p. 9.

德维度，都是站不住脚的。这是因为主张消费的中立性或价值无涉，势必导致人们在重视经济发展的同时忽略了消费的伦理维度。而如果否认了消费的道德性，就会割裂消费与伦理之间的内在统一性。更进一步说，消费者不再是购买或消耗商品的自由存在者，而是迫于自身内在的心理欲望或外在的程序操控，不由自主地被动消费。如此一来，消费者在享受现代社会极其丰盛的物质财富的同时，却在消费的符号游戏中丧失了人之为人的本质。正是从这个意义来说，构建当代消费伦理学是反思消费社会或审视消费主义生活方式的内在诉求，也是救赎现代消费生活的必要途径。

在欧美国家，过度消费的道德风险已经在自然环境领域和金融领域首先爆发。而在中国，过度消费的风险集中表现为数量不断增加的"癌症村"及屡见不鲜的高校"校园贷"。而要规避过度消费的生态危机和道德风险，我们首先需要澄清现代消费伦理的精神实质，打破消费社会的种种神话。正如德国哲学家雅斯贝斯在《时代的精神状况》中这样写道："面对这样一个问题，即'今天仍然实存着的是什么？'我们的回答是，'一种关于危险与失落的意识，亦即一种对根本危机的意识。'在当前，实存是一种纯粹的可能性，而不是某种已获得的和已被保证的东西。一切的客观性都已变得模棱两可：真理，无可挽回地丧失了；实体，成为令人困惑的谜；现实，则是一种虚饰的伪装。凡是想要探索这种危机的根源的人，必须阅历真理的失地，以收复这块失地；必须穿越困惑的重重迷雾，以达到关于他自身的决定；必须剥除掩盖真相的种种虚饰，以揭示真正隐藏着的东西。"[①] 雅斯贝斯在此把"危机意识"作为一个重要的时代问题提了出来，主张通过追求真理来洞察危机的根本原因。如果说"收复这块失地"需要我们"阅历真理的失地"，那么，想要从根本上厘清消费的道德风险问题，我们有必要对消费伦理演变的历史进程进行全面的梳理。唯有如此，我们才能更好地揭示现代消费文化的伦理本质。

---

① ［德］卡尔·雅斯贝斯：《时代的精神状况》，王德峰译，上海译文出版社2005年版，第47页。

第二章　西方消费伦理思想的历史嬗变：消费方式的变革及其辩护

消费社会的诞生使得消费成为现代生活的核心范畴。在基本词义上讲，消费是肺结核病，或者说是一种"灵魂病"，需要我们对其进行预防或"哲学治疗"。在伦理学上讲，消费是以一定价值标准或行为准则指引现代生活，并通过"消费力"来促进经济增长的集体行为，也是一种关乎他人的道德行为。换句话说，消费不仅是关乎他人的经济行为或行为决策，而且也是一个涉及价值判断的伦理行为。消费社会作为一种新的社会形态和新的"话语体系"，既构建了自身的伦理价值体系，也蕴含着反观自身的社会批判理论。

18世纪瓦特改良蒸汽机的出现给英国带来了举世瞩目的工业革命。伴随着这次工业革命呼啸而来的便是英国的社会化大生产及消费革命。这场轰轰烈烈的消费革命将先前维持人类基本生活需要的消费转变为以奢侈或炫耀为主要特征的消费主义生活方式。从整体而言，这种变革是18世纪末19世纪初西方资本主义国家社会经济、政治文化、消费观点等多重力量共同作用的结果。消费社会的显著特征就是消费占支配地位或起决定性作用，它主宰着社会生活和经济发展，也导致消费问题层出不穷，进而引起了国内外伦理学研究者的广泛关注。一般说来，所谓消费伦理是指由特定时期社会物质资料的生产方式决定，集中反映了消费的正当性与合理性的基本伦理原则和价值准则。自20世纪90年代以来，国内学者从消费伦理学的角度先后提出了"批判和超越消费主义""消费的合宜性""适度消费"等观点。毫无疑问，这些研究成果是卓有成效的，也是值得肯定的。

在《一般经济学》中，法国著名的道德哲学家巴塔耶通过探讨西方社会的消费简史诠释了消费的深刻内涵。巴塔耶认为，古代社会的"夸富宴"真实地展现了消费的原始内涵①，即无用性、毁灭性或破坏性的一面；中世纪的宗教压迫与禁欲伦理刻画了上层阶级的施舍型消费代替了无用性消费；现代社会布尔乔亚阶级的伪善，一方面以节俭的假象将一切可能的奢侈攫为己有，另一方面以博爱的形象赞同理性消费，并且以消费的有限性郑重告诫人们：奢侈消费对于工人阶级而言是一场无法实现的人生筹划！沿着巴塔耶的这一思路，我们通过梳理西方消费伦理思想的历史嬗变过程可以发现，西方消费生活的变革大致可为三个阶段：第一个是消费与伦理相结合的阶段；第二个是消费与伦理分离的阶段；第三个是消费与伦理重新结合的阶段。第一个阶段及第三个阶段重视并强调消费的伦理维度，第二阶段摒弃了消费的伦理维度。从整体而言，西方消费伦理思想的演变发展沿着"合—分—合"这条主线，体现了两种消费伦理观：一种强调消费的伦理维度；另一种坚持消费的去道德化（demoralization）。区分两种消费伦理观有助于我们从学理上管窥现代消费伦理思想的变奏，特别是现代社会里消费的去道德化及现代消费伦理思想重构如何成为消费主义生活方式的理论基石和历史机遇。这里，我们重点探讨这样的问题，即消费主义生活方式如何获得道德上的辩护？以及这种消费伦理思想的精神实质是什么？

第一节　消费与伦理的结合：古代社会的消费伦理思想

消费是人类社会生活不可或缺的重要内容。从时间来看，消费活动贯穿着人的生、老、病、死的全过程。其实，消费的时间范围并非仅限于此。它远远超过了任何生命个体生与死的时间界限。由于各种"代理消费"② 形

---

① 巴塔耶在《被诅咒的部分：论一般经济学》第 1 卷中集中论述了原始意义的消费。在探讨消费问题时，巴塔耶的一般经济学理论分别使用"expenditure"和"consumption"两个概念。在巴塔耶看来，这两个概念的细微区别在于：消费（consumption）是与生产相对而言的，而耗费（expenditure）意指消耗、耗损、消费等。基于对消费本源含义的重视，巴塔耶不仅强调要追溯到古代社会的"夸富宴"，而且强调消费的损毁性、破坏性或无用性等内涵。这一点与功利主义经济学所强调的有用或功利原则是针锋相对的。

② ［美］凡勃伦：《有闲阶级论：关于制度的经济研究》，蔡受百译，商务印书馆 2007 年版，第 55 页。

式的存在，即使某人去世之后，死者的亲属也在为其消耗大量的人力和财力，如购买墓地和棺木、宴请吊唁的亲朋好友等方面的消费；在人未出生之前，父母也在为即将出生的婴儿进行早期的教育投入，如孕妇的营养护理和胎教等。

毋庸置疑，在消费主义生活方式兴起之前，人们虽然会为物质短缺或商品的供不应求而深感忧虑，但消费在根本上并不是一个普遍的社会问题。它是人类生产实践和社会生活的重要方式，也是人类维持生存与繁衍后代的基本手段。不仅如此，学术界普遍重视伦理消费也是一个不争的事实：从古希腊亚里士多德的适度消费、古罗马西塞罗的自然生活和塞涅卡的"哲学治疗"，到中世纪托马斯的节俭消费伦理，再到近代社会曼德维尔的奢侈消费观、凡勃伦的炫耀消费理论等。这些伦理学说围绕着生活的价值和意义主要探讨了消费与享乐、消费方式与幸福生活、奢侈与个人的欲望等问题。它们为我们理解现代消费伦理思想的精神实质提供了丰富的理论资源。

一 适度消费：古希腊时期的消费伦理思想

在当代消费伦理学中，不少学者对消费的原始内涵作了深入而系统的研究。巴塔耶就是其中一位重要的代表人物。在《消费的概念》一文中，巴塔耶将消费的源头追溯到古代社会的"夸富宴"。巴塔耶认为，"夸富宴"不仅展示了贵族阶级穷奢极欲地消耗或毁坏财富的场景，而且体现了宴会主办方以礼物馈赠的形式向受赠者下达了消费竞赛的挑战书。所以，消费生活的未来指向就是以主权的方式回归消费的原始内涵，即消耗、毁灭及消亡。古代社会的"夸富宴"在巴塔耶看来是无节制的、奢侈消费，它奉行奢侈或无用原则，既释放了人的动物本能，同时也打破了社会生活中的种种道德禁忌与习俗约定。如果说这些道德禁忌或道德规范具有神秘性和神圣性，那么，"夸富宴"对禁忌的僭越也就是要解放神圣世界。正如巴塔耶曾这样指出："它宣告一种新的可能性，即凭着兽性的动力，跳跃到未知领域。"[1] "跳跃"或回归原始意义上的消费也就是恢复人的兽性一面，而铺设回归之路的基石就是经济学的损失原则。

---

[1] Botting, F. and Wilson, S., eds., *The Bataille Reader*, Oxford: Blackwell, 1997, p.251.

从古代社会的礼物交换活动中不难发现，消费有主动和被动两种形式。主动消费是将所获得的财富（它包括劳动创造的、世袭或馈赠的物质财富）消耗或摧毁，如杀死战俘或举行大型的祭祀仪式。被动消费是指受邀者被迫出席"夸富宴"，被迫接受带屈辱性标记的礼物等类似代理性质的消费。不仅如此，礼物的受赠者还不得不对馈赠者展开回应性消费，即礼物回赠。这里，主动消费与被动消费的共同特征是强调消费的破坏性功能。换言之，古代社会的大型祭祀、会饮、宴请等公共活动体现了消费的原始内涵。而这种基于损失原则的消费活动是特定阶级的身份和地位约定俗成的责任（responsibility）。

总而言之，重视城邦的公共生活是古希腊时期消费伦理思想的重要内容。它从根本来讲预设了这一时期城邦成员的基本生活方式。古希腊哲学家柏拉图以一种强烈而深沉的使命感强调个人在城邦中各安其位、各司其职。与之不同，其弟子亚里士多德主要以"不偏不倚的、富有同情心的旁观者"（a detached thought sympathetic observer）① 的身份来探讨雅典城邦的政治生活和经济生活。从政治立场来看，亚里士多德竭力维护和捍卫现有的社会秩序和政治统治，试图以中道的调和姿态掩饰城邦内部的尖锐矛盾及贫富阶级之间的不平等。而中道的政治立场决定了希腊人经济活动的适度价值标准。经济（economy）一词源自希腊词"oikos"，意指家庭。而希腊时期的经济活动主要涉及家政计事或家政事务管理。消费作为特殊的经济活动，其基本价值准则就是家庭或个体生活方式的恰当、适宜。众所周知，在西方伦理学史上，亚里士多德建立了自然目的论的伦理思想体系。据此，我们对亚里士多德适度消费伦理思想的研究也就从目的论的善开始。

那么，什么是善？在《尼各马可伦理学》一书中，亚里士多德开篇提出了善的目的论解释。他指出，"一切技艺和科学研究，都以某种善为目的。一切实践追求或事业，也是如此。因此，可以说，所有事物都以善为目的"②。亚里士多德在此论述了善概念的三重内涵：第一，善是目的，不是手段；第二，一切技艺、实践活动及理论研究所孜孜以求的最终目的

---

① Gomez–Lobo, A., "Aristotle", in Robert J. Cavalier, James Gouinlock, and James P. Sterba., eds., *Ethics in the History of Western Philosophy*, New York: St. Martin's Press, 1989, p.35.

② Aristotle, *The Nicomachean Ethics*, translated by H. Rackham, London: William Heinemann, 1926, p.4.

是善目的；第三，善不是唯一的，而是多种多样的。第一点强调指出，技艺、科研和实践本身不是目的。第二点阐明了技艺、理论研究和实践活动的最终价值目标是追求善目的。第三点不仅批判了苏格拉底或柏拉图所言的一般善或善理念，而且还提出善的具体性或特殊性。具体的善不但肯定了善的多样性，而且肯定了善是属人的，或者说通过人的努力和美德践行是可以获得的。总之，亚里士多德的善目的与柏拉图的善理念存在着区别。正如廖申白教授在翻译《尼各马可伦理学》一书时这样批注道："亚里士多德本章对柏拉图学派的善的形式理论的批判有四个要点。（一）从范畴论来看，（1）如果善既述说在先的范畴（实体），又述说后面的范畴（性质与关系），它就不可能是一个可分离的形式，（2）如果它可以述说这些不同范畴的事物，它就不是一个单独的概念，（3）善不是某一门科学研究的对象，即使只述说某一个范畴的事物的善也可以是不同科学研究的对象。（二）从所指（意义）来看，以善的形式同时指善的概念和某一善事物是肤浅的。（三）从述说的对象来看，善的形式甚至不适用于述说那些自身即善的事物，因为它们是以不同方式而善的。（四）从我们研究的目的来看，善的形式也同伦理学无关，因为它是不可实行和不可获得的。"① 概言之，柏拉图普遍善的概念或善的形式在亚里士多德看来最大的问题就在于，善概念的抽象性使得它并不能给人们提供具体情境下的行为引导。或者说，对普遍善的哲学反思既不能使客观的道德规范和伦理原则成为每个人具体行为的道德准则，也不能使这个人成为某行业领域技艺高超的人，例如医疗行业。"因为，一个医生甚至不抽象地研究健康。他研究的是人的健康，更确切地说，是一个具体的人的健康，因为他所医治的是一个具体的人。"②

亚里士多德认为，善根据其内容划分主要包括外在的善和内在的善两个部分。就消费而言，外在的善是指作为工具或手段的善，也就是消费的物质基础与前提条件；内在的善是指消费的精神动因与价值导向。其中，消费的物质基础主要涉及个人财富的积累。基于善目的理论，亚里士多德

---

① ［古希腊］亚里士多德：《尼各马可伦理学》，廖申白译，商务印书馆2003年版，第17页。
② ［古希腊］亚里士多德：《尼各马可伦理学》，廖申白译，商务印书馆2003年版，第17页。

从两个方面批判了古希腊时期贵族阶级穷奢极欲地聚敛财富的问题。一是，它导致了认识上的误区，误以为家政计事的主要目的就是无限度地增加个人财富，积攒更多可供支配或使用的货币。二是，它导致了人们心理上的困惑，从而对什么是美好生活茫然不知。对于亚里士多德而言，获取财富技艺和管理财富的家政计事有着不同的特点：前者体现了无限性，后者体现了有限性。其中，获取财富的技艺是属于较低层次的享乐生活，它蕴含着某种价值或目的的诉求，但并不是人类社会生活的终极目的，仅仅是人们的一种生活方式及实现至善的重要途径。

在亚里士多德看来，就其重要性而言，内在的善比外在的善更值得人们赞扬或推崇。在内在的善中，灵魂的善明显高于其他的善。这是因为"美德使事物本身善，也使之很好地发挥其功能"①，因此，值得过的生活也就是追寻灵魂上的美德。但事实上，在亚里士多德生活的时代，过度和不及的两种现象是非常普遍的。由于过度和不及是两种恶德，它们偏离了美德的根本价值诉求，因此，寻求过度与不及之间的最佳状态成为美德的内在规定。对于亚里士多德而言，"中道"也就是适度的美德，它不是两个数字之间的平均值，而是人们情感和实践活动的性质处于不偏不倚的最佳状态。不仅美德的主要特征是适度，而且美德品质就是"一种适度，因为它以选取中间为目的"②。

这里，介于过与不及之间的适度主要取决于逻各斯的指引。适度的实现也就是对过与不及两种恶德的远离，同时还意味着美德的获得。亚里士多德认为，根据美德产生的途径不同，美德有理智美德和道德美德之分：前者与人类的智慧、理解和认识有关，是通过教育和适当的引导而产生的；后者与人类的道德品质有关，是在实践活动中逐渐养成的。这里，亚里士多德所说的美德不是行为者喜怒哀乐的情感，也不是行为者所拥有的行事的能力。无论是某人做善事的心理愿望，还是具备做善事的能力，都称不上是一个具备美德品质的人。如果说一个人被认为具备某种美德，那么，这个人一定是在做或已经做了某善事。美德是人类灵魂的最佳状态，

---

① Aristotle, *The Nicomachean Ethics*, translated by H. Rackham, London: William Heinemann, 1926, p. 89.

② ［古希腊］亚里士多德：《尼各马可伦理学》，廖申白译，商务印书馆2003年版，第47页。

也是行为者通过自己努力能够获得的道德品质。由此可见，在亚里士多德的道德学说中，合乎美德的行为与具有美德品质的人是一致的。

亚里士多德在《尼各马可伦理学》中的道德美德部分通过对美德的纷缕析，论述了纵欲与禁欲、挥霍与吝啬、小气与粗俗之间的适度，突出强调了节制、慷慨和大方三种美德。节制是纵欲与禁欲之间的适度。它来自希腊词，是指适度、审慎、自制等。"希腊文 Sophrosyne 一词，一般英译为 temperance，主要有三重涵义：一是指理智健全、稳健，同理智不健全、愚妄而无自知之明、看问题偏狭等意思相反；二是指谦和、仁慈、人道，尤其指少者对长者、位卑者对位尊者的谦恭态度；三是指对欲望的自我约束和自我控制。"[1] 尽管不少研究者对于用 "temperance" 来翻译 "Sophrosyne" 持怀疑的态度，但有一点可以肯定：亚里士多德在这里主要强调纵乐的适度。因为一个不具备适度美德的人，难以在处理财物方面做出正确的选择。如果说这个人把财物看得过重，那么，他就不会做出热心公共事业的慷慨之举，其行为的外在表现就是冷漠。如果他把财物看得不重要，甚至认为消耗钱财是获得更多财富的前提，那么，这个人通常是一个挥霍者。如果说过度积累财富是恶，那么，过度挥霍财富同样是恶。慷慨之所以是美德，不仅因为它对待财富的基本立场是取舍有度，而且因为它是挥霍与吝啬之间的适度。除了慷慨之外，亚里士多德还强调了大方的美德。无论是节制，还是慷慨和大方，亚里士多德都预设了这样的物质前提，即个人的消费行为必须与自身的财力或收入相匹配，量入为出地合理消费。显然，亚里士多德在此用量入为出的原则解释了适度消费的具体内涵。亚里士多德认为，经济上穷困潦倒的人不考虑自己的财力或经济状况试图做出慷慨或大方的举动，是不恰当的；而且，经济上富裕的人以简陋的方式举办宴会也是不恰当的。适当的生活方式不仅注重消费行为及其行为事态的恰当性，而且强调消费对象的适宜性。亚里士多德强调，与其对路边的乞丐施舍大量的钱财，倒不如为公共设施捐款、为公共事业提供物资帮助等。总之，亚里士多德的节制、慷慨和大方三种美德从不同角度论述了适度消费的重要性。亚里士多德的适度消费思想一方面强调消费的

---

[1] ［古希腊］柏拉图：《柏拉图全集》第 1 卷，王晓朝译，人民出版社 2002 年版，第 134 页。

物质前提及个人在消费方面应该遵行"量入为出"的道德原则；另一方面也主张消费行为应该更多关心公共事务。

除了道德美德外，亚里士多德还论述与之密切相关的理智美德。根据灵魂所思考对象的不同，亚里士多德认为，理智有两种：一种是思考始因不变的那些事物的沉思理智，另一种是思考可变事物的实践理智。"第一种体现为科学能力（Scientific Faculty），第二种体现为算计能力（Calculative Faculty）"①，这两种能力的共同目标就是求真。与这两种能力相对应的美德分别是：智慧与明智。其中，明智是指"一种同善恶有关的、合乎逻辑的、求真的实践品质"②。它是选择正确行为的基本前提，同时还与道德美德密切相关。"没有明智也不可能有真正意义上的善，没有道德美德也不可能有明智。"③ 由此可见，明智不仅与道德美德相关联，而且也是理智美德的重要组成部分。这也就是说，理智美德与伦理美德虽然各有侧重点，但二者是彼此关联的，其中，明智美德是沟通二者的中心枢纽。从指导正确行为的实践意义来说，伦理美德更重要；从求真的程度来看，理智美德显得比伦理美德略胜一筹。总之，理智美德与伦理美德是相互影响、相互促进的。一方面，"理智美德，使伦理美德的'领域拓宽，层次加深，目光放远'，使它们不再局限于个别而成为普遍"；另一方面，"伦理美德之实现活动终归有理智美德的参与"。④

综上所述，亚里士多德的消费伦理思想坚持一种适度的价值立场，强调节制、慷慨、大方等美德对于消费生活的重要意义。在亚里士多德看来，过度的挥霍或消费财物是恶德，奢侈享乐是缺乏勇敢美德的表现。而一个慷慨的、大方的、节制的、拥有明智美德的人更懂得适度，在处理财物方面表现得恰到好处。然而，亚里士多德对适度的解释有时也过于牵强。比如，他在论述不能自制时，认为不能自制的适度就是自制。这里，

---

① Aristotle, *The Nicomachean Ethics*, translated by H. Rackham, London：William Heinemann, 1926, p. 327.

② ［古希腊］亚里士多德：《尼各马可伦理学》，廖申白译，商务印书馆 2003 年版，第 339 页。

③ Aristotle, *The Nicomachean Ethics*, translated by H. Rackham, London：William Heinemann, 1926, p. 367.

④ 宋希仁：《西方伦理思想史》，中国人民大学出版社 2004 年版，第 65 页。

自制与不能自制是相互对立的两个极端，二者之间并不存在其他环节，因此，这里的"适度"无非就是把其中一端视作"善"。亚里士多德在《解释篇》中论述中道原则时也直言不讳地指出，如果找不到两端（恶德）之间的"适度"，那么，正确行为就是两端之一。亚里士多德一再强调美德的可选择性。可是，在适度缺失的情形下，行为是根据实践智慧直接选择的一个"善"端（哪怕这一端只是部分的真）。由此不难发现，这种行为是不得不或被迫做出的选择，不具任何自主性。而真正的问题在于，这种不具自主性或并非出于自由意志的行为是否可以称为美德行为呢？再比如，作为人的内心情感表达和心理活动体现的憎恨也没有适度。这里，适度似乎成了机制失灵的肆意捏造。正如麦金太尔批判指出："假如根据适度提出的分类法没有实际的用途，那它的意义何在呢？……因此，这种分类越来越显得是一个武断的构造物。……这些德目清单不是建立在亚里士多德自己个人的选择和评价基础之上的，它反映的是他所认为的当时希腊社会的'有教养人士的准则'。"[1] 可以说，亚里士多德的适度消费伦理思想的主要问题体现了阶级局限和时代局限。如果抛开这些问题不谈，那么，它对我们当前消费生活的重要启示意义就在于，奢侈集中体现了人的堕落、羸弱等恶习，而根据量入为出的伦理原则，适度消费是人们获得美德的必要路径。

二 自然生活与"哲学治疗"：古罗马时期的消费伦理思想

奢侈是不同历史时期各个国家或地区都不同程度地存在的社会现象，古罗马也不例外。在罗马共和国建立初期，罗马人时刻不忘节俭美德，安于简朴、宁静、安逸的生活。譬如，饮酒时如果不往酒里掺水，那么，饮酒会受到公众谴责或被视作不道德的行为；元老们议事大厅的陈设布局也很简陋。但是，这种平静的生活没过多久就被外来的种种物质诱惑所打破。罗马国王开始以各种奢侈的方式装饰宫廷，不遗余力地修建大型豪华的公共建筑，如奥古斯都的大理石城、尼禄的金殿、提图的浴场、和平女神庙、罗马守护神庙、圆形剧场、凯旋门等，这些建筑既是古代劳动人民血汗和智慧的结晶，也是罗马上层阶级奢侈生活的见证。国王的王冠镶嵌

---

[1] [美] 麦金太尔：《伦理学简史》，龚群译，商务印书馆2003年版，第104页。

着宝石、紫袍上绣着金龙,朝里元老、大臣、侍卫也不甘落后,纷纷效仿,穿金戴银,甚至盾牌、长矛也开始镀金。由于奢侈生活常常将掠夺来的财富消耗一空,也导致了国库空空如也,而巨大的财政赤字又迫使罗马人不得不再次远征,去靠武力掠夺其他城邦的财富或物质资料。也就是说,奢侈的消费生活使得罗马人需要不断通过战争来攫取更多的物质财富。

据史料记载,罗马军队在一次遭遇哥特军队围困时,罗马国王派使者求和,却因为国库没有钱财不得不"借"用供奉神灵的财物来为国家的战争危机解围。接二连三的征战使罗马人一方面沉湎于物质财富的聚敛,另一方面又陶醉于世俗生活的感官享乐。然而,纵欲享乐需要大量的物质财富支撑,这又打破了罗马人想过清闲雅致生活的美梦。虽然财富越来越多,但人们却越来越真切地体会到,在纸醉金迷的生活中无比空虚。如何获得幸福生活呢?

"幸福是什么、如何获得幸福"一直是道德哲学中的经典问题。伊壁鸠鲁的快乐主义伦理学认为,幸福就是最大的快乐,快乐与痛苦是相对的,快乐是善,痛苦是恶,因此,快乐就是规避痛苦,保持心灵的宁静。但在西塞罗(Cicerco)看来,伊壁鸠鲁学派忽略了在快乐与痛苦之间还存在不快乐与不痛苦的中间状态;他们把快乐理解为善,不仅混淆了不同快乐之间性质方面的差异,而且用个人骄奢淫逸的肉体快乐[①]替代了道德价值的主导地位。所以,西塞罗最后得出这样的结论:快乐的对立面是不快乐,不是痛苦;痛苦的对立面是不痛苦,不是快乐。由于快乐本身意味着对欲望的肯定,它奉行我行我素的纵欲主义道德原则,因此,西塞罗采取了釜底抽薪的办法,将"欲望连根带拔"[②],彻底否定了欲望的合理性。事实上,否定欲望也就切断了快乐主义道德学说中快乐与善的联系。塞涅卡认为,个人美德与欲望是无关的。这是因为,如果说美德与欲望是一致的,那么,我们赞成美德无疑就是肯定贪得无厌、纵欲无度、穷奢极欲等

[①] 在《提迈奥斯》篇里,柏拉图诙谐地把享乐(hedonic,也译"快乐")比喻成"罪恶之诱饵"。"罪恶之诱饵"的意思是说,享乐犹如引诱鱼儿上钩的鱼食。这种快乐一旦激发个体的欲望,个体的欲望就犹如脱缰的烈马,善反而为之所束缚。

[②] [古罗马] 西塞罗:《论至善和至恶》,石敏敏译,中国社会科学出版社 2005 年版,第 51 页。

社会丑恶现象，并且会得出"美德是恶"这种自相矛盾的结论。如果说美德与欲望无关，那么我们在践行美德的同时必须根除欲望。因为"真正的幸福是建立在美德的基础上的"，"幸福的人与其说没有快乐与痛苦，倒不如说根本就感觉不到快乐和痛苦"。[①] 这也就是说，幸福不是个人感官享乐的主观体验，更多的是指顺从命运（神）召唤的自然追求。幸福生活对于塞涅卡而言就是顺应自然，按照自然规律指引选择自然而然的生活。虽然快乐有时也成为幸福的附带物，但是快乐本身并不是灵魂的主宰。这是因为快乐一旦成为灵魂的主宰，就会使人失去自我控制的能力、耽于娱乐，从而陷入获得更多财富或求而不得的焦虑或恐惧之中。

塞雷努斯在写给塞涅卡的书信中向其诉说了内心的困惑：虽然自己崇尚节俭朴实的生活，痛恨那些纸醉金迷的宴会或奢侈消费，但是现实生活中"披金戴玉的奴隶"及包装时髦的随从总是给人一种头晕目眩的震撼！在这种情形下，我们应该如何消费呢？节俭生活与奢侈生活相比，哪一种生活更值得过呢？伊壁鸠鲁学派根据人的需求程度的不同将消费品分为以下三类：必要的东西，必需但非必要的，非必需非必要的。根据这种划分，塞涅卡进一步指出，必需品的内容主要包含三个方面：首先是维持自己生存和发展必不可缺的东西（通常指生活必需品）；其次是生活的意义，如果缺少后我们就不应该再活下去的东西（如自由、良知）；最后是情感的慰藉，如果缺少后我们就不愿意再活下去的东西（如亲情、爱情）。在塞涅卡看来，超出上述三个价值尺度或必需品的界限就是奢侈品。奢侈品是灵魂堕落的根源，也是灵魂躁动不安难以医治的根本原因。在杯盏交错之中浪费时间、虚度光阴是一种恶。当"邪恶从四面八方包绕着我们，它们根本不允许我们再次起身，抬起眼睛去觅寻真理；一旦它们控制我们，将我们拴在低劣的欲望之上，我们就会被它们制得服服帖帖。邪恶之受害者再也不可能回到真正的自我"[②]。这也就是说，一个人一旦沾染了声色马犬的恶习，其灵魂不仅因为违背了真、善的目的而误入

---

① [古罗马]塞涅卡：《塞涅卡三论：论仁慈·论发怒·论幸福生活》，丁智琼译，安徽大学出版社2005年版，第164页。
② [古罗马]塞涅卡：《哲学的治疗：塞涅卡伦理文选之二》，吴欲波译，中国社会科学出版社2007年版，第2页。

歧途，而且受制于欲望，难以保持心灵的宁静。如果说塞涅卡对罗马社会生活的诊断（即心灵的波澜或发热是一种病）是恰当的，那么，如何才能治疗个人心灵上的焦灼不安和精神上的踌躇徘徊呢？塞涅卡认为，这种疾病需要治疗，治疗的基本方法或手段就是哲学。简言之，如果说身体某部位患有疾病是通过医学的手段得到治愈，那么，灵魂的疾病就必须依靠哲学来治疗。正如西塞罗指出："没有哲学，灵魂是无法治愈的。除非灵魂得到治疗，否则我们将有无穷的痛苦。因此，正如我们已经开始的，让我们把自己交给哲学治疗吧！"[1]

总而言之，奢侈消费对于西塞罗和塞涅卡等罗马思想家而言不仅是一种恶，而且是一种迫切需要治疗的疾病。其中，哲学就是治疗灵魂病的最好方法，而哲学治疗的目的就是指导人们过自然而然的生活。西塞罗认为，至善的价值理想把现实生活置于自然的因果链条之中，从而使人们自主地选择一种与自然相一致的生活方式。遵循自然生活不是沽名钓誉，也不是矫揉造作。"自然把我这个人给了一切人，又把一切人给了我这个个体。无论我拥有什么，我都不会像守财奴那样把它们积聚起来为己所用，也不会像花花公子那样，挥金如土。我会把自己的一切赠给别人。我在捐献给别人东西时，不会数数目及量的大小，我只想到一点，这就是为了我所捐献的人的利益。我绝不是为了取得公众的好印象才这样做的，而是由于我的良心。"[2]

造成灵魂困惑不安的另一个原因就是财富。求而不得者苦恼如何攫取财富，求而得之者焦虑如何获得更多财富。对于塞涅卡来说，财富是一种招之即来、挥之即去的身外之物。由于它是维持家庭生活和共同体生活不可或缺的重要内容，因此，只要符合自然本性，且没有引起灵魂的焦躁不安，那么，个人追求适当的财富在伦理学上讲也是正当的。需要指出的是，过度攫取财富在塞涅卡看来不仅是一种累赘，而且还对自己的身心构成了"奴役"。塞涅卡认为，财富是造成人们价值困惑或不幸福生活的根源，即使没有财富或拥有少量财富，只要生活无忧无虑的，幸福生活依然

---

[1] Nussbaum, M C., *The Therapy of Desire: Theory and Practice in Hellenistic Ethics*, Princeton, N. J.: Princeton University Press, 1994.

[2] ［古罗马］塞涅卡：《塞涅卡三论：论仁慈·论发怒·论幸福生活》，丁智琼译，安徽大学出版社2005年版，第168页。

可能。"因为自由人以茅屋为居室,奴隶才在大理石和黄金下栖身。"① 对于塞涅卡而言,财富充裕与否不仅与自身获得财富的能力有关,而且更多涉及一个人的消费行为是否节俭。他说:"如果我们原先就以节俭(没有了它,任何数量的财富是不够的)为满足,如果任何数量的财富对我们而言都是充裕的,特别是因为这一治疗方法总是近在咫尺,贫穷本身也可通过求助于节俭而把自身变成富裕,那么我们是应满足于这种适度的节制的。让我们养成抛弃我们身上的炫耀习气的习惯吧,让我们养成以事物的用处来衡量事物,而非以事物的装饰性质来衡量事物的习惯吧。"② 塞涅卡在此从财富与节俭的辩证关系角度论述了节俭的重要意义,强调消费要被限定在自然的范围内。在他看来,只有将欲望(无论是消费欲望,还是积攒财富的贪婪)牢牢地拴在"自然"的缰绳上,只有给欲望设定一个合理的伦理界限,灵魂上的"疾病"或燥热才能得到彻底的治疗。

这里,哲学治疗的目的不是根除人们身体上或心灵上的痛苦,而是试图揭开笼罩在人类认知上的神秘面纱。与此同时,塞涅卡也清楚地意识到仅凭着对个体灵魂的哲学治疗并不能实现社会秩序稳定的价值目标。对此,塞涅卡还提出了一套共同体的政治理论学说。他将共同体分为两类:一类是以血缘关系为基础的共同体;另一类是以世界为整体的共同体。如果说第一类以个体为基本单元,那么第二类就是由"世界公民"所组成的宇宙秩序。塞涅卡的共同体思想在整体上解释了灵魂治疗的内在维度和外在维度。换句话说,灵魂治疗不仅仅包含内在自求的维度,而且还表现为外在的理论向度。"去从事实际事务,从事公共事务的管理,履行公民的责任……一旦一个人有了服务于同胞和全体人类的既定目标,当他将自己置于实际事务当中,他在为这事务而操劳的同时,也就在服务于他人,他就在尽其所能地为公众和个体的利益效力。"③ 塞涅卡在这里强调"从事公共事务",旨在阐明个人与公共事务之间的内在关联。个人积极参与

---

① [古罗马]塞涅卡:《幸福而短促的人生:塞涅卡道德书简》,张建军、赵义春译,上海三联书店1983年版,第199页。
② [古罗马]塞涅卡:《哲学的治疗:塞涅卡伦理文选之二》,吴欲波译,中国社会科学出版社2007年版,第49页。
③ [古罗马]塞涅卡:《哲学的治疗:塞涅卡伦理文选之二》,吴欲波译,中国社会科学出版社2007年版,第39页。

公共事务主要包含两层涵义。第一，真正的幸福生活仍然取决于他能否以自己的智慧、聪明才干为公共事业作出贡献。从这一点来说，追求幸福的价值目标意味着，个体也不是脱离了公共领域的存在者。第二，每个人都是共同体中不可或缺的一部分。作为其中的一员，每个人对他人和公共事务都肩负着义不容辞的道德责任。由此不难发现，塞涅卡所说的"哲学治疗"，其关键在于有责任感的个人积极地投身于公共事业，并且在服务公共事业中获得成就感和满足感。在塞涅卡那里，哲学治疗的核心指导思想就是尊重每个人的价值和尊严，使其理性地选择一种自然生活。而哲学治疗的现实意义就在于，通过内在精神的主观原则，使人们自主选择顺应自然的生活，从而构建一种"世界主义"的宏伟蓝图。这种"世界主义"共同体理论强调个人的自治与自足，通过"世界公民"之间的相互依赖和平等之爱来实现和谐的世界秩序。

事实上，塞涅卡虽然强调自然生活、重视哲学治疗，并且认为节俭美德和生活的节制对于心灵的宁静而言非常重要，但是，他本人的奢侈生活也难免会有人对其道德学说提出质疑：为什么塞涅卡言行不一呢？对此，塞涅卡在《论幸福生活》中做了一个实在难以令人满意的回答：自己正在通向顺应自然的美德生活的路上。对于塞涅卡的这种中看不中用的伦理思想，黑格尔用"蜡制的假鼻"的比喻给予了辛辣的讽刺。

奢侈消费既是塞涅卡个人生活的真实写照，也是罗马时期整个社会风气的缩影。罗马因为其他城邦的懦弱从台伯河畔一个很小的城邦跃居为诸多城邦俯首称臣的"永不落帝国"，也因为自己的奢侈或腐朽使这座众人仰慕的永恒帝国走向了毁亡。

三　节制：中世纪的消费伦理思想

对于奢侈消费问题，罗马时期的思想家主张通过自然生活和哲学治疗进行解决，并希望以此巩固罗马帝国的政治统治。到了中世纪，神学家主张通过宗教教义的理论形式，强调美德的践行和操守。其中，著名代表人物就是被封称"天使博士"的托马斯。

虽然托马斯·阿奎那没有直接的言论指向消费或奢侈，但《神学大全》(*Summa Theologiae*) 一书第二部第141题至第170题，从节制美德的角度详细地论述了饮食和性欲的道德维度。对于托马斯而言，个人的饮食行为需要从两个方面进行探讨：一是，无关道德；二是，关乎道德。托马斯做出这种区分的目的在于明确物质消耗是出于自己的生理需要或自然本能，还是超出自然生理需要之外的社会实践活动。托马斯认为，劳动如果是人的生物或生理本能，而不是一般社会意义上的实践活动，那么，它"同饮食一样，无关乎道德"[1]。换言之，涉及道德判断的饮食行为通常被托马斯视为与他人相关的一种社会实践活动。这里，对饮食进行道德判断的理论前提就是托马斯的人性观及其行为理论。根据亚里士多德的"人天生就是政治的动物"这一论断，托马斯指出，人的本质在于其社会性及积极参与公共事务，其行为主要分为两类，即人的行为和人性行为。在托马斯看来，人的行为主要出自无意识，因而毫无道德价值可言。而人性行为主要涉及人的理智和意志，这使得行为者一方面听从理智对行为选择的指引，另一方面服从意志对行为善恶的道德判断。从托马斯对人的行为与人性行为的区别中不难看出，与理智和意志相关的饮食是人性行为，其道德价值突出地表现为节制的美德。

在托马斯的伦理思想中，美德有狭义和广义两重涵义。从狭义来讲，美德是"一种成全或完善"；从广义来讲，"人的一切行为和情，凡是善的、值得赞许的，都称为德性"。[2] 节制是古希腊的"四主德"之一，也是中世纪宗教伦理思想的重要组成部分。在中世纪，节制作为一种世俗世界的美德，一方面，同其他诸美德（正义、勇敢和智慧）一样，与日常生活息息相关，另一方面，又将世俗世界的诸美德与神圣世界的"三德"（爱、信仰与希望）相联系，在践行美德过程中不断完善自身和寻求自我精神的内在超越。在托马斯看来，节制的对象是饮或食，特别是违反自然本性的快乐或欲望。这也就是说，只要符合自然本性的饮食之欲和男女之爱并不需要节制。在托马斯那里，节制的对象是过度的饮食或纵欲。个人通过节食或节饮，不仅可以制约日常生活中的不道德行为，而且还可以通过节制等美德走向至善之路。

托马斯把节制美德划分为灵魂、肉体及外在事物三个方面的内容。从

---

[1] [德]马克斯·韦伯：《新教伦理与资本主义精神》，康乐、简惠美译，广西师范大学出版社2007年版，第54页。

[2] [意大利]托马斯·阿奎那：《论勇德与节德》，胡安德译，高雄：中华道明会2008年版，第185、186页。

行为者的灵魂方面看，个人主要通过克己、谦逊和宽仁三种特殊的美德，控制受情欲驱使的意志行为、大胆冒失的行为、报复他人的愤怒行为。从行为者的肉体来看，个体主要审视自己在待人接物方面的行为举止。就行为的客观对象而言，节制美德要求个人不要追求过分华丽或奢侈的包装，不要奢求过量的食物或饮酒。因为过度饮食不仅违背了人的自然本性，而且还损毁财物或危及自己身体健康及个人的道德品质，从而使其丧失了实现自我超越的可能性。

托马斯在此不仅区分了纵欲的恶德与节制的美德，而且还讨论纵欲者与无节制者的差异。托马斯认为，第一，从行为的普遍前提来看，纵欲者受欲望的驱使，暂时放弃了自己的理性判断，无节制者的过度饮食是习惯成自然，一味地听从习惯的"指示"。第二，从行为的对象来看，纵欲的对象通常是具体的某种特殊物，而无节制行为的对象是一般的、抽象的事物。第三，从行为的后果方面看，纵欲行为仅仅是稍纵即逝的情感冲动，而无节制则表现为行为者的兴趣或爱好漂浮不定，经常从某一事物转移到另一事物。综上所述，与纵欲行为相比，无节制行为在道德评价上更坏，且根除的难度更大。托马斯甚至坚信，如果被赋予理性知识和上帝的恩宠，以及道德规劝，那么，纵欲者可能幡然悔悟，但无节制者可能沉溺于习惯性的错误，固执于自己的主观偏见。

理智和意志与人的行为密切相关，它们是人们进行正确行为选择的两个重要前提条件。在理智与意志问题上，中世纪神学家主要有两种截然不同的观点：一种观点重视上帝的救赎，完全否认了意志自由的可能性；另一种观点强调人的自由意志，否定了上帝的全知全善全能。为了避免这种分歧，托马斯采取了调和折中的理论姿态将意志自由置于上帝恩宠的宗教框架下，认为上帝恩宠并没有否认人的意志自由。托马斯认为，善是首要的、最重要的价值目标；而恶则意味着善的缺失。行为者作恶主要是因为自由意志没有给行为者提供正确的道德判断。对此，托马斯还进一步论述了意志与理智之间的区别与联系。托马斯认为，由于意志的对象是人们向往或追求的善目的，或者说，是"可欲之善"；而理智的对象是"可预之善的理"，所以，理智的对象比意志的对象更纯粹、更绝对。在这里，托马斯着重强调了理智与意志之间的优先次序关键取决于思考问题的具体角度。理智与意志的主要区别在于，理智辨别真假，提供行为选择的普遍知识或一般原则；意志区分善恶，提供指导具体行为实践的道德判断标准。理智与意志的内在关联主要表现为，道德行为既离不开理智的教育，也离不开意志的指引或引导，它们共同为道德行为的产生创造了可能的条件。托马斯认为，从理智与意志指涉的对象看，理智高于意志；但是，从两者的基本功能看，意志高于理智。因为意志作为灵魂的功能之一，还使自由行为成为可能。在托马斯看来，人的身份是固定的，是神圣领域的上帝之子，也是世俗人间的王权臣民。由于人在现实生活中在根本上讲是一个有进取心、追求超越的人。明确的价值导向使人们在日常饮食方面自觉奉行节制的道德原则，而在宗教生活方面践行爱上帝的美德原则。因此，一个拥有美德特别是节制美德的人不会有暴饮暴食的恶习。个人的消费是有节有度的人性行为，既不违背自然本性，又不偏离爱上帝的终极目的。这里，托马斯的消费伦理思想充分肯定了自然消费的伦理价值与现实意义，其节制美德所针对的是奢侈或纵欲无度的狂欢。

总体而言，从古希腊到罗马，乃至中世纪，节俭或节制的道德传统是一脉相承的，它一直被视作值得追求的美德，而奢侈消费则被理解为羸弱、阴柔的表现。要言之，这一阶段的消费伦理思想集中表现为消费与伦理相结合的特征。

第二节　消费与伦理的分离：近代社会的消费伦理思想

14世纪欧洲的文艺复兴运动，开创了近代西方社会人文主义的先风。在"以人性替代神性"的响亮口号中，人的价值得到充分的肯定，人的地位也逐渐被推向了无以复加的高度。它揭开了人类历史上自我意识增长的新篇章。正如瑞士著名历史学家布克哈特曾指出："在中世纪，人类意识的两方面——内心自省和外界观察都一样——一直在一层共同的纱幕之下，处于睡眠或半醒状态。这层纱幕是由信仰、幻想和幼稚的偏见织成的，透过它向外看，世界和历史都罩上了一层奇怪的色彩。……在意大利，这层纱幕最先烟消云散；对于国家和这个世界上的一切事物做客观的处理和考虑成为可能。同时，主观方面相应地强调表现它自己，人成了精神的个体，并且也这样来认识自己。"① 从整体而言，这场人文主义运动的基调是颠覆性的，其目的不仅在于颠覆中世纪禁欲主义宗教伦理思想对人身心的禁锢，最重要的是颠覆古希腊时期目的论的道德传统，最终用工具理性取代了价值理性。

　　这场颠覆性革命在西方消费伦理思想史上首先表现为消费的去道德化。去道德化的实质就是价值中立或价值无涉，也称非道德化（non-moralization）。早在16世纪，意大利思想家马基雅维利的《君主论》最早将政治生活从道德视阈中独立出来。随着资本主义经济的萌芽，1714年旅居英国的荷兰医生曼德维尔在《蜜蜂的寓言：私人的恶德　公众的利益》中以充满"悖论"的道德学说论述了奢侈消费的经济价值及社会意义。随后，英国近代自由主义经济学家亚当·斯密用"经济人"的理论假设又赋予了消费至高的目的性地位。从整体而言，消费的去道德化过程充分肯定了消费行为的经济地位，是现代社会消费伦理重构的前奏。它以振聋发聩的音符奏响了消费革命到来的序曲。事实上，消费的去道德化过程包含两个环节：第一，通过道德生活与经济生活相等同，用功利标准替代了传统意义上的道德判断，抽离了西方传统伦理学的目的论基石，最后将道德生活解释为政治家的谋略；第二，通过对消费行为的经济学解释，强调消费的中立性，主张个人消费行为价值无涉。

一　"私恶即公利"：抽离传统目的论基石的世俗消费

　　随着18世纪资本主义经济的萌芽及商业化进程的加快，奢侈消费在欧洲社会开始迅速蔓延。曼德维尔"私恶即公利"的道德命题对奢侈消费充满悖论性的论述，几百年来学界对此都是褒贬不一。批评者声称，曼德维尔歌颂了奢侈，是恶德的倡导者，败坏了社会风气。拥护者（其中，不少是功利主义的经济学家）对其大加称赞，认为曼德维尔精辟的言论揭示出资本主义社会经济发展的原动力，从中可以汲取智慧的源泉。那么，曼德维尔笔下的"蜜蜂"究竟蕴含了什么样的哲学道理？在《蜜蜂的寓言：私人的恶德　公众的利益》一书的评述部分，曼德维尔明确指

---

① ［瑞士］雅各布·布克哈特：《意大利文艺复兴时期的文化》，何新译，商务印书馆2007年版，第139页。

出，寓言的根本意图在于揭示现实生活中人的真实面貌，而不拘泥于"应该如何做"的道德规则的理论研究。

在《蜜蜂的寓言：私人的恶德 公众的利益》中，曼德维尔对"人"作了如下界定："人（除了眼睛所能见到的皮肤、肌肉、骨骼等之外）乃是各种激情的复合体，由于这些激情皆可以被唤起并首先出现，它们就轮流支配着人，无论人是否愿意，都是如此。"继而，曼德维尔还进一步补充道："我所说的人，既非犹太人，亦非基督教徒，而仅仅是人，处于自然状态、并不具备真正神性的人。"[①] 这里，曼德维尔所勾勒的"不具神性"的人是自然人，也是有缺陷的、不完善的，受制于或听命于自身的激情。当然，这绝不是说，人是无法拥有美德的。恰恰相反，曼德维尔所述的人是可以做出是非或善恶判断的人。只不过，由于受激情或欲望的支配，人是自私利己、贪得无厌的。这种人性观与英国哲学家霍布斯社会契约理论的人性假设颇为相似。不同的是，霍布斯把自然状态描绘成"狼吃狼"的状态，曼德维尔更愿意将其描绘成和谐繁荣的"天堂"或"乐园"。实际上，曼德维尔的伦理思想与同时代沙甫慈伯利的道德情感论也并不相同。沙甫慈伯利认为，人是仁慈、极富怜悯心、利他的存在者；而曼德维尔则主张，人是自私、利己的不完善的存在者。

曼德维尔在此用寓言故事形象地描述了"天堂"或"乐园"的构建过程。曼德维尔认为，现实生活里各行各业的人（如手工业者、技师、律师、医生、法官等），犹如蜂巢的蜜蜂一样，贪婪地采集花粉，殚精竭虑地追逐个人利益。每只蜜蜂的贪婪、自私共筑了蜂巢"乐园"。同样的道理，每个人的贪婪、虚荣、奢侈促进了社会经济的快速发展和整个国家的繁荣富强。显而易见，这里的寓言故事以人性论为基础，强调每个人天生都是自私、利己的动物。在曼德维尔看来，"道德美德皆为逢迎骄傲的政治产物"[②]。由此不难发现，曼德维尔已经将恶德与美德的讨论从中世纪的基督教神学殿堂中请了出来，拉回到现实的经济生活和政治生活之中。这里，曼德维尔"私恶即公利"的道德命题不仅将传统社会的美德

---

① ［荷兰］伯纳德·曼德维尔：《蜜蜂的寓言：私人的恶德 公众的利益》，肖聿译，中国社会科学出版社2002年版，第31页。

② ［荷兰］伯纳德·曼德维尔：《蜜蜂的寓言：私人的恶德 公众的利益》，肖聿译，中国社会科学出版社2002年版，第37页。

践行和目的论意义的价值追寻转换为世俗生活领域内的经济算计及政治秩序的构建,而且将公共生活的政治参与和个人的享乐生活混为一谈,从而抹杀了行为主体的公共性维度。

如果说人性是自私、利己的,那么,纠正恶行的道德原则及其行为准则就是利他的。显然,这里利己的行为动机与利他的行为后果之间是相互矛盾的。"如果从道德角度看,受自利驱策的商业社会是应该受到谴责的;但如果想以'公共精神'为基础而建立起一种充满美德的繁荣社会,那纯粹是一种'浪漫的奇想'。这就是著名的'曼德维尔悖论'。"[1] 如果说曼德维尔"私恶即公利"的道德命题试图用经济行为和道德行为相等同的方法解决利己与利他的矛盾,那么,斯密就是以一分为二的方式来搁置了利己和利他的问题。在《道德情操论》中,斯密首先提出了富有同情心、仁慈的"道德人"的假设;在《国民财富的性质和原因的研究》(简称《国富论》)中,斯密又提出了追逐个人利益的"经济人"的理论假设。关于人性问题,美国著名美德伦理学家麦金太尔在论述启蒙道德筹划失败的原因时曾这样指出,道德构架的三个结构要素是"偶然所是的人性(human-nature-as-it-happens-to-be,与道德训诫相左,处于未经教化状态的人性),实现其目的而可能所是的人性(human-nature-as-it-could-be-if-it-realized-its-telos),以及使他能够从前一状态到后一状态的道德训诫"[2]。从麦金太尔对人性的层次结构分析中,我们发现,曼德维尔所说的人性仅仅是这里的"偶然所是的人性"。显然,曼德维尔将"偶然所是的人性"解释为人性的全部内涵,无疑割舍了人性的核心内容,即"实现其目的而可能所是的人性"。或者说,曼德维尔将内涵丰富的人性单一化、扁平化,错误地用部分人性代替了人性的整体内容。

从利己的人性观出发,曼德维尔还提出判断行为正当与否的伦理标准。在曼德维尔看来,判断行为正当与否需要同时考虑行为的结果和行为的动机。因为仅仅从行为的后果看,一位主教向公众布施 1000 个金币所

---

[1] [荷兰] 伯纳德·曼德维尔:《蜜蜂的寓言:私人的恶德 公众的利益》,肖聿译,中国社会科学出版社 2002 年版,序言第 15 页。
[2] [美] 麦金太尔:《追寻美德:道德理论研究》,宋继杰译,译林出版社 2008 年版,第 62 页。

带来的社会福利,与几个抢劫者将不劳而获的 1000 个金币挥霍所产生的社会经济效益相同。但是,社会正义原则与社会秩序要求我们处决抢劫者。从这个意义来说,对行为的道德评价还需要考察行为的动机。曼德维尔认为,贪婪、骄傲、自私等恶德是每个人与生俱来的本性。由于这些恶德促进了社会经济的繁荣,因而它们是无法从根本上杜绝的。如果说"无法杜绝"是恶德盛行的重要原因,那么,恶德存在的客观事实无疑就是美德得以产生的必然条件,因为"最佳的美德离不开最劣的恶德的帮助"[1]。恶德是产生美德的条件,这也从侧面反映出曼德维尔这样的观点,即奢侈的恶德是社会经济发展必不可少的环节。曼德维尔认为,人之所以具有社会性或渴望过群体生活主要是因为个人的利己或人性恶,绝非像沙甫慈伯利所解释的人凭着普遍同情的道德感不需要任何克制或制约。

曼德维尔认为,不仅美德需要恶德的援手,而且彼此对立的两个恶德之间也可以相互生成。例如贪婪与奢侈是两种恶德:贪婪体现为聚敛财富或攫取财富的内在性格特征,奢侈主要表现为挥霍或消耗财富的外在行为表现。它们的辩证关系主要表现为,"没有贪婪,奢侈很快便会缺少物质基础……贪婪是挥霍的奴隶"[2]。从这个意义来说,贪婪的敛财是奢侈消费行为的物质基础,挥霍性奢侈不仅使人萌生贪婪的念头,而且膨胀了人的贪婪。贪婪与奢侈两种恶德相互依存,共同促进了国家的经济繁荣。

也就是说,尽管奢侈会带来诸多问题,甚至被视作恶德,但是,奢侈消费在资本主义发展早期却是各个国家贸易往来和社会经济发展的必要环节。如果说个人的奢侈消费对于经济发展和国家繁荣来说是一种"必要的恶",公共福利是必要的善,那么,"私恶即公利"的道德命题就是将道德生活等同于经济生活,构建起必要恶与必要善之间相互沟通的桥梁。然而,这里真正的问题是,作为恶德的奢侈如何促进公共福利呢?对于曼德维尔而言,奢侈作为一种"必要的恶",如果成为一个问题,其主要原因是因为统治者疏于政治治理或治理方法不恰当。在论述奢侈的社会意义时,曼德

---

[1] [荷兰]伯纳德·曼德维尔:《蜜蜂的寓言:私人的恶德 公众的利益》,肖聿译,中国社会科学出版社 2002 年版,第 77 页。

[2] [荷兰]伯纳德·曼德维尔:《蜜蜂的寓言:私人的恶德 公众的利益》,肖聿译,中国社会科学出版社 2002 年版,第 79 页。

维尔采取了两种方法。一是用相对主义的方法消解了奢侈的确切涵义,认为在瞬息万变的现实生活中,今天的奢侈品可能是未来的必需品。从这个意义来说,所有商品都是奢侈品。或者说,世界上根本就没有所谓的奢侈品。二是,从国家安全的角度论述指出,个体的奢侈生活是证明国家经济实力的重要方式。曼德维尔在此通过奢侈的证明作用否认了奢侈的怯弱、阴柔等方面的特性。曼德维尔坚信,一个国家只要拥有强大的军事力量和严明的军事纪律,就可以确保国民随意享有奢侈而舒适的生活。

如果说奢侈消费是以实际行动证明国家的经济实力及军事力量,那么,与奢侈相对的节俭在现实社会生活中是否具有可行性?对于曼德维尔而言,节俭不是人的天性,不是自主选择的结果,而是与特殊历史时期物质的匮乏及资源的稀缺密切相关,或者说是特定情境下的行为选择,因此,节俭不能成为一条普遍的行为准则。在贸易往来频繁的商业时代,养成节俭的生活习惯在曼德维尔看来必须具备两个条件:第一,减少个人的财富拥有量;第二,隔绝新奇商品的信息。事实上,这两个条件在商业化经济环境下是无法满足的。所以,曼德维尔断言,传统道德理论所宣扬的节俭、克制和诚实等美德在资本主义社会从根本上就是行不通的。通过肯定奢侈消费的社会经济价值和否认节俭的可能性,曼德维尔最后得出这样的结论:"私恶即公利"。这个道德命题的意思是说,奢侈消费虽然是恶德,但是它促进了整个国家公共福利的增长。曼德维尔笔下的"蜜蜂寓言"通过个人利益与公共利益之间的内在关联试图构架起私与公、利己与利他之间相互沟通的桥梁。这里,曼德维尔将追求物质利益的享乐生活无限地拔高,这不仅混淆了个人生活与公共生活之间的界限,而且将生活享乐理解为提高整个社会经济福利的必要手段。或者说,"私恶即公利"的经典论断一方面抹杀了个人生活与公共生活之间的区别,另一方面混淆了消费行为的道德价值与经济效用之间的界限,同时又与古希腊时期目的论伦理学背道而驰。在古希腊时期,亚里士多德的目的论伦理学是以生物学解释为理论基础的,强调个体品质的磨砺、美德的践行及幸福生活的实现。而曼德维尔在这里一方面用世俗化经济生活上的善恶代替了传统目的论意义上的道德善恶;另一方面又以经济算计和公共福利的政治治理消解了消费的道德维度。正如韦伯指出,资本主义经济的基本特质就是:"在严密精算的基础上进行理性化,对致力追求的经济成果进行妥善计划且清醒冷静的运筹帷幄。"① 由此可见，曼德维尔对奢侈消费的理性分析和工具性解释，是有别于将奢侈理解为羸弱的传统观点。不仅如此，它也成为现代社会肯定奢侈消费不可或缺的重要环节。正如贝里指出："这一学说（亚里士多德的目的论）的前提假设直到17世纪一直支配着有关奢侈的讨论。对这些前提的推翻开创了从对奢侈的否定到肯定的第一步且并非完全偶然的转变。"② 从贝里这段评述中不难发现：奢侈由否定（恶或"必要恶"）变为肯定（善）的价值判断首要步骤是颠覆了亚里士多德的目的论伦理学。这种颠覆意味着传统美德遭到无情的抛弃，已经演变成"个人在社会中攫取对其有用或适意的东西的竞技场"③。当然，值得一提的是，曼德维尔虽然意识到奢侈消费对于促进贸易往来和国民经济增长的现实意义，但仍然将个人的奢侈消费界定为恶，其批判精神、不与当时权威理论同流合污的勇气令人不由心生敬佩之情。曼德维尔将奢侈消费界定为恶，转而又用经济效用的价值判断告诉我们，这种恶对于促进公共福利的增长来说是必要的。"私恶即公利"的伦理命题不仅建立了私人领域与公共领域之间相互沟通的桥梁，而且还在价值观方面以工具理性代替传统意义上的目的论伦理学。它把奢侈与节俭等概念从传统的目的论伦理学和中世纪的宗教神学中抽离出来，将道德理解为政治家政治治理的谋略，"奢侈的去道德化"也由此拉开了序幕。

二 消费的去道德化：生产（劳动）合法化的必然结果

"去道德化"是西方文化历史变迁过程中的重要环节。在《西方文化的去道德化：社会理论与生活困境》中，费夫尔（R. W. Fevre）不仅提出了"去道德化"这一概念，而且揭示了"去道德化"的基本涵义及其带来的社会问题。费夫尔认为，"去道德化"既阐明了现代消费理论变奏的转折点，同时也意味着新的思维方式和消费方式的产生。它主要包含两

---

① ［德］马克斯·韦伯：《新教伦理与资本主义精神》，康乐、简惠美译，广西师范大学出版社2007年版，第50页。
② ［美］克里斯托弗·贝里：《奢侈的概念：概念及历史的探究》，江红译，上海人民出版社2005年版，第47页。
③ ［美］麦金太尔：《追寻美德：道德理论研究》，宋继杰译，译林出版社2008年版，第267页。

层意思:"第一,去道德化是指我们生活开始从道德中剥离,与之失去联系的过程;第二,它是指西方文化失去目的论意义的(思维)方式。"[1]而消费的去道德化是指个人的消费选择开始脱离道德评价或道德判断的视阈,跃居为经济活动和社会生活的目的,同时也指人们以功利原则和经济算计对生活方式进行权衡或取舍。它一方面蕴含着思维方式的根本变革,另一方面也意味着人类实践方式和消费方式的重要转变。或者说,去道德化是现代人行为方式和思维方式急剧变革的历史转折点。"消费的去道德化"抽离了消费行为的道德维度,主要表现为用工具理性代替了价值理性、对世俗社会经济目标的追求代替了对神圣目的论和人生意义的恪守。

　　从整体而言,去道德化是18世纪60年代英国消费革命的理论先驱,也是推动资本主义社会工业化大生产的动力源泉。到了19世纪,劳动从私人生活领域中独立出来,进入工业化大生产,从而以经济增长为核心目标的社会实践活动颠覆了古典时期目的论的道德传统,同时也将维持人类生存与发展的消费确立为社会生活的唯一目的。如果我们抽离"私恶即公利"这一论题中的价值判断,那么就不难发现,曼德维尔一方面用"私即公"论述了私人利益与国家福利之间的内在关联,另一方面又以经济标准代替道德标准的方法抹杀了公共生活领域与私人生活领域之间的界限,从而导致了私人生活的公共化或公共生活的私人化。私人生活的公共化意味着,个人的消费生活就是公开展示。它为炫耀消费或攀比消费提供了必要前提,也开启了人与人之间的攀比消费或消费竞赛的可能路径。而公共生活的私人化则意味着,私人空间不断扩大而公共空间不断缩小,进而导致个人不再关心公共事务或政治生活。其结果就是个体对政治事务表现出漠不关心的态度。从这个意义来说,公共空间与私人空间界限的消逝,助长了人与人之间彼此冷漠的道德情感,而且无限放大了个体在公众场合炫耀自己的消费能力或与他人相互攀比的消费欲望。

　　众所周知,在消费革命(即第一次工业革命)之前,欧洲国家经历了一场声势浩大的宗教改革运动。马丁·路德和加尔文宗教改革继承了节俭或禁欲的道德传统,并且以天职精神赋予了生产劳动以合法性和正当

---

[1] Fevre, R. W., *The Demoralization of Western Culture: Social Theory and the Dilemmas of Modern Living*, London: Continuum. 2000, p. 1.

性。在韦伯看来,"基督新教的入世禁欲举其全力抵制财产的自由享乐,勒紧消费,特别是奢侈消费。反之,在心理效果上,将财货的取得从传统主义的伦理屏障中解放出来,不仅使之合法化,而且(在上述意味下)直接视为神的旨意"[1]。这里,韦伯的新教伦理为我们刻画出新教徒克勤克俭的消费生活,并且以天职精神或"神的旨意"赋予了生产劳动及财富攫取以绝对的自由。韦伯认为,"在'天职'的概念里表达出了所有基督教新教教派的中心教义,那就是摒弃天主教将道德诫命区分为'命令'(praecepta)与'劝告'(consilia)的做法,转而认为,经营为神所喜的生活的唯一手段并不是借着修道僧的禁欲来超越俗世的道德,反而是唯有切实履行个人生活岗位所带来的俗世义务,这于是也就是成了个人的'天职'"[2]。"为神所喜"的"义务之路"充分肯定了生产劳动和经营活动的经济价值及现实意义。这种天职精神也表明,自宗教改革运动以来,现代人的价值观发生了重大变革,开始重视世俗生活中的经营、牟利活动及自己的劳动义务。

阿伦特在《人的境况》开篇曾经对劳动与工作作了细微区分。在阿伦特看来,劳动是人类的自然生理活动,其根本目的是消费;工作则是非自然性的"世界性"活动,它专注耐用品的制作,着眼于工具的使用。与此相对应,人便成了动物化的劳动者和技艺者。阿伦特认为,一旦动物化消费欲望成为现实,"其中一个显而易见的危险就是我们的整个经济已经成了一种挥霍的经济,什么东西只要一出现就即刻被消耗、被扔掉"[3]。换句话说,这种欲望消费或奢侈消费由劳动的合法性所预设,它要么以"悲剧"收场,要么以"挥霍型经济"使社会成员成为动物化的消费者。韦伯的新教伦理将生产劳动解释为一种社会实践活动,并且赋予其相应的道德内涵。从这个意义来说,韦伯的新教伦理是一种生产伦理。出于攫取财富或积累财富的经济冲动,生产伦理强调节俭美德。而英国古典政治经

---

[1] [德] 马克斯·韦伯:《新教伦理与资本主义精神》,康乐、简惠美译,广西师范大学出版社2007年版,第173页。

[2] [德] 马克斯·韦伯:《新教伦理与资本主义精神》,康乐、简惠美译,广西师范大学出版社2007年版,第54页。

[3] [德] 汉娜·阿伦特:《人的条件》,竺乾威等译,上海人民出版社1999年版,第114—115页。

济学家斯密则将消费自由化，声称消费是生产劳动的唯一目的。"消费是一切生产的唯一目的"①的经典论断不仅是消费革命到来的响亮口号，而且也是消费主义生活方式的价值基础。这种目的地位的确立意味着，扩大再生产不仅取决于资本积累的程度，而且涉及大众化消费。如此一来，生产劳动的合法性或扩大化与消费紧缩或禁欲生活之间的内在紧张也日益显著。对于斯密而言，无论是奢侈消费，还是节俭消费，都是个人自由选择的结果。

需要指出的是，不论是作为经济活动必要环节的消费，还是维持人类生存和发展需要的消费，发挥正常功能的必要前提就是将消费从节俭伦理的襁褓中解放出来。依照贝里的历史考证，消费的去道德化集中表现为奢侈的去道德化。奢侈的去道德化是由经济学家尼古拉·巴尔本最早提出来的。去道德化的目的在于把奢侈消费解释为价值无涉的经济行为，进而剥离了节俭与奢侈的道德涵义。巴尔本认为，商业贸易的发展有利于人们的生活安康，并且促进了社会经济的发展和国家的繁荣富强。因此，所有人都应该听从这样的劝诫：厉行节俭，反对奢侈浪费。虽然这一观点在18世纪理论界引起了轩然大波，但是，西方古典政治经济学家基本上承袭了这一观点。

斯密在《国富论》中通过社会分工从三个不同侧面论证了资本主义社会人与人之间的经济关系：（1）商人是否具备道德品质？（2）消费者是否可能具备道德品质？（3）商人与消费者之间是否存在道德关系？斯密不厌其烦地对别针的生产流程进行详细论述。从一枚别针的生产过程（抽铁线、削尖头、装圆头等）来看，提供这种商品或服务的商人是经济活动中的重要环节，他们的经营活动的动机不是出于对购买者的"仁慈"或"关爱"，而是精于对自我经济利益得失的算计。这表明，斯密探讨经济活动的基本出发点是自私自利的"经济人"。在斯密看来，无论是商人，还是消费者，都不可能成为"道德人"。因为商人为了牟取更多的利润总是以次充好、短斤少两、坑蒙拐骗；而消费者基于个人利益的考量通常是讨价还价、斤斤计较。商人与消费者之间保持着

---

① ［英］亚当·斯密：《国民财富的性质和原因的研究》下卷，王亚南、郭大力译，商务印书馆2002年版，第227页。

一定的张力,通过市场这只"无形之手"完成交易。换言之,商人与消费者之间毫无道德可言,仅仅是一种赤裸裸的金钱关系或经济交换关系。

在《国富论》中,斯密旗帜鲜明地指出,无论奢侈消费还是节俭消费都不涉及道德判断。斯密甚至认为,就消费本身而言,不论是当下的消费还是节俭下来的未来消费,并无实质的区别。他甚至提醒我们:"读者不要以为,费财于耐久物品,即为善行,费财于款待宾客,全为恶行。"① 即便如此,斯密还是从富国裕民的角度肯定了节俭消费对于促进财富增长的经济意义。斯密指出,"奢侈都是公众的敌人,节俭都是社会的恩人"②。这也就是说,斯密完全否认了曼德维尔的观点,即个人的奢侈生活促进了公共福利。在斯密看来,"资本增加,由于节俭;资本减少,由于奢侈与妄为"③。所以,奢侈在任何情形下既不能促进公共利益的增加,也不能促进国家财富的积累。奢侈消费与节俭消费不同;前者侧重个人的感官享乐或生活体验,而后者注重个人的道德品质,强调勤俭节约并抑制不合理的消费欲望。相比之下,节俭不仅有利于资本的积累和国民财富的增长,而且在扩大再生产过程中发挥着重要作用。需要注意的是,斯密仅仅从重商主义的立场探讨了奢侈或节俭与国民财富增长之间的关系,并没有为奢侈行为或节俭行为提供任何伦理学上的解释。对于斯密而言,消费是经济活动过程的必要环节,其本身无所谓善恶。消费行为之间的细微差别在于:消费者不同,有的节俭,而有的奢侈。一言以蔽之,消费对于任何人来说都是自由的。消费自由或自由消费把消费从传统的道德框架下抽离出来,进而又将节俭消费或奢侈消费解释为纯粹的经济活动及个人的自由选择或主观偏好。

斯密认为,"分工一经完全确立,一个人自己劳动的生产物便只能满足自己欲望的极小部分。他的大部分欲望,须用自己消费不了的剩余劳动

---

① [英]亚当·斯密:《国民财富的性质和原因的研究》上卷,王亚南、郭大力译,商务印书馆2002年版,第322页。
② [英]亚当·斯密:《国民财富的性质和原因的研究》上卷,王亚南、郭大力译,商务印书馆2002年版,第314页。
③ [英]亚当·斯密:《国民财富的性质和原因的研究》上卷,王亚南、郭大力译,商务印书馆2002年版,第311页。

生产物，交换自己所需要的别人劳动生产物的剩余部分来满足。于是，一切人都要依赖交换而生活"[①]。在这段话中，斯密通过社会分工论述了人与人之间的相互依赖关系。在斯密看来，每个人生产出来的劳动产品绝大部分是用来供其他人消费，生产者与消费者之间的经济交换关系突出表现为人与人之间的相互依赖性。而这种依赖性也反映了这样的事实：个体角色的分裂，即一个人是另一个人消费品的生产者，又可能是其他人劳动产品的消费者。由此可见，一个人既是生产者，也是消费者。如果说韦伯的新教伦理将生产劳动合法化，那么，斯密的政治经济学就是从国家财富增长的角度论述自由消费的合理性。美国著名道德哲学家麦金太尔在批判现代性时曾经这样指出，劳动与其他生活形式（如消费、社会关系等）的分离是现代性的主要问题之一。一方面，生产劳动走出私人领域，使原来依靠劳动维系的家庭生活、家庭关系及由家庭所组成的共同体关系纽带趋于断裂；另一方面，劳动与公共领域的社会资本相结合，又使劳动者开始屈服于动物式的贪婪或欲望消费，服从科层管理体系的"铁笼"操控。因此，自由享乐与社会控制所导致的不自由之间的矛盾成为现代性的"悖论"。或者说，它是现代性知识代替传统意义上的智慧、功利主义价值原则代替传统目的论的必然结果。生产与消费之间的断裂并不是说生产与消费毫无关联，而是说二者之间的关系存在错位或失衡。在斯密看来，个人生产（劳动）是消费的源泉，而消费是"生产的唯一目的"。然而，当消费成为社会生产的唯一目的，欲望便成为消费者的支配者或绝对主宰。于是，过度生产与欲望消费或过度消费之间就形成了一种无限的恶性循环：以欲望消费或过度消费拉动过度生产，进而又以过度生产推动过度消费。

通过西方消费伦理思想第二个阶段的历史考察，我们不难看出：消费与伦理相分离的过程实际上包含两个方面的重要内容。第一，将经济算计的理性标准等同于传统目的论意义上的道德标准；第二，通过对消费行为的经济学解释，完全摒弃了经济活动的道德维度，并且将消费视作整个经济活动的唯一目的。

[①] ［英］亚当·斯密：《国民财富的性质和原因的研究》上卷，王亚南、郭大力译，商务印书馆 2002 年版，第 20 页。

第三节 消费的伦理重构:现代社会的消费伦理思想

消费的伦理重构是消费去道德化过程的自然延伸,也是消费者维持自身地位或社会身份进行等级区分的必然选择。需要指出的是,消费与伦理的再次结合,这里的消费已经不是传统意义上满足人类基本生活或生存需要的消费,其伦理标准与传统社会的道德判断也是截然不同的。

一 奢侈消费为"善":"价值颠覆"之后的消费伦理思想

博爱是西方社会启蒙运动的价值理想之一。它最初的理论形态是斯多亚学派顺应自然本性、泛爱大众的"普世"情怀。在经历了中世纪基督教教义"爱上帝"的宗教洗礼之后,它以人道主义的崭新姿态成为启蒙运动的道德理想。与博爱相反的是怨恨。怨恨在德国思想家尼采看来是培育基督教道德的温箱,"基督教的道德,尤其基督教的爱是最精巧的'怨恨之花'"[①]。在尼采怨恨理论的基础上,舍勒的现象学价值哲学进一步指出,怨恨是现代市民伦理的发源地,"是一种有明确的前因后果的心灵的自我毒害。这种自我毒害有一种持久的心态,它是因强抑某种情感波动和情绪激动,使其不得发泄而产生的情态:这种'强抑'的隐忍力通过系统训练而养成。其实,情感波动、情绪激动是正常的,属于人之天性的基本成分。这种自我毒害产生某些持久的情态,形成确定样式的价值错觉和与此错觉相应的价值判断"[②]。舍勒在这里用"价值错觉"揭示出现代市民社会的博爱现象背后潜藏着怨恨心理的道德本质,而怨恨的心理机制又颠覆了传统社会是非、善恶的标准。由舍勒的价值理论,我们不难发现,经过"价值颠覆",过度消费或奢侈消费实际上被赋予善的价值判断,而成为一种普遍化、大众化的道德标准;而节俭消费是遭人唾弃、受人鄙夷的恶习。在"价值颠覆"的文化背景下,消费主义不仅为自身获得了赖以立足的道德根据,而且还从消费心理方面与大众消费欲望达成了共识。

[①] [德] 马克斯·舍勒:《价值的颠覆》,罗悌伦等,生活·读书·新知三联书店 1997 年版,第 4 页。

[②] [德] 马克斯·舍勒:《价值的颠覆》,罗悌伦等,生活·读书·新知三联书店 1997 年版,第 7 页。

依照舍勒对尼采哲学思想的修正，现代市民社会伦理是中世纪之后由于怨恨的心理机制导致了价值颠覆或错位。在笔者看来，价值颠覆之所以可能，还有一个重要的原因就是文艺复兴和宗教改革运动对等级森严的封建制度彻底地否定。马丁·路德和加尔文的宗教改革运动，将中世纪宗教教义的神圣一词作了世俗化的解释。神圣的世俗化在现代社会中的展开，一方面在经济领域与道德领域、生产领域与消费领域掘开了一条无法逾越的鸿沟，另一方面在追逐利润的过程中滑向了劳动异化的泥潭，同时也意味着消费去道德化过程的开始。而消费的去道德化或世俗生活道德防线的崩溃，不仅为消费的伦理重构提供了历史前提，而且，还提出了一个深刻的时代课题，即价值重构的内容是什么？重构的形式如何？因此，与其相信消费与伦理的"合"阶段之后，是一个"合"的颠倒性价值重构，毋宁说在"合"与"合"之间插入了一个去道德化（即：消费与伦理相分离）的环节。

历史学家大卫·塔克（David Tucker）曾经在《美国节俭的衰落》一书的序言中这样写道："当我们从流行用语、文本及相关书籍中（如果不是从字典中）抹杀并消解节俭一词时，美国长期经营的节俭美德的事业在20世纪50年代的物质丰裕中就已经结束了。"[1] 节俭精神的结束意味着与此相关的生活习惯及生活方式也随之消逝。与此同时，善与恶的价值倒置也使得奢侈消费取代了节俭而成为社会生活的主宰。在《蜜蜂的寓言：私人的恶德 公众的利益》中，曼德维尔"私恶即公利"的论断通过混淆善恶标准与实用原则、抹杀公私界限的方法，论述了奢侈消费的经济合理性或道德正当性。随着20世纪工业化、机械化、专业化和标准化的大众消费社会的到来，整齐划一的生活方式使得上层阶级试图通过不同的消费风格和高雅的消费品位，努力与下层阶级划清界限。而下层阶级又紧跟时尚的步伐，极力效仿上层阶级的生活方式。如此一来，两者形成了此消彼长的消费竞赛。这场只有起点没有终点的较量或竞争，不仅搭建了社会各阶层展示自我的生活舞台，而且拉开了各阶级之间或阶级内部各成员之间相互攀比、炫耀消费的序幕。

---

[1] Tucker, D. M., *The Decline of Thrift in America: Our Cultural Shift from Saving to Spending*, New York: Praeger, 1991, preface vii.

如果说消费革命之后的社会生活以功利原则肯定了奢侈消费的合理性，那么，消费主义的生活方式就是以善恶倒置的道德学说确立了奢侈消费的合法性和道德性。这种消费伦理一方面迎合了资产阶级等级划分、标榜身份或社会地位的心理需求，另一方面还以宽容的博大胸襟不断吸纳下层阶级通过消费展示的方式跻身所谓"上流社会"的行列。在古代社会，财富的获得意味着财富的消耗。在现代社会里，消费与生产之间的失衡，将交换活动置于相对稳定的市场平台，从而使商品的交换或消耗转变为财富积累或生产活动的完成。从这一点来看，虽然古往今来的消费在表达个体身份、社会地位等方面的功能有所保留，但消费的破坏性、毁灭性等本质内涵却被现代社会里的经济增长遮蔽了。可以说，承袭下来的消费是扩大化再生产的工具或手段。如果说现代功利主义经济学是以僵死的、教条化的道德理论彰显了部分人性，那么，巴塔耶的道德批判理论就是以无用性、自主性的消费复活人的兽性一面。如果说生产社会是将人及其劳动力视为可交换或买卖的商品，那么，消费社会就是用"消费＝人"的数学公式不但剥夺了一切属人的特性，而且还以物性替代了人性，将人转变为消费的机器或欲望消费者。

毋庸置疑，基于损失原则的消费与崇尚功利原则的生产总是背道而驰的。前者体现为从有到无，将手中的财富消耗殆尽；后者表现为从无到有，憧憬着经济的快速增长。不仅如此，资产阶级甚至乐观地表示，只要不断提高经济增长率，一切社会问题都能迎刃而解。但事实上，这种乐观主义的憧憬并没有如预期的那样，用经济手段轻易地解决社会生活中诸多矛盾或问题。巴塔耶指出："对消费的憎恨是布尔乔亚赖以生存并获得辩护的根据，同时也是他们令人恐怖的伪善原则（principle of its horrifying hypocrisy）。"[①] 众所周知，布尔乔亚阶级的奢侈消费在人类历史上是举世无双的。一方面，积累财富的经济动因、功利主义的道德原则及高雅的生活情趣，使得布尔乔亚阶级的口号始终是厉行节俭；另一方面，他们却以奢侈消费正面展示自己的身份和地位。

总之，巴塔耶的普遍经济学理论颠覆了功利主义的经济原则，同时也确立了奢侈消费的合法性。而奢侈消费在风俗习惯、社交礼仪和道德准则

---

① Botting, F. and Wilson, S., eds., *The Bataille Reader*, Oxford: Blackwell, 1997, p.176.

方面获得辩护,意味着自我克制的新教徒式苦行禁欲或维多利亚式美德文化的消逝。与之相反的是,一种以过度消费和奢侈消费为主要内容的消费伦理开始兴起。现代消费伦理与消费社会相互辉映,以时代的最强音裹挟着节俭和奢侈,推动着消费主义在全球范围内四处传播。在巴塔耶的道德批判理论中,道德原则的彻底颠覆是社会进步和经济增长的必要条件,"经济增长的延伸本身要求颠覆(overturning)经济学原则,甚至颠覆支撑这些原则的伦理学。从限制型经济学(restrictive economy)到一般经济学的转变,实际上完成了哥白尼革命(Copernican transformation),即,思维的倒置和伦理学的倒置"①。巴塔耶惊世骇俗的一般经济学理论虽然引发不少争论,但是,他却洞悉了过度生产背后的重重危机。在他看来,唯有对消费行为进行伦理解禁或道德松绑,才能化解过度生产的经济危机。一言以蔽之,巴塔耶的道德批判理论深刻地揭示出过度生产或过度积累的经济问题,并将20世纪30年代经济大萧条的根源归结为节俭。

如果说在缺少目的或意义的生活世界中,我们迫切需要新的目的引导生活,那么,在缺乏价值判断的道德"真空",我们可能更需要追问生活的意义。在古代社会,每个人的身份是固定的,自我身份主要是根据生活目的或好的生活而内在设定的,而中世纪依据自己能否成为上帝的"选民"或获得上帝"恩宠"的信仰标准。然而,现代社会的消费革命及消费的去道德化祛除了笼罩于生活四周的神圣曙光,将人搁置于价值世界的顶峰。现代人在享受"一览众山小"的自豪、窃喜的同时,不由自主地体会到人生的迷茫和价值的困惑。在消费社会里,这种迷茫和困惑似乎只有通过自身与其他参照物的对比权衡才能加以解决。正是出于解决问题的期待,人们将周围的人或物作为衡量自我价值或人生意义的参照系。这也就是说,将其他人作为参照系是现代人解决自身价值问题或身份困惑的重要方法。参照系的确立,其根本意图在于通过人与人之间的比较或攀比获得自我认同或社会认同,从而得出高低、优劣、善恶等价值判断。也就是说,在现代消费社会里,"每个人都在攀比:雅人和俗人、善人和恶人"②。

---

① Bataille, G., *The Accursed Share*: *An Essay on General Economy*, translated by Hurley, New York: Zone Books, 1988, p. 25.

② [德]马克斯·舍勒:《价值的颠覆》,罗悌伦等,生活·读书·新知三联书店1997年版,第17页。

虽然设立参照系的初衷是为了解决价值困惑，但是它却无形中衍生了更多的价值问题。无论是舍勒的"价值颠覆"，还是巴塔耶的"伦理学倒置"都揭示出这样的事实：现代生活呈现的是一个善恶颠倒、头足倒立的虚幻化的景象。也就是说，现代消费伦理重构的对象是过度消费或奢侈消费，它意味着这种消费生活的伦理实质是否认了传统道德学说中节俭美德的价值地位。也就是说，价值颠覆不仅加深了现代消费生活的世俗化和功利化，而且还将传统目的论伦理学转换为以消费欲望为基础的享乐伦理。在价值颠覆的消费时代，奢侈消费的合理性或正当性不仅歪曲了现实生活中的价值判断，使得人们积极主动地选择过度消费的生活方式，而且也在时尚的洗礼下将这种方式转变成"欲罢不能"的不得已之举。正如波德里亚在论证时尚的"不可颠覆性"时指出："时尚是不道德的，这就是问题所在，各种权力（或者那些梦想权力的人）都必然会仇恨时尚。曾经有一段时期，从马基雅维利到司汤达，不道德获得认可，例如，曼德维尔这样的人在18世纪还能证明，一个社会只有通过自己的罪恶才能产生革命，正是社会的不道德使社会具有了活力。现在，时装仍然近似这种不道德：它对价值系统和判断标准一无所知：善或恶、美与丑，理性与非理性，它在此处或彼处起作用，因此它所起的作用就是颠覆一切秩序，包括革命合理性。"[①] 时尚消费是一种不计成本且标新立异的生活方式，也是一种悖谬性的存在。一方面，它是稍瞬即逝的感官享乐，以善恶倒置的方式颠覆了人们的价值判断。另一方面，又以颠覆性的"道德话语"声称，这种消费生活（即不道德的）是"道德"的。

二　炫耀消费的礼仪规训：财富证明的必要手段

毫无疑问，资本主义经济的快速发展与物质财富的大量积累是消费主义文化得以产生的重要条件。然而，仅凭着这些经济条件并不足以解释消费主义这一文化现象。在人类发展史上，某些阶级特别是那些特权阶级，无论是在拥有财富的数量方面，还是生活享乐的奢侈程度方面，远远超过了维持基本生活的需要。但他们在根本上讲并不是消费主义者，也没有形

---

① [法] 让·波德里亚：《象征交换与死亡》，车槿山译，译林出版社2006年版，第145页。

成消费主义的生活方式。

奢侈消费无论是在古典时期的道德哲学中，还是在中世纪的神学教义里，无一例外地被视为羸弱、阴柔的表现，进而被赋予恶的价值判断。由此不难发现，这里至关重要的问题就在于：为什么奢侈消费这种恶行成为现代社会正当且合理的"善行"呢？曼德维尔"私恶即公利"的论断将个人的奢侈消费行为解释为社会发展和经济进步的"必要的恶"。舍勒的价值伦理学与巴塔耶的道德批判理论就是通过现象学的方法澄清了现代社会善恶倒置的价值现象，即将传统的善颠倒为恶，或奢侈消费被界定为善。如果说善恶倒置确立了奢侈消费或过度消费的合法地位，那么，礼仪驯化就是从实践层面强化了消费主义的生活方式。美国制度学派的经济学家凡勃伦认为，区分有闲阶级与仆役阶级的标准就是根据他们从事的实践活动是生产性还是非生产性来判断。生产业务与非生产业务就是我们通常所言的生产与消费。在资本主义社会里，生产的合法性与消费的紧缩性之间的巨大张力，势必导致生产与消费之间的比例失衡。而生产与消费之间的比例失衡也使得过度生产或财富积累不断受到消费滞后或消费不足的制约。

对于凡勃伦而言，有闲阶级制度的产生主要取决于这样两点："（1）部落必须具有以掠夺为目的的生活习惯，必须有战争或大规模狩猎活动，或者两者都具备……（2）生活资料的获得必须相当从容，从而有条件使部落成员中很大部分的人可以脱离经常的辛勤劳动。"[①] 从这两个条件来看，有闲阶级的主要特征就是以掠夺或剥削为手段的明显有闲及脱离生产实践的明显消费。"有闲"主要是指时间和精力的消耗，明显消费是指物质财富方面的消耗。与有闲阶级相对立的是仆役阶级。仆役阶级也称"代理的有闲阶级"，他们在现实生活中履行代理有闲和代理消费的职能。

围绕着有闲阶级制度，凡勃伦详细地探讨了有闲阶级明显消费的心理动因及这种消费生活的精神特质。在凡勃伦看来，明显消费又称炫耀消费。现代社会里炫耀消费的普遍盛行，主要有两个原因。第一，荣誉感的驱使。所谓荣誉通常是指个人的成就、地位、财富在获得他人或公众肯定

---

① ［美］凡勃伦：《有闲阶级论：关于制度的经济研究》，蔡受百译，商务印书馆2007年版，第8页。

或赞赏时的一种愉悦的心理体验。在不同历史时期、不同社会文化的背景下，人们对荣誉的解释也不相同。原始社会的"尚武"精神决定了荣誉常常赋予部落或群体中勇敢而德高望重的首领或英雄。在英国工业革命之后，"金钱"的价值标准意味着，在社会生活中能否博得荣誉或保持这种尊严主要取决于个人在时间上的"有闲"和在财富方面的明显消费。如果近代社会主要表现为"金钱竞赛"，那么，现代社会则主要表现为财富或资源方面的"消费竞赛"。由于享用精美的食物、使用精致的器皿、精通礼仪是展示个人荣誉和证明个人获得财富能力的主要手段，因而消费便成为衡量个人生活水平的重要准则。于是，为了获得荣誉，炫耀消费和奢侈浪费成为有闲阶级必然的行为选择。

第二，消费礼仪的驯化。在有闲阶级制度下，推动荣誉，并与之相契合的是社交礼仪。如果说荣誉是指个人通过明显有闲和炫耀消费博得他人赞许或钦羡，那么，礼仪主要是指规训或强化奢侈消费。换言之，礼仪涉及有闲阶级对合理且"正当"的消费方式的礼仪训练与智力锻炼。在凡勃伦看来，通过消费的方式获得财富的证明，"与其说是有意在外表的消费上争雄斗富，倒不如说是出于一种愿望——想在所消费的财物的数量与等级方面达到习惯的礼仪标准"[①]。接受并努力符合这种消费礼仪对于有闲阶级而言是乐意为之且必须做的。因为礼仪消费不仅是个人财富或获得财富能力的重要证明手段，而且也是使自己免受他人歧视或指责的主要途径。正如凡勃伦指出，"消费的动机不外是一种愿望，他所希望的是与已有的习俗相一致，避免受人白眼或引起指摘，在所消费的物品的品种、数量与等级方面，在时间与精力的使用方面，要能与公认的礼仪准则相适应"[②]。

如上所述，荣誉感是有闲阶级明显消费的心理动因，而礼仪驯化为有闲阶级的消费生活提供了具体的行为准则或道德规范。博取荣誉与礼仪驯化的成功，其关键在于消费的证明功能。消费之所以成为证明的手段，主要是因为生产劳动意味着被动地为他人提供产品或服务，是受他人的剥削

---

① ［美］凡勃伦：《有闲阶级论：关于制度的经济研究》，蔡受百译，商务印书馆2007年版，第80页。

② ［美］凡勃伦：《有闲阶级论：关于制度的经济研究》，蔡受百译，商务印书馆2007年版，第90页。

或奴役的,因此,生产劳动不仅使劳动者深感疲惫,而且也从心理上得不到他人应有的尊重。由此产生了这样一个问题:有闲阶级在拥有一定财物或权力之后,如何为自己的经济成就和社会地位提供一个可见性的证明?换句话说,有闲阶级如何证明自己的身份或地位呢?如何证明自己有钱、有闲呢?于是,通过消费的方式证明自己的身份或财富显得格外重要,因为它既使有闲阶级博得"尊荣",又使有闲阶级获得心理上的满足。生产劳动不具备消费的这种功能,它证明的是劳动者在生活资料和生产资料方面的匮乏及生活的贫困。有闲阶级向往轻松愉悦的消费生活,并且将生产劳动视为恶德。由于消费不论是从荣誉准则还是从礼仪准则来看,都可以赢得他人的尊敬。因此,炫耀消费不仅符合有闲阶级内在的心理需要,而且也是有闲阶级证明自己财富、社会地位及生活品位的重要方式。关于消费的证明功能,波德里亚也曾表达了相同的观点。在波德里亚看来,消费社会主要通过消费仪式来证明社会物质财富的丰裕或富饶,"库存是缺乏的多余,也是焦虑的标志。商品只有在破坏中才显得过多,而且在消失中才证明财富。不言而喻,无论是以强烈的象征形式(赠送礼物的宗教节日、个人或集体的外在破坏行为),还是以系统的、惯例的破坏形式,破坏都注定要成为后工业社会决定性的功能之一"①。

总之,当资本主义国家从自由竞争阶段发展到垄断阶段时,人与人之间的消费竞赛也就代替了金钱竞赛。无论是有闲阶级的荣誉消费与礼仪消费,还是仆役阶级的代理有闲与代理消费,它们都突出表现为财物的浪费或挥霍。从有闲阶级对时间和金钱的消耗及对浪费的纵容中,凡勃伦也清醒地意识到:荣誉准则与道德准则是相互矛盾的。前者强调为了获得荣誉而追求财富和消耗财富,后者注重以道德手段促进个人私有财产的保护,捍卫个人的自由和权利。在二者交互运动过程中,荣誉准则由于获得道德的"宽容"而获胜。换言之,个人的消费行为只要符合荣誉或礼仪准则,哪怕是以剥削或欺诈的手段获得财富或以消费的方式证明自己获得财富的能力,这种奢侈消费也可以免受伦理学意义上的谴责。如此一来,有闲阶级的荣誉准则和礼仪准则,不仅使传统意义上的消费伦理和韦伯所说的工

---

① [法]波德里亚:《消费社会》,刘成富、全志钢译,南京大学出版社2000年版,第30页。

作伦理黯然失色，而且还通过礼仪驯化确立并巩固了炫耀消费的合法地位。当炫耀消费摆脱道德的束缚成为"金钱文化"或现代消费文化的重要组成部分，人们的消费方式也随即发生了巨大的转变。"人们对物品所注意的是它所具有的浪费性标志，对一切物品所要求的是它们能够提供间接的或歧视性的某种效用，这样的习惯足以使计量物品效用的标准发生变化。"① 也就是说，炫耀消费要求商品能够提供使用价值方面之外的其他功能，例如给消费者带来荣耀，与他人进行地位、等级或身份比较等。在商品功能化的推动下，"好货不便宜""便宜无好货"等口头禅逐渐成为现代人的消费生活指南。正如弗兰克曾经这样指出，炫耀消费就是一种"奢侈病"（luxury fever）。而对于弗兰克来说，治疗这种疾病的主要方法就是"非炫耀消费"（inconspicuous consumption）②。所谓非炫耀消费是指与亲朋好友一起团聚，享受闲暇时光，选择令人愉悦的工作。

有闲阶级除了自己的炫耀消费之外，还通过劳役阶级的代理消费、大型宴请和礼物馈赠的形式让受款待者和礼物接受者不自觉地"见证"了其获得财富的能力及精通礼仪的程度。总之，炫耀消费通过荣誉准则和礼仪标准取代了道德准则，以"道德性"掩盖了其不道德性的实质。"在明显消费的整个演变过程中，不论从财物、劳务或人类生活方面来看，其间一个显著存在的含义是：为了有效地增进消费者的荣誉，就必须从事于奢侈的、非必要的事物的消费。要博取好名声，就不能免于浪费。"③ 由于不同阶级之间的"信息"传递，下层阶级对上层阶级的生活方式的积极模仿，明显消费即使不道德，但只要符合有闲阶级制度中的荣誉准则和礼仪准则，那么，它也是"道德的"。由此也不难发现，炫耀消费是有闲阶级获取荣誉的有用工具，也是社交礼仪的最佳途径。金钱文化塑造了人的金钱品质。这种"金钱品质"在凡勃伦看来是现有社会制度下有闲阶级的特有精神气质。在有闲阶级制度下，不仅上层阶级沾染了"金钱品

---

① ［美］凡勃伦：《有闲阶级论：关于制度的经济研究》，蔡受百译，商务印书馆2007年版，第122页。

② Frank, R H., *Luxury Fever: Why Money Fails to Satisfy in an Era of Excess*, New York: Free Press, 1999, p.90.

③ ［美］凡勃伦：《有闲阶级论：关于制度的经济研究》，蔡受百译，商务印书馆2007年版，第76页。

质",而且也使得下层阶级在模仿及自觉或不自觉在接受礼仪训练的过程中被其同化。于是,在荣誉与礼仪的驱使下,日常生活中的欺行霸市、精明狡诈、坑蒙拐骗等现象也屡见不鲜。

　　凡勃伦对资本主义文化及有闲阶级明显消费的批判是深刻的。有闲阶级的消费伦理思想一方面歪曲了生产劳动的道德意蕴,另一方面还以颠倒的形式不断设定新的消费标准,把社会各阶层(从上至下,一个人参照另一人,一个群体参照另一个群体)拉进了一个只有起点、没有终点的"金钱竞争"的赛场。这种炫耀消费的主要问题在于它预设了两个前提:(1)消费是证明财富的手段,而获取财富本身是生活的目的;(2)目的本身的善足以证明所有手段(诸如炫耀式消费、攀比消费等)的正当性。因此,凡勃伦赞成"复归"的路线,主张"通过平均主义的方式回到黄金时代"①。但这种"平均主义的方式"又是不切实际的。这是因为有闲阶级不会放弃对社会财富的攫取,更不会从当前的享乐生活退回到过去的简朴生活。正如凡勃伦曾这样指出:"要从一个'高的'生活水准退下来,其困难正不亚于从一个已经较低的水准再降低一步;虽然在前一种情况下所涉及的是精神上的困难,而后者可能要牵涉到物质享受方面的实际消减。在明显消费方面后退是困难的,而要作新的进展却比较容易,实际上后者的出现几乎是自然而然的。"②

　　事实表明,有闲阶级希望自己在消费的数量、消费品的档次及消费形式等方面符合社会礼仪,一方面免受他人或社会的鄙夷或指责,另一方面试图通过奢侈消费赢得其他人羡慕的眼神或社会赋予的荣誉。由金钱礼仪驯化而来的炫耀消费是证明个人的财富、身份或地位的重要手段。而炫耀消费的前提就是大量物质财富的积累。如果说炫耀消费在礼仪规训或道德方面还取决于个人的经济收入或可供支配的财富,那么,在现代信贷消费制度诞生之后,这个物质前提也似乎可以忽略不计。随之而来的是先消费后付款的新消费伦理。波德里亚认为,"消费先行于累积之前,不断地向前逃逸(fuite en avant),强迫的投资、加速的消费、周期性通货膨胀

---

　　① [美]劳德:《凡勃伦、桑巴特与经济史的分期》,水刃译,《国外社会科学》1992年第3期。
　　② [美]凡勃伦:《有闲阶级论:关于制度的经济研究》,蔡受百译,商务印书馆2007年版,第80—81页。

(节约变得荒谬):整个体系亦由此而来,人们先购买,再用工作来偿还"[1]。也就是说,现代信贷制度为资本主义社会的经济运行预设了这样的前提:炫耀消费是社会经济发展的必要条件,否则就会造成工人失业。这一前提还包含了另一层意思:炫耀消费的目的是为了给社会提供更多的就业机会,而就业或生产劳动又是为了获得财富或积累更多的财富,并且也希望通过消费证明自己获得财富的能力。由此不难发现,(过度)生产与(过度)消费之间的无限循环是资本主义经济运行的内在要求。

综上所述,西方消费伦理思想主要经过了三个阶段的历史发展过程:从第一阶段古典时期的适度消费伦理思想和中世纪的节制消费伦理思想,再到第二阶段消费的去道德化,最后是第三阶段消费的伦理重构。[2] 纵观整个历史变迁的过程,西方消费伦理思想的现代变革意味着,攀比消费、炫耀消费或过度消费成为一种合理且正当的生活方式。这是现代消费伦理之伪,也是消费主义生活方式之惑。也正因为消费的去道德化及伦理重构,西方消费主义文化才得以所向披靡地向世界各地渗透。可以这样说,奢侈消费的礼仪驯化是消费主义冲破世界各国层层文化壁垒、深入人心的重要原因。近代以降,以英国为首的西方发达国家的消费革命使得消费与伦理从统一走向了分离。在这一过程中,"奢侈的去道德化"成为消费与伦理分离的理论先导和历史前提。它不仅用曼德威尔"私恶即公利"的道德论断把奢侈理解为资本主义经济发展的"必要恶",而且在消费行为的评价标准方面用经济效用取代了伦理准则。消费社会的确立既顺应了这个历史发展趋势,又用新的价值体系推进了这一进程。确切地说,这个新的价值体系也就是消费主义价值观。

消费的去道德化及其伦理重构为炫耀消费或奢侈消费的合理性或"正当性"提供了理论依据,也开辟了现代消费文化变革的新路径。随之而来的是,消费主义成为一种全球化的生活方式。它在解决人类由于物资短缺所面临的生存危机的同时,还推动了现代风险和危机的自我繁衍和向外"拓植"的进程。消费主义蔚然成风,虽然与传统的节俭消费或适度消费格格不入,但是它却在价值颠覆和炫耀消费礼仪驯化的文化背景下获

---

[1] [法]让·布希亚:《物体系》,林志明译,上海人民出版社2001年版,第183页。
[2] 参见董玲《消费伦理与现代消费主义文化精神》,《北方论丛》2012年第2期。

得了合法身份。正如波德里亚在揭示消费品自我繁衍的路径时指出,物之所以能够一往无前地开辟出新的消费领地,其关键在于"物品身上患着癌症:非结构性配件的大量繁衍,虽然促成了物品的扬扬必胜的状态,却是一种癌症。然而,也就是在这些非结构性的元素上(自动化主义、配件、非基本需要的分化),组成了流行和引导性消费的社会通路"[①]。由此可见,在消费社会里,只有符合消费主义的生活方式才是善,反之则不然。从这个意义来说,消费主义不是空中楼阁,它不仅拥有着强有力的经济基础,而且还有来自文化领域的理论支撑。它从学理上解释了这种消费方式的合理性或"正当性"。

从整体而言,现代西方消费伦理学的产生是对消费社会伦理问题的自觉回应。现代消费伦理问题的提出体现了现代消费生活的几次转变。[②] 一是从消费到消费主义的转变。这意味着,消费不仅是拉动经济增长的基础性要素,而且已经成为人类美好生活的根本目的。在经济全球化和政治多极化的背景下,消费主义作为人类社会历史演进过程中的必然现象,一方面反映了当代消费者的基本权利或价值诉求,另一方面也带来了全球性的风险或灾难。二是从消费革命(consumer revolution)到消费者运动(consumer movement)的过渡或转型。现代社会的消费革命导致了消费主义文化的全球化,与此同时消费者又以社会运动的形式发展出形式多样的消费主义,如享乐主义的消费主义(hedonism consumerism)、合作化的消费主义、绿色消费主义(green consumerism)、伦理消费主义(ethical consumerism)、政治消费主义(political consumerism)等。三是消费伦理的内涵发生了根本性的变化。奢侈或浪费成为现代消费伦理的主流价值观,它以颠倒性的价值体系指引并制约着人们的消费选择。消费主义生活方式"是一种全新的价值体系,为大众消费及连带的各种消费模式提供了合理化的文化内涵和伦理依据。在消费伦理的框架下,原本是个单纯经济现象的消费,成为人们消除物质匮乏和化解精神压力的有效途径"[③]。

---

① [法]让·布希亚:《物体系》,林志明译,上海人民出版社 2001 年版,第 144 页。
② 参见董玲《西方消费伦理研究评述》,《东南大学学报》(哲学社会科学版) 2015 年第 3 期。
③ 张晓立:《美国文化变迁探索:从清教文化到消费文化的历史演变》,光明日报出版社 2010 年版,第 75 页。

第二章　西方消费伦理思想的历史嬗变：消费方式的变革及其辩护　/　131

在现代社会，节俭消费不仅被部分经济学家视为发展经济的绊脚石，而且被消费者视作荒谬可笑、遭人鄙夷或嘲笑的生活方式，甚至还被描绘成过时的、难以接受的"不道德"行为。可以说，现代消费主义文化以强大的理论渗透力向当代伦理学提出了严峻的挑战。自我国改革开放以来，特别是1997年亚洲金融危机之后，发展经济的社会目标不仅提出了以消费拉动内需的经济政策，而且还通过消费革命的形式促使了消费社会在中国诞生。中国消费社会的诞生使得人们的消费生活发生了巨大的变化。从20世纪80年代末"楼上楼下、电灯电话"的生活理想，到21世纪高楼林立、人手一机的社会现实，人们的物质生活质量得到极大的提高。2017年10月，党的十九大报告明确提出，"人民日益增长的美好生活需要和不平衡不充分的发展之间的矛盾"[①] 是新时代中国特色社会主义现代化建设迫切需要解决的主要矛盾。这个新的社会主要矛盾的提出意味着，今后一段时期，我国现代化建设不仅要满足人民不断增长的物质文化需要，而且还要满足人民日益增长的精神文化需要。过去，人们的物质生活十分贫困，一年到头才能吃上"年猪"，但过年的幸福感却是溢于言表。现在，人民的物质生活越来越富足，也不必为家人的缺衣少食而发愁，顿顿吃肉如同天天在过年。但是，"过年"的幸福感却消失了。不仅如此，现代人还容易被食品安全、假冒伪劣商品、过度医疗、无孔不入的商业广告等问题弄得六神无主、焦虑不安。也就是说，现代社会的富裕生活并没有提高人们的幸福感和获得感，反而加剧了整个社会的普遍焦虑。例如，农村消费市场中的"天价彩礼"、丧葬宴请"脱衣舞"表演等另类消费行为虽然遭人反感，但它对部分人群产生了深刻的影响。以致发展到最后，习惯成自然，这些另类消费行为演变成一种"应该如此"的价值标准。如果哪家没有这样消费，那么，这家人要么被其他村民瞧不起，要么被认为不孝顺。更糟糕的是，在消费主义的影响下，个人的消费能力成为衡量这个人成功与否的重要道德标准。在农村，盖得起新房、买得起豪车不仅受到其他人的钦佩或仰慕，而且还受人尊重。但事实上，人们从来没有去反思支撑这种消费生活的经济来源或这种获得财富的手段是否正

[①] 习近平：《决胜全面建成小康社会　夺取新时代中国特色社会主义伟大胜利——在中国共产党第十九次全国代表大会上的报告》，人民出版社2017年版，第19页。

当，甚至明知是违法行为（如电信诈骗、"乞讨村"等）还极力效仿。可以这样说，消费到了现代社会从发展经济的基本手段演变成每个人的价值目标，使得行为本身游离于其他的道德标准和法律规范之外，最终导致现代生活丧失了伦理本质。这也进一步表明，现代消费社会呈现的是一个不断异化的、头足倒立的、非现实的图景。消费主义征服了现代人的消费欲望，使人丧失了自主性和自我判断能力，进而陷入消费的风险之中。这种风险不仅指消费行为本身带来的社会风险和生态风险，而且也指消费伦理以生活享乐为最高旨趣，颠覆了传统社会节俭消费的价值观。而消费主义生活方式全球蔓延的事实也提醒我们，当前消费伦理学的学术使命不是以道德规范简单地迎合现行的消费生活，而是努力澄清现代消费生活的伦理本质，让消费回归生活的本位，使有意义的生活成为可能。

第三章 消费社会的"道德神话"与道德风险

从西方消费伦理思想的历史嬗变过程中不难发现,由于消费的去道德化及其伦理价值重构,消费主义不仅成为一种全球化的文化模式,而且也成为现代人普遍认可或广为接受的生活方式。

随着我国社会主义市场经济体制改革的不断深入,以生产为主导的经济模式向以消费为主导的经济模式过渡或转型为中国消费革命的到来铺平了道路。经过近二十多年的消费革命,国内消费者的生活水平得到大幅度的提高。虽然现代消费生活变得越来越便捷和高效,但在消费起支配作用的社会结构中,人们逐渐处于"物的包围"之中,进而蜕变成动物式的消费者或"单向度的人"。可以这样说,消费至上性地位的确立已经使消费成为现代社会亟须解决的重要问题。正如秦锐在讨论节假日生产与消费的社会变迁时曾这样指出,"消费,将是我们探讨、理解当前的社会及其这个社会中人的境遇的关键所在,这不仅具有现实意义,同样也具有哲学上的启迪意义"[①]。

第一节 消费社会的界定及其主要特征

自党的十一届三中全会以来,特别是20世纪90年代的我国消费革命以来,中国人的消费观念和消费方式发生了翻天覆地的变化。从传统社会"新三年、旧三年、缝缝补补再三年"的勤劳节俭到现代社会与日俱增的奢侈浪费和日新月异的时尚消费,消费俨然成为解读现代社会生活的重要

---

① 秦锐:《国家节假日话语的变迁:从生产到消费》,载王宁编《消费社会学的探索——中、法、美学者的实证研究》,人民出版社2010年版,第58页。

线索。因为消费的客观对象、消费数量的多少及如何消费等问题，不仅关系到人民生活质量的高低，而且也关系到社会经济发展的快慢。更重要的是，从消费文化的角度看，消费作为现代社会的核心概念，一方面使消费主义成为一种全球化的文化模式和社会运动形式，另一方面也使"为了消费而消费"的价值观代替了"为了追寻生活的意义而消费"的价值观，最终使得消费从维持人类生存和发展的经济手段演变成消费者孜孜以求的生活目的。

在我国计划经济时期，国家以行政命令和计划指标的形式不断激励广大人民群众积极劳动、抑制消费，大力弘扬集体利益高于个人利益，将集体利益神圣化，从而使得个人坚持一种集体主义价值观。国家通过向个人宣传这种集体主义的意识形态，"一方面，它使得个人把私利的赤裸裸追求与'耻感'相关联。另一方面，它使得个人能从为国家目标而奉献和牺牲中产生'崇高感'。从这个角度看，享乐性消费在道德意义上被判定为丑（如：'贪图享乐'），而在劳动上的无私奉献则在道德意义上显出美感（如：'劳动光荣''劳动者最高尚'）"[①]。可以说，在这段时期，我国消费者基本上继承了中华民族勤劳节俭的美德传统。这里，节俭与勤劳是密切相关的。如果说勤劳从生产的角度肯定劳动的现实意义和道德价值，那么节俭就是从财富积累的角度给浪费赋予了否定的价值判断。于是，劳动光荣与浪费可耻相结合成为我国计划经济时期广大人民群众的主要生活理念。在社会主义市场经济体制确立之后，国家充分发挥了市场在资源配置中的导向作用。随着整个社会生产能力的提高、消费品的不断丰富及商品交换的日益频繁，鼓励消费的经济政策逐渐替代了抑制消费的经济制度。鼓励消费的经济政策以拉动内需、促进经济增长为主要目标，它激励着现代人追求自己的物质利益和生活享乐，不断提高自身的消费生活水平。

如果说计划经济时期国家激励劳动和抑制消费的制度设计表现了国家利益的神圣化，那么，市场经济时期国家鼓励消费的制度设计则表现了个人利益的世俗化（secularization）。也就是说，我国经济体制从计划经济

[①] 王宁：《从苦行者社会到消费者社会：中国城市消费制度、劳动激励与主体结构转型》，社会科学文献出版社 2009 年版，第 19 页。

向市场经济的过渡或转型体现了现代生活世俗化的过程。世俗化在政治哲学家查尔斯·泰勒那里被解释为由世界祛魅所带来的一种社会想象。在《世俗时代》(*A Secular Age*) 一书中，泰勒把世俗性（secularity）的内容概括为这样三个方面：1. 宗教在公共生活中的退隐；2. 信仰下滑和实践减少；3. 信仰条件的变化。① 泰勒认为，这种现代性的社会想象不同于中世纪的迷魅化世界：前者取决于一种源于自我内部的、"不假外求的人本主义"（exclusive humanism）力量，后者取决于源自外部的宗教信仰的力量。现代社会的世俗化过程肯定了世俗生活的现实意义，同时也肯定人在世俗生活中的社会价值或地位，更激励现代人努力追求物质欲望的满足。

在现代社会转型时期，世俗化意味着人们从神圣化的社会秩序中脱离出来，依靠自身的能力去追求某种个性化的替代物，并以此为价值基础构建自己的私人生活空间。简言之，世俗化体现了人们不断追求个人利益最大化的过程。但在消费社会里，如果说每个人为了提高自身的消费生活水平都不断增加消费的数量及不断追求"新、奇、异"的消费品，那么，这无疑会给人们带来过度消费的风险，并最终导致整个社会的公共空间遭到损害。

一 消费社会的界定

那么，何谓消费社会呢？根据消费市场繁荣与否的标准，日本学者三浦展曾经给消费社会提供了一个比较宽泛的解释。在三浦展看来，无论古罗马的奢华社会，还是马可·波罗笔下"天城"杭州的富庶社会，都是消费社会，而现在我们正处于消费社会的第四个阶段。与这种宽泛的定义不同，研究者通常把消费社会理解为与生产社会相对而言的社会形态。消费社会（Consumer society）也译为消费者社会，它并不是指所有消费者的简单叠加，而是由所有消费者组成的有机集合体。正如法国社会学家埃米尔·涂尔干曾这样指出，"消费者社会是一个整体，它'大于部分之总和'。这样的一个社会主要，甚至可能只是将其成员视为消费者，对其进行'质询'（'质询'是曾经在阿尔都塞的影响下变得很流行的一个古老

---

① 参见 Taylor, C., *A Secular Age*, Cambridge, Mass.: Belknap Press of Harvard University Press, 2007。

的概念）；主要通过其成员与消费相关的能力与行为，来判断与评估其成员"[1]。按照学界的普遍共识，消费社会就是以消费为核心范畴的社会形态，它是生产社会的继承与发展。而生产社会强调生产劳动和财富的积累，并使个人的消费选择服从于社会经济增长的目的。日本思想家堤清二曾经根据产业社会或生产社会的定义进一步区分了生产消费和生活消费。堤清二指出，产业社会就是通过生产劳动的方式"构想"消费模式的社会形态。这种社会形态使得"生产与消费的关系发生了一百八十度的转变。从那时候起，产生了区别有用消费与浪费的思想，有用消费不知不觉地被认为是对资本有用的消费，而作为人类生活过程的消费则不得不隐蔽起来"[2]。这意味着，消费行为的有用与否主要取决于是否促进资本的价值增值。生活消费是以商品价值的消耗或损毁为特征，因此，它是一种无用消费，自然被生产消费所忽略或甚至被掩盖。随着产业社会向消费社会的过渡或转型，这种"有用消费"开始以符号化的形式把消费解释为个人的自我认同和实现自我价值的主要途径。就此而言，消费社会可以理解为通过消费的形式实现自我与外在物质世界相互联系和相互沟通的重要方式。但消费原本是人类为了维持自身生存与发展的基本手段，一旦被夸大或无限放大为现实生活的根本目的或人生意义，那么，它无疑抹杀了手段与目的的区别及现实与虚幻的界限，同时还潜藏着巨大的风险或危机。在充斥着风险或危机的消费社会里，消费者为了规避风险而不得不为这种不确定性的生活进行"投保"。齐格蒙特·鲍曼从消费与浪费的相关性角度曾这样指出，消费生活的流动性使得"更多的参与者需要潜在消费的物品来两面下注，为他们的行为遭遇不测风云投保（按社会学说法，叫作'非预期后果'）。但是，过度加重了它被指望能根除或者至少减轻或减少的选择的不确定性"[3]。显然，这里消费者的投保行为主要是由于现代生活的不确定性。但事实上，这些行为不但没有缓解不确定性的消费生活，

---

[1] [英]齐格蒙特·鲍曼：《流动的生活》，徐朝友译，江苏人民出版社2012年版，第88—89页。

[2] [日]堤清二：《消费社会批判》，朱绍文译，经济科学出版社1998年版，第150—151页。

[3] [英]齐格蒙特·鲍曼：《流动的生活》，徐朝友译，江苏人民出版社2012年版，第90页。

反而加剧了消费领域中不确定性的风险或危机。

从整体而言，消费社会取代生产社会是人类社会历史演变的必然结果。正如奥柏林大学的戴维·鲍尔指出，现代消费社会的诞生绝非偶然，"是四种力量共同作用的结果"[①]。在鲍尔看来，这种内在的必然性主要源于这样四个条件：一是，自然资源的公共性和开放性，给当前的消费生活提供了重要的物质前提；二是，现代科学技术的迅猛发展，为消费提供了必要的技术保障；三是，北美洲丰富的物产，给消费提供了自然条件；四是，资本主义社会大众生产的经济模式提出了大众消费的客观需要。从现代消费方式与消费文化的相互关系看，只有探讨消费行为背后的社会文化根源，我们才能深入理解消费的本质。在《文化模式》中，美国思想家露丝·本尼迪克特从文化整合的角度把文化与行为方式联系起来，认为文化与每个人的思维方式和行为方式具有内在的一致性。"每一文化之内，总有一些特别的，没有必要为其他类型的社会分享目的。在对这些目的的服从过程中，每一民族越来越深入地强化着它的经验，并且与这些内驱力的紧迫性相适应，行为的异质项就会采取越来越一致的形式。当那些最不协调的行为被完全整合的文化接受后，它们常常通过最不可能的变化而使它们自己代表了该文化的具体目标。"[②] 在本尼迪克特看来，由于每个人的行为选择是多种多样的，文化就是根据某个民族或社会特有的价值取向和传统习俗，通过协调这些行为的差异和矛盾，并整合成一种特定的文化模式。也就是说，要理解行为模式，首先需要我们厘清这些行为背后的主观情感和文化动因。如果说消费主义的文化本质就是不断激起现代人的消费欲望，使其好逸恶劳并贪婪地追求个人的感官享乐，那么，消费社会的实质就在于通过特定的市场机制来驯化、操控现代人的消费习惯、品位及生活方式，试图以此来实现经济利益最大化的社会目标。张晓立在探讨美国文化的历史变迁时曾经用清教文化理解生产社会，用消费文化来解释消费社会。张晓立认为，这两种文化的主要区别就在于，"清教文化和消费文化属于两个对立和冲突的文化价值体系，代表着完全不同的价值取向和

---

① ［美］奥尔：《生态学中的给予与消费》，载［美］麦吉本等著，朱琳译编《消费的欲望》，中国社会科学出版社2007年版，第191页。

② ［美］露丝·本尼迪克特：《文化模式》，张燕、傅铿译，浙江人民出版社1987年版，第36页。

行为指导观念。前者重视勤奋工作,提倡自我克制世俗欲望,鼓励储蓄,抑制消费,反对铺张浮华的生活方式;而后者鼓励大量花费、超前消费,提倡现实和现世的感官刺激、快乐和物质享受以达到个人的自我实现和世俗欲望的满足"[①]。现代消费文化,确切地说是消费主义文化的全球盛行,一方面凸显了消费在促进经济增长方面的基础性作用,另一方面使消费演变成行为主体的生活目的。消费作为生活目的本身,虽然在一定程度上给消费者带来精神愉悦和物质享受,但无法否认的是,消费主义的制度化、意识形态化及其神圣化在夸大消费行为的经济效用的同时,也导致了生物多样性的减少和自然资源的枯竭,从而把人类带入自我毁灭的困境。消费社会借助产品的技术创新和广告传媒的营销手段,以最大限度地满足现代人的消费需求为终极目标。从这个意义来说,消费社会是一个不断制造消费欲望的社会形态:一方面它通过市场营销手段使现代人处于永不满足的消费状态;另一方面以标新立异的商品在满足现代人消费欲望的同时还不断制造新的消费需求。

从消费社会的基本价值原则来看,这种以消费至上性为圭臬的社会形态颠覆了生产社会勤劳节俭的道德传统。它开启了一个大众化及个性化的消费时代。王宁用"抑制消费""适当消费""鼓励消费"三个阶段概述了我国消费文化的历史变迁过程,并从国家制度层面揭示了中国消费社会诞生的原因。王宁指出,"国家从抑制消费(改革开放以前)到提倡适当消费(20世纪80年代至90年代末)再到采取政策来鼓励消费(20世纪90年代末期以后),不但意味着消费的合法性得到恢复,而且意味着随着经济的发展,消费在经济体系中的地位和作用不断提升。消费从合法性逻辑,逐步转入合理性和工具性逻辑"[②]。显然,现代社会的工具理性取代价值理性,不仅带来了中国城市和农村的消费革命,而且促进了现代消费文化和消费主义生活方式的诞生。作为一种生活方式,消费主义虽然是一种舶来品,但在经济全球化的背景下,它已经与我国现行的经济制度不可分割地交织在一起。或者说,从我国经济制度的现代变革看,中国消费社

[①] 张晓立:《美国文化变迁探索:从清教文化到消费文化的历史演变》,光明日报出版社2010年版,第90页。

[②] 王宁:《从苦行者社会到消费者社会:中国城市消费制度、劳动激励与主体结构转型》,社会科学文献出版社2009年版,第249页。

会的诞生及现代消费主义生活方式的产生是我国制度设计的结果。一方面，我国现行的经济制度确立了消费的基础性地位，从而为中国消费社会的到来扫清了障碍。从经济学的角度看，承认消费的真正意图就是发挥消费在经济领域的基础性作用，从而解决国内市场的有效消费需求不足的问题。另一方面，西方消费文化和消费主义生活方式以其强大的渗透力，成功地与中国消费社会相融合，进而呈现出奢侈消费与节俭消费相混合的生活情景。也就是说，在经济全球化背景下，消费主义文化的普遍盛行及消费生活的世俗化也是消费社会在中国得以诞生的重要原因。总之，消费社会在中国的兴起不是偶然，而是经济全球化的历史趋势使然，也是我国社会发展和经济转型的必然结果。

二 消费社会的主要特征

生产社会和消费社会从本质上讲是两种不同的社会形态。前者是后者得以产生的历史前提和物质基础。而后者是前者的历史延续，它取代了生产社会而成为当下的主流社会形态。当消费从生产社会的工作伦理和节俭美德的束缚下解放出来时，它就产生了一种新的文化模式。从消费文化角度看，消费是一种合理且"正当"的社会经济行为。从整体而言，消费社会主要包括三个方面的特征。

第一，消费的至上性。毋庸置疑，生产社会强调金钱原则和节俭美德，进而肯定了生产劳动或攫取财富的合法性。依照韦伯新教伦理的解释，生产劳动是上帝赋予每个人的天职，勤劳节俭是每个人应该具备的重要美德。而消费社会则把消费置于现代社会的中心位置，强调奢侈消费或过度消费的现实意义。自20世纪以来，美国福特主义生产方式导致了大众生产和大众消费，又进一步加快了消费概念的内涵嬗变。这种转变表明，消费已经不再是人们维持自己生存和发展的基本手段，而是成为现代生活的根本目的。或者说，"消费已经从作为通向生活目的的手段演变成了目的本身。完满的生活越来越成为消费的同义词"[1]。消费作为生活目的或人生意义表明，消费在现代社会里拥有绝对的支配权。消费话语体系

---

[1] Gabriel, Y. and Lang, T., *The Unmanageable Consumer*, 2nd Edition, London: Sage Publications, 2006, p.8.

的形成意味着消费至上性地位的确立。在"目的高于其他一切"的价值引导下,生产、交换及分配统统沦为围绕消费这个中心并为之服务的基本手段。这种转变既使消费成为决定生产的重要环节,又使消费的工具合理性逐渐替代了价值合理性。

第二,消费生活的物质性。在消费时代,买方市场决定了消费者拥有绝对的话语权,他或她决定了商品的类型或品种、商品的数量或商品生产的规模等。然而,潜藏在消费者世界背后的却是资本的魅影。资本的本性就是追求价值增值。资本作为资本家的共同体,将劳动者与其他生产要素和经济环节结合起来,以一种压倒一切的力量不断打破了城市与农村的界限及不同地区之间的界限,甚至跨越国界在全球范围内畅行无阻,进而使现实的人完全蜕变成一种"资本的存在"。换句话说,消费社会虽然造就了无比繁荣的物质世界,但它却把人类带入了荆棘丛生的危险境地。波德里亚在《消费社会》中开篇提出,现代人处于"物的包围"的社会里,在享受丰裕的物质财富的同时,人之为人的社会本质正逐渐丧失,已经蜕变成一种"官能性"的存在者或消费性的动物。"狼孩因为跟狼生活在一起而变成了狼一样,我们自己也慢慢地变成了官能性的人了。我们生活在物的时代:我是说,我们根据它们的节奏和不断替代的现实而生活着。在以往的所有文明中,能够在一代一代人之后存在下来的是物,是经久不衰的工具或建筑物,而今天,看到物的产生、完善与消亡的却是我们自己。"[①] 毋庸讳言,消费社会的显著特征就在于物的丰富性。它给消费者提供了极其丰富的、前所未有的商品,同时又把消费者不断"物化"成商品世界的某个环节。消费者对物的消耗不是出于满足自身生存和发展的需要,而是受制于经济增长的社会目标,并止步于物质财富的创造,以短暂的感官愉悦遮蔽了自己真正的精神需要。在"物的包围"下,商品及其符号价值或意义成为消费者不懈的价值追求。"在这些名目繁多的理想中,生活的所有实质内容变得越来越形式化,越来越没有个体灵魂的痕印,生命质地越来越稀薄,人的自我却把根本不再是个体生命感觉的东西当作自己灵魂不可置疑的财富。就像书写本来是一种体现个体生命特性的

---

① [法] 让·波德里亚:《消费社会》,刘成富、全志钢译,南京大学出版社 2000 年版,第 1—2 页。

形式，自从有了打字机——如今有了计算机，书写摆脱了个体性，成了'机械的千篇一律'。"① 如果说计算机的普及意味着机械化的书写代替了个人真实情感的表达，那么，物质生活的丰裕就是意味着消费取代了个人的生活目的和价值理想，从而导致五光十色的商品世界遮蔽了丰富多彩的人类生活。更进一步讲，在消费社会里，人们比较注重物质生活的享乐，往往忽视了现代人的精神世界或消费生活的伦理本质。它通过商品的中间环节消解了人的价值或崇高，最终以商品的物性泯灭了人之为人的本性。

第三，消费文化的意识形态性。依照英国学者费瑟斯通的概述，现代消费文化的理论研究主要有三种观察视角。一是，从政治经济学的角度将消费理解为资本主义商品生产的自然结果。二是，从社会学的角度把消费解释为身份构建和社会分层或"区隔"的必要手段。三是，从消费心理学的角度揭示出过度消费的根源在于消费者寻求欲望满足的心理需要。事实上，消费文化不仅仅是社会、政治及经济的价值体现，也是一种欧美化的意识形态。确切地说，这就是消费主义的意识形态。在《世界历史中的消费主义》(*Consumerism in World History*) 中，美国历史学家彼特·斯特恩斯首先用"西方化"(Westernization) 概述了 18 世纪 60 年代英国的消费革命和消费主义生活方式向欧洲、拉丁美洲及亚洲不断扩张和渗透的过程，然后用"美国化"(Americanization) 细致剖析了消费主义全球蔓延的基本事实和主要路径。在斯特恩斯看来，早期的消费主义以英国为中心向欧洲、美洲大陆及亚洲各国或各地区不断扩张，因此，这一时期消费主义的鲜明特征就是西方化。随后，消费主义开始以美国为中心向全球蔓延。所以，晚期消费主义又带着浓厚的美国化色彩。或者说，消费主义从意识形态来看就是一种欧美化的生活方式或"发达国家的道德教义"，是一种炫耀消费的意识形态。它从消费观念和生活方式等方面对发达国家或发展中国家的消费生活进行了全面的塑造，以自由消费、消费认同及象征性消费等形式来满足消费者的虚假需求。"消费被界定为美好生活的本身。除此之外，它已经取代了宗教、劳作及政治而成为确定社会地位和身份差异的隐性机制。而对物质商品的消费已经体现了商品所有者的社会地

---

① 刘小枫：《刺猬的温顺：讲演及其相关论文集》，上海文艺出版社 2002 年版，第 61—62 页。

位和社会声望。"①

　　在以上讨论中,我们从消费的至上性、消费生活的物质性及消费文化的意识形态性三个方面勾勒了消费社会的初步轮廓。这些特征突出反映出这样的事实:消费社会的伦理断裂和文化失序。伦理断裂是说现代社会的奢侈消费从传统社会的节俭美德的束缚下解放出来,并且通过相应的制度设计演变成一种"正当"的且大众争相效仿的生活方式;文化失序是说现代消费文化以否定真相或否认现实的形式,颠倒了是非黑白、善恶美丑,把奢侈或浪费鼓吹为一种"正当"的行为。在传统社会向现代社会过渡或转型的过程中,伦理断裂和文化失序是相互依存、相互联系的,它们从不同侧面揭示了现代社会的消费问题。消费社会一方面通过商品的符号价值向消费者提供了一种生存的意义,使消费者不断蜕变成"物"或商品的奴仆,从而丧失了其本真性;另一方面又以虚幻性的符号意义或价值否认了现实消费生活。由此可见,这种伦理断裂和文化失序使现代消费生活出现一个价值"真空"。它为消费主义的全球扩张开辟了新的路径。正因为如此,费瑟斯通在《走向消费伦理》一文中曾极力呼吁当下的消费生活应该回归伦理本位。费瑟斯通认为,实现这种伦理回归的关键就在于提高消费者的责任意识,否则无止境地挥霍或浪费最终会导致自然环境的破坏和人类文明的毁灭。从这一点来说,过度消费和消费主义文化的"现代隐忧"究其实质就是一场纵欲狂欢的道德危机。正如坎贝尔在《我消费所以我知道我是谁:现代消费主义的形而上学基础》一文中站在人类文明的高度批判指出,不能抽象而笼统地说"我们生活在消费社会,或我们被社会化为一种消费文化,而是从根本来说,这是一种消费者文明（consumer civilization）"②。这里,构建真正意义上的"消费者文明"也就是消费生活的伦理复归。而探讨消费生活的伦理复归,迫切需要我们揭开消费社会里"道德神话"的虚伪面纱。

---

① Gabriel, Y. and Lang, T., *The Unmanageable Consumer*, 2nd Edition, London: Sage Publications, 2006, p. 8.
② Campbell, C., "I Shop therefore I Know that I Am: The Metaphysical Basis of Modern Consumerism", in Karin M. Ekström and Helene Brembeck., eds., *Elusive Consumption*, Oxford, New York: Berg, 2004, p. 42.

第二节　消费社会的两个"道德神话"

消费社会是现代化进程中的必然产物,既充满了机遇与挑战,又充斥着诱惑与风险。

对于消费社会的神奇魔力,波德里亚曾经作了一个比较形象的类比。他指出,在中世纪,欧洲社会主要通过上帝与魔鬼之间剑拔弩张的斗争而达到平衡,但现代社会则通过消费及商品的"符号逻辑"或象征意义而实现暂时的平衡。具体说来,后者主要凭借消费市场特有的文化机制,以消费品的"符码"或"象征"给消费者提供了超出商品之外的意义或价值。然而,消费的符号意义或价值内涵却导致消费逐渐背离了人们原有的基本生活需要。这里,由消费所构造的意义系统与现实生活意义的对立主要表现为,一面是由五光十色的商品所构成的物的世界,另一面是由自由、平等、责任等价值理想所构筑的有意义生活的精神世界。在世俗化的现代社会里,欲望消费的出现不但成为一种文化产业的意识形态,而且也成为培育消费者道德人格的一种结构模式。如此一来,人的主观意识和消费行为完全被消费所控制或驯化。这种控制或驯化也正体现了消费神话的独特作用。"消费是个神话。也就是说它是当代社会关于自身的一种言说,是我们社会进行自我表达的方式。在某种程度上,消费的唯一的客观现实,正是消费的思想,正是这种不断被日常话语和知识界话语提及而获得了常识力量的自省和推论。"[①]

显然,"消费的神话"在这里反映了现代社会自身的言说方式,以及人们对这种话语体系的解读和揭示。在消费社会里,"消费的神话"支撑着现代生活,人们也不断追随这种虚幻的生活理想。无论是消费社会批判理论,还是消费伦理学,它们正是出于对"消费的神话"的警惕,自觉以消费为观察视角,力图揭示现代社会消费问题的症结所在。王小锡在《消费也有个道德问题》中论述消费的合理限度时曾这样指出,发展低碳经济是人类追求美好生活的必然趋势,"在低碳消费问题上,我们既要破

---

① [法]让·波德里亚:《消费社会》,刘成富、全志钢译,南京大学出版社2000年版,第227—228页。

除低碳消费的'非道德性神话',也要破除低碳消费的'道德性神话',将其厘定在合理的位置上,以最大限度地发挥其积极功效"①。而事实上,不仅我国生态文明建设需要摒弃低碳消费的"道德性神话"或"非道德性神话",而且探讨消费的道德风险问题也需要我们进一步揭示消费社会两个"神话"的虚幻性和欺骗性。这两个"神话"分别是"消费的非道德神话"和"消费主义的道德神话"。

一 消费的非道德神话

"消费的神话"是美国思想家杜宁在《多少算够》中批判消费社会时所提出来的一个重要论述。杜宁认为,消费社会预设了这样的理论前提,即:"'不消费就衰退'的神话。"② 这里,"'不消费就衰退'的神话"实际上体现了经济主义的基本主张,它将消费视为社会经济发展的充分必要前提,以消费的经济价值消解并取代了消费的道德内涵。这个神话旨在告诉人们,经济持续增长的动力源泉就在于无止境的过度消费。可以说,基于发展经济的需要,过度消费已经成为消费者义不容辞的行为选择。更进一步说,在经济增长优于其他经济活动的前提下,消费已经脱离了传统道德原则的约束和限制,完全蜕变成合理且正当的个人行为。简单说来,"消费的非道德神话"也就是否认并摒弃了消费的伦理维度。

从根本来讲,"消费的非道德神话"的产生与现代西方经济学与伦理学之间的内在分离是密切相关的。18世纪英国古典政治经济学家亚当·斯密在《国民财富的性质和原因的研究》(简称《国富论》)中提出了"经济人"的假设,用"一只看不见的手"描述了现代社会经济的基本运行情况。但是,斯密的《国富论》中贪婪、自私、利己的"经济人"假设与他的早期著作《道德情操论》(1759)中仁慈、富有同情心、利他的"道德人"假设之间出现了尖锐的对立。这不仅真实地反映出现代经济学与伦理学之间的内在紧张,而且也引发了学界对"亚当·斯密问题"的激烈争论。在经济学领域,企业或生产者唯利是图,奉行利润最大化的经

---

① 王小锡:《消费也有个道德问题》,《光明日报》2010年6月1日。
② [美]艾伦·杜宁:《多少算够——消费社会与地球的未来》,毕聿译,吉林人民出版社1997年版,第75页。

济原则和行为准则。而在伦理学领域，个人作为社会成员决定了自己无法避免要与他人产生这样或那样的联系。人的社会性存在又意味着，正义感、同情心及利他是人之为人的重要道德原则。

斯密认为，每个人追求自己的经济利益与整个国家的公共福利是并行不悖的。在"一只看不见的手"的支配或指引下，每个人的投资及其精心管理虽然是"以牟取利润为唯一目的"，但在促进个人利益的同时也促进了公共福利的增长。斯密指出，如果从公共福利出发，那么，它可能未必导致个人利益的最大化。由此可见，个人利益在斯密看来是促进社会财富增长的起点，并且与社会利益相一致。斯密的"经济人"假设的提出，一方面真实地反映了英国工业革命初期资本主义经济发展的现状，另一方面也深刻地揭示出人们的经济生活与道德生活之间的内在紧张。这里，"经济人"与"道德人"的对立意味着，传统社会伦理学与经济学相互融合的关系到了现代社会已经开始走向分裂，它使企业的经营或生产等经济活动开始摆脱传统道德准则的羁绊，进而成为一种独立的、自由的、纯粹的个人行为。

比斯密更早意识到这一问题的是曼德维尔。在《蜜蜂的寓言：私人的恶德　公共的利益》中，曼德维尔用蜜蜂贪婪地采集花粉的寓言故事形象地揭露了个人与社会、道德行为与经济利益之间的内在联系。在曼德维尔看来，个人酗酒、浪费等不道德行为是整个社会经济繁荣的必要手段。而斯密不仅意识到伦理与经济的对立与冲突，而且通过"一只看不见的手"论述了"经济人"的自私、利己的行为与公共福利的一致性。斯密指出，"由于宁愿投资支持国内产业而不支持国外产业，他只是盘算他自己的安全；由于他管理产业的方式、目的在于使其生产物的价值能达到最大程度，他所盘算的也只是他自己的利益。在这种场合，像在其他许多场合一样，他受着一只看不见的手的指导，去尽力达到一个并非他本意想要达到的目的。也并不因为此事并非出于本意，就对社会有害。他追求自己的利益，往往使他能比在真正出于本意的情况下更有效地促进社会的利益"[1]。斯密在此不仅从生产角度着重强调了寻求个人利益的最大化是

---

[1] [英]亚当·斯密：《国民财富的性质和原因的研究》下卷，王亚南、郭大力译，商务印书馆2002年版，第27页。

企业经营活动的基本出发点,并且从商品的流通角度提出了"一只看不见的手"的市场机制。

在消费社会里,经济与伦理的对立与二分,一方面在经济领域与道德领域之间掘开了一条无法逾越的鸿沟,另一方面也成为企业"非道德神话"的理论先导。这里,"非道德神话"的意思是说,企业坚信生意就是生意,它与任何意义上的道德评价和道德判断无关。企业的"非道德神话"从根本来讲是西方自由主义经济学的价值呈现。它把"个人利润的最大化"视为企业经营活动的最高目标,从而忽略了企业对他人或社会应尽的道德责任。不仅如此,消费特别是奢侈消费在经历了18世纪那场举世瞩目的"奢侈之争"及"奢侈的去道德化"之后,越来越多地表现为合理性的经济行为。虽然斯密意识到消费不利于社会财富的积累,但明确提出了现代社会的消费原则。在斯密看来,消费是所有人一切经济活动的"唯一目的",这一原则是"完全自明的"。斯密痛斥了重商主义者过分强调生产者的利益而使消费者的利益受到损害。因为在"一只看不见的手"的支配下,所有生产活动的最终受益者都是消费者,而不是生产者。如果说奢侈消费对于曼德维尔来说是资本主义社会发展初期的必要"恶",那么,它在斯密看来就是无关善恶的经济行为。借助资本积累和社会资本增加的讨论,斯密还从国民财富和收入的角度指出,"奢侈都是公众的敌人,节俭都是社会的恩人"[①]。显然,斯密在此强调的是消费的经济价值和社会功能,并没有赋予消费任何伦理学意义上的解释。

众所周知,居民的消费状况是衡量一个国家经济发展水平的重要指标。正因为如此,经济学家通常认为,生产者制造或提供某商品或服务,终端消费者使用或消耗了这一商品或服务,虽然在这个"生产—消费"过程中并没有创造出任何新的事物,但它无疑增加了国民生产总值。这一经济学观点在波德里亚看来就是"为生产而生产的神奇目的数字化了的逻辑性结果:任何生产出来的东西,都因存在这一事实本身而变得神圣了"[②]。它将生产确立为决定其他经济活动的重要环节,从而使得经济增长成为整个社

[①] [英]亚当·斯密:《国民财富的性质和原因的研究》上卷,王亚南、郭大力译,商务印书馆2002年版,第314页。

[②] [法]让·波德里亚:《消费社会》,刘成富、全志钢译,南京大学出版社2000年版,第23页。

会发展的最高目标。但事实上，以追求数字化 GDP 增长为最高目标的经济发展模式是值得怀疑的。首先，它忽略了消费行为的物质依赖性或自然前提，以及它所带来的一系列环境后果，如城市雾霾、河流污染、噪音等，最终还危及人类的身体健康及未来人类的生存与发展。事实表明，由消费带来的一系列社会问题与经济增长几乎是同步的。一旦经济增长超出自然的承载力，那么，它就会造成人与自然之间的紧张与对立。这不仅使人逐渐丧失了自然的本质，而且还导致生态危机不断蚕食着人类的栖息地。其次，扩大国内居民的消费需求虽然在某种程度上创造出更多的就业机会，但数字化的经济增长并不意味着社会进步。这是因为判断一个社会的文明程度或进步与否主要取决于社会物质财富的增长与人们精神境界的提高两个方面的内容。数字化的经济增长虽然创造出巨大的物质财富，但它却导致主体自我价值的迷失及生活意义的丧失。最后，片面强调经济增长，特别是通过消费的手段拉动经济增长可能导致消费的经济功能日益遮蔽了消费的伦理内涵。在经济全球化的背景下，随着商品交换的日益频繁，任何消费选择都不可避免地要与他人发生直接或间接的联系。因此，消费从本质来讲就是一个根植于社会并且涉及价值评价的伦理行为。片面地强调消费的经济效用既否认了消费的伦理内涵，又反过来导致并加剧了消费的道德风险。

前已备述，消费的社会性和伦理性意味着，任何人的消费选择都不是一个孤立的经济行为，而是与他人有着密切关联的伦理行为。因此，在消费时代，除了市场的"无形之手"和政府的"有形之手"之外，道德在市场经济的良性运行方面也应该发挥重要的调节作用。我国著名经济学家厉以宁在《超越市场与超越政府——论道德力量在经济中的作用》一书中曾语重心长地指出，"市场和政府出现以后，在市场调节与政府调节都起着作用的场合，习惯与道德调节也可能同时发挥自己的作用"[1]。如此一来，这就形成了市场、政府及道德三者相互影响、相互作用的社会格局，即市场自发调节生产与消费、政府宏观调控产业布局及道德原则引导个人的行为决策。反过来说，如果我们忽略道德因素在经济活动过程中的重要作用，那么，这不仅可能阻碍经济发展，而且还可能导致整个社会价值体系的崩

---

[1] 厉以宁：《超越市场与超越政府——论道德力量在经济中的作用》，经济科学出版社 2010 年版，第 5 页。

溃。或者说，忽略或否认了消费行为的伦理维度或消费概念的道德本质，势必制造出一种"神话"，即消费的"非道德神话"。这个神话以经济增长为最高目标，既否认了消费的伦理内涵，也否认了消费与伦理之间的内在关联。更进一步说，"消费的非道德神话"使消费脱离了伦理准则的制约，从而为消费主义的生活方式和文化模式的全球扩张扫清了障碍。"如果说消费社会再也不生产神话了，那是因为它便是它自身的神话。单纯的丰盛取代了（以灵魂为交换）带来黄金和财富的魔鬼。而丰盛的契约取代了与魔鬼的协议。另外正如魔鬼最令人恐怖之处，从来都不在于其存在，而在于人对其存在的相信一样——同样丰盛并不存在，但只要相信它存在，它就会成为一个有效神话。"[①] 或者说，不仅消费社会自身就是自成一体的"神话"，而且还能以符号编码的形式不断制造出新的神话。

二 消费主义的道德神话

如上所述，消费的"非道德神话"是指这种消费摒弃了其伦理维度，也否认了消费与伦理之间的内在关联。与之相反的是，"消费主义的道德神话"不仅承认了消费的道德价值，而且通过"价值的颠覆"或制度规训等方式确立了炫耀消费或过度消费的道德合理性，从而使过度消费或奢侈浪费成为现代人的生活信条。如果说前者体现了现代消费生活与传统的伦理价值相断裂的过程，那么，后者则体现了消费主义文化对现代人的消费理念和生活方式进行全面塑造。二者并肩而立，从不同角度深刻地影响并改变着人们的思维方式和消费方式。

消费主义全球盛行的重要原因之一就在于它将"我消费故我在"（I Shop Therefore I Am）的消费理念深入人心，并且不断俘获现代人的消费欲望。在坎贝尔看来，消费主义的本体论基础与其说是"我消费故我在"，还不如说"为了发现我是谁，所以我消费"（*I shop in order that I might discover who I am*）[②]，这里，坎贝尔从本体论的角度解释现代人过度

---

① ［法］让·波德里亚:《消费社会》，刘成富、全志钢译，南京大学出版社2000年版，第227页。

② Campbell, C., "I Shop therefore I Know that I Am: The Metaphysical Basis of Modern Consumerism", in Karin M. Ekström and Helene Brembeck, eds., *Elusive Consumption*, Oxford, New York, Berg, 2004, p.33.

消费的伦理基础，也批判了消费主义通过"浪漫"伦理或"白日梦"的想象颠覆了现实与虚幻的关系。在现代生活中，消费之所以重要，主要因为消费的功能被人为地夸大成生活意义的载体，甚至价值或意义本身。也就是说，消费已经并不局限于个人生活需要的满足，而是个人获得自我认同或社会认同的基本途径，是现代生活的根本目标和价值理想。但事实上，"消费作为这个世界的伦理，它正毁灭着人类赖以存在之根基，毁坏着自古以来神话根源和逻各斯世界之间维持的平衡"[①]。概括来说，现代消费主义伦理有两个特点：一是，消费市场不断挖掘或创造出消费欲望；二是，强调自由消费的个人主义价值观。在消费社会里，个人的消费选择被视为自由的代名词，它以更隐蔽的方式抹杀了消费社会不自由的实质。过度消费作为一种生活方式或自主选择，正是凭借着现代人的消费欲望与自由消费的热情，创造了消费时代的"神话"，进而将个人的消费选择等同于自由，或将消费的数量等同于幸福等。

对于"什么是幸福"这个问题，不同人可能会做出不同的回答。从主观角度看，它主要是指个人需求得到满足而获得的心理上的愉悦感。在现代社会里，消费主义通过"越多越好"的消费理念，把幸福或美好生活与消费品的数量或消费品位相等同。殊不知，消费越多需要越多的劳动实践或工作时间来支撑这种生活方式。如此一来，过度生产与过度消费占据了个人绝大部分的时间，这无疑会大大减少个人的休闲时间。美国著名经济学家朔尔的两项实证研究表明，过度工作和过度消费导致了社会交往时间的减少，这不仅剥夺了个人与家人或友人相处的机会，而且也加剧个人的心理焦虑。从这个意义来说，消费并没有给消费者带来更多的心理满足。它仅仅是人类生存与发展不可或缺的重要内容，而不是社会生活的全部，更不能增加人们的幸福感。现代心理学研究也表明，"消费与个人幸福之间的关系是微乎其微的。更糟糕的是，人类满足的两个主要源泉——社会关系和闲暇，似乎在奔向富有的过程中已经枯竭或停滞"[②]。在休闲时间不断被压缩和人的精神生活逐渐被忽略的情形下，消费日益成为人们

[①] 周平、李曼：《拆解消费的神话——波德里亚〈消费社会〉读书札记》，《湖北社会科学》2007年第4期。

[②] ［美］艾伦·杜宁：《多少算够——消费社会与地球的未来》，毕聿译，吉林人民出版社1997年版，第6页。

弥补生产劳动过程中的辛苦和精神空虚的一剂"良方"。

毋庸置疑，消费的去道德化过程剔除了消费的伦理内涵，并且大肆渲染了消费的经济功能与社会用途。与此同时，西方消费主义文化凭借着自身独特的意义话语系统或"符码/解码"逻辑对人们的消费行为进行"无意识"的驯化，从而实现了过度消费合理化和合法化的目的。一言以蔽之，"消费的非道德神话"和"消费主义的道德神话"已经将消费搁置于社会生活的核心位置。消费的至上性一方面放大了消费的经济功能，另一方面也以消费的经济效用遮蔽了消费的伦理价值，进而使奢侈消费成为一种合理的生活方式。在《协同环境美德：消费主义与人类的繁荣》（Synergistic Environmental Virtues: Consumerism and Human Flourishing）一文中，美国著名环境哲学家彼特·温茨通过分析消费主义的负面效应后批判指出，消费主义的价值基础就是现代人的贪婪、嫉妒、奢侈、不节制、自私及冷漠等恶德。温茨认为，这些恶德既导致自然资源枯竭、生物多样性减少等自然环境问题，也危及人类社会的未来繁荣。由此可见，自然资源的有限性与人类消费欲望的无限性之间的紧张与对立，给当前的社会生活带来了一系列的风险。正如波德里亚在批判消费社会的话语体系时也强调，"和一切自重的伟大神话一样，'消费'的神话也有其话语和反话语，即它对丰盛的歌颂性话语，无论何时何处，都伴随着对消费社会之弊端及其无法避免的整个文明悲剧性出路进行'批判'的说教式反话语"①。

综上所述，现代消费社会不仅从经济学角度肯定了消费行为的合理性，并且给消费者虚构了两个"道德神话"：一是"消费的非道德神话"；二是"消费主义的道德神话"。如果我们把非道德神话理解为解构的过程，那么，这种去道德化的解构实际上也就是把消费的价值合理性和工具合理性割裂开来，用消费的经济效用置换了消费的伦理内涵，进而使个人消费成为一种无关道德判断或价值中立的经济行为。如果说"消费的非道德神话"被理解为消费革命后消费文化的"祛魅"过程，那么，消费主义的道德神话就是消费世界"祛魅"后的"返魅"。或者说，消费主义的道德神话并不否认消费的道德内涵，反而试图用一种新的消费伦理引导

---

① ［法］让·波德里亚：《消费社会》，刘成富、全志钢译，南京大学出版社2000年版，第230页。

并制约现代消费生活。

霍克海默和阿道尔诺是法兰克福学派的两位著名代表人物。在《启蒙辩证法：哲学断片》一书中，霍克海默和阿道尔诺把启蒙和神话结合起来指出，技术理性照亮了人类劳动，同时也使人类劳动和消费生活沦为神话的奴婢。他们认为，从一般意义来讲，启蒙运动的根本目的就在于"开启民智"，摒弃"神话"的蒙蔽，确立人的自主性。但实际情况却并非如此。启蒙不仅没有"祛除神话"，反而"倒退为神话"。"被启蒙摧毁的神话，却是启蒙自身的产物。科学在计算事实时是不用过去神话解释事实的观点的。神话试图对本原进行报道、命名和叙述，从而阐述、确定和解释本原：在记载和收集神话的过程中，这种倾向不断得到加强。神话早就在叙述中成为说教。"[1]

基于对启蒙和神话关系的讨论，霍克海默和阿道尔诺进一步指出，文化工业是启蒙的重要形式，也是资本主义社会的重要垄断手段。它通过摒弃差异和重构神话的方式，一方面使劳动者屈从于标准化、一致化及大众化生产，另一方面也将消费者"图式化"，使其成为一个虚幻的存在者。在此，霍克海默和阿道尔诺痛斥了"启蒙"给现代人所带来的隐形控制：它帮助人们摆脱了原始神话的蒙蔽，同时又通过工具理性为人们编造出理性神话。换言之，启蒙从一种批判理论转变成一个被批判的对象。正是在这一转变过程中，启蒙打破了价值理性与工具理性辩证统一的思维模式，使得工具理性脱离了价值理性的制约和引导，并逐渐蜕化为神话。霍克海默和阿道尔诺认为，"在启蒙世界里，神话已经世俗化。在其彻彻底底的纯粹性里面，实在虽然清除了鬼魅及其概念派生物，却呈现出了鬼魅在古代世界里的种种特征……这种支配不仅仅为人与其支配对象相异化付出了代价，而且随着灵魂的对象化，人与人的关系本身，甚至于个体与其自身的关系也被神化了"[2]。

对于霍克海默和阿道尔诺而言，启蒙不是粉碎了神话，使人们摆脱蒙蔽、无知和恐惧，反倒是使启蒙难逃"神话"的魔法，"倒退为神话"，

---

[1] ［德］马克斯·霍克海默、［德］西奥多·阿道尔诺：《启蒙辩证法——哲学断片》，渠敬东、曹卫东译，上海世纪出版集团2014年版，第5页。
[2] ［德］马克斯·霍克海默、［德］西奥多·阿道尔诺：《启蒙辩证法——哲学断片》，渠敬东、曹卫东译，上海世纪出版集团2014年版，第21—22页。

而"神话的世俗化"实际上也就是把"社会的非正义"的衍生物合法化的过程。在这一过程中,它更多采取的是欺骗性手段,而消费神话的欺骗伎俩就是向消费者"许诺"。或者说,这种欺骗集中表现为许诺自身无法实现的承诺。如果文化工业对消费者不做承诺或承诺较少,那么它就根本无法为其生活提供某种意义的解释。如果文化产业对消费者承诺过多,那么它就会把消费变成娱乐产业的意识形态,不断地向消费者提供一种虚幻化的生活方式。这里,霍克海默和阿道尔诺用"文化工业"揭示出启蒙欺骗大众消费者的惯用伎俩或内在逻辑,即承诺一种虚幻或幻象化生活的"真实性"或现实性。

第三节 消费社会的三重道德风险

在消费社会里,消费主义文化通过"为了消费而生存"的价值理念,已经彻底颠覆了主体的消费行为与生活意义之间的内在关联。它不仅使消费者沉溺于商品世界,而且使其坚信这种生活方式的合理性。或者说,过度消费的生活方式颠倒了物与人、物的符号价值与消费生活的意义、幻象与现实的关系,使人生活在物是人非的价值假象之中。这种假象掩盖了消费带来的自然资源消耗、环境污染或生态威胁等问题,使人们误以为"消费者身上的绝对本能本质性地将他推向他所喜爱的目的——这种消费道德神话全盘继承了那种所谓人的天性趋向美与善的理想神话,于是这种暴力令我们觉得不可名状、荒谬、像魔鬼般恶毒。然而,它可能仅仅是想表明有某种东西远远地超出了我们这个社会赖以(用自己的眼光)进行自我评判,或者说它赖以在理智合理性标准中进行重新登记的那种满足和福利的理性目标"[①]。

在经济全球化的背景下,由于个人的消费行为总是要与他人或社会发生直接或间接的某种关联。因此,消费的本质属性就在于它的社会性和道德性。事实上,"消费的非道德神话"所预设的纯粹消费行为在现实生活中并不存在,而"消费主义的道德神话"鼓吹消费的至上性,用"为了

[①] [法]让·波德里亚:《消费社会》,刘成富、全志钢译,南京大学出版社2000年版,第198页。

消费而生存"的口号颠覆了有意义的现实生活，给人们带来的只能是风险。自20世纪80年代德国著名社会学家乌尔里希·贝克提出"风险社会"一词以来，风险问题得到国内外学者的普遍关注。人们对风险问题的研究最早并不是在社会学领域，而是出现在商业贸易和保险业。随后，学术界对风险问题的研究延伸到经济学、环境科学、社会学、伦理学等多个领域。对于风险（risk）一词的词源学考证，学术界主要有三种解释。一是以沃顿为代表的风险管理理论。风险管理理论认为，风险源于阿拉伯词risq，意指能使行为主体不受惩罚或以较小代价获得最大经济收益的可能性。二是以吉登斯为代表的现代性理论。吉登斯的现代性思想指出，风险源自西班牙语risco，意指岩石或悬崖。三是以卢曼为代表的社会系统理论。卢曼的社会系统理论指出，风险源于拉丁词riscum，意指海上航行时由于遭遇暗礁而导致翻船或船毁人亡的危险。尽管研究者对风险的词源学解释并不相同，但一致认为风险具有不确定性。这种不确定性主要有两层意思：第一层意思是说由于信息不对称及主体认知能力的局限，而导致主体的行为选择具有不确定性；第二层意思是说受某些因素的诱导，行为结果带有不确定性，或好或坏，抑或者好坏并存。美国著名哲学家汉森指出，"虽然不确定性和风险被界定为两个彼此排斥的概念，但实际上通常用'风险或不确定性'代替不确定性。不确定性被作为知识缺乏（无论它是否可能）的一般概念使用，而风险是不确定性的特殊形式"[①]。

与汉森对风险概念的解释不同，贝克把风险与现代化结合起来指出，"风险的概念直接与反思性现代化的概念相关。风险可以被界定为系统地处理现代化自身引致的危险和不安全感的方式。风险，与早期的危险相对，是与现代化的危险力量及现代化引致的怀疑的全球化相关的一些后果"[②]。贝克认为，风险社会与工业社会一样，也是与理性反思密切相关的。而这种不确定呈现的不仅是风险全球化的事实，而且也是旧社会秩序解体和新社会秩序重建的"社会伦理价值变迁"的过程。这里，贝克显然认识到风险社会的文化内涵，并且强调风险的伦理内涵及社会伦理价值

---

① Hansson, S. O., *The Ethics of Risk: Ethical Analysis in an Uncertain World*, New York: Palgrave Macmillan, 2013, p. 12.

② ［德］乌尔里希·贝克：《风险社会》，何博闻译，译林出版社2004年版，第19页。

在风险治理和风险防范方面的重要作用。贝克认为,风险的文化内涵意味着,风险治理过程中的公共决策不仅简单地停留在表面,而应该综合考虑社会、经济、政治制度、文化、伦理等多方面的因素。

1983 年,英国著名人类学家玛丽·道格拉斯(Mary Douglas)与威尔德韦斯(A. Wildavsky)在《风险与文化》中通过对风险文化的理性反思诠释了现代社会结构的历史变迁。她们认为,风险从文化的角度看既不能理解为客观性的事实,也不是确定性的风险评估标准。基于这种理解,道格拉斯与威尔德韦斯彻底否认了"现代社会的风险在急剧增加"这一论断,并用主观性与地方性概述了现代风险的典型特征。[1] 但在拉什看来,风险文化与风险社会是两个截然不同的概念。他把风险文化解释为一种"非制度性""反制度性"的价值秩序。拉什认为,风险文化往外渗透或延伸的基本领域就是社会秩序和道德规范之外的不确定领域。在拉什看来,风险社会与风险文化的主要区别在于:风险社会首先"假定"了公众普遍关注的社会问题,然后通过明确的制度约束和有效的社会治理,从而构建相对稳定且安全的等级秩序。与风险社会不同的是,风险文化首先假定的是人人平等的、不确定性的、杂乱无章的秩序。[2] 所以,风险文化中的不确定性意味着,风险社会就是"一盘散沙式"单个个体的集合体。而在这种情景下的风险防范和风险治理并不能仅仅依靠技术主义的外在路径,而是依靠人文主义的社会理想与道德信念。

从风险的内容来看,比较经典的理论就是吉登斯提出了"外部风险"和"被制造出来的风险"。吉登斯在《失控的世界》中指出,"外部风险"指的是传统意义上的自然灾难(如台风、暴雨、泥石流、地震等)所造成的风险;"所谓被制造出来的风险,指的是由我们不断发展的知识对这个世界的影响所产生的风险,是指我们在没有多少历史经验的情况下所产生的风险"[3]。与前者相比,后者更值得我们关注,因为"被制造出来的风险"一方面以已经发生的风险事实瓦解了传统的社会结构和道德

---

[1] 参见〔英〕斯科特·拉升《风险社会与风险文化》,王武龙译,《马克思主义与现实》,2002 年第 4 期。

[2] 参见〔英〕斯科特·拉升《风险社会与风险文化》,王武龙译,《马克思主义与现实》,2002 年第 4 期。

[3] 〔英〕安东尼·吉登斯:《失控的世界》,周红云译,江西人民出版社 2001 年版,第 22 页。

信念，另一方面在社会结构变迁的过程中通过尚未发生的风险构建现代社会的道德基石。从风险性质来看，它有道德风险与非道德风险之分。非道德风险主要是指自然科学领域及部分社会科学领域不涉及价值判断的风险。与之不同的是涉及价值判断的道德风险。依照经济学的解释，道德风险是指经济人的贪婪、自私、利己行为可能给他人或社会造成消极的后果，并且行为主体不必为此付出任何经济代价甚至可免受惩罚。保险业在界定道德风险时充分肯定了这一点。同时，它还指出，道德风险也指投保人或代理人出于某种经济利益的考虑为了骗取保险公司的赔偿金或补偿款而任由投保风险发生的故意行为。前者从消极意义来强调道德风险是行为者损人利己行为的自然结果；后者从积极意义来主张道德风险是行为主体为促成风险发生而采取的不正当行为。上述观点从不同角度论述了道德风险的基本内涵，重点关注了行为和行为后果，同时有意或无意地忽略了道德风险的主体维度。但这一点又是特别值得我们怀疑的。因为贝克的风险社会理论曾明确指出，风险之所以称为风险，其关键就在于它超出传统和自然所统辖的范围而取决于人的能动性和自决力。

毋庸置疑，道德风险主要是由于人的不当行为而产生的。在市场经济条件下，信息的获取渠道是否通畅、所获信息的多少或准确程度也直接关系到交易成本的大小及交易成功与否。针对信息不对称而产生的道德风险问题，蒂格利茨（Joseph Stiglitz）等三位诺贝尔经济学奖得主曾这样指出，信息不对称导致了信息多的一方获利，同时使信息少的一方蒙受损失。不仅如此，信息的不完整和不对称还容易造成"劣币逐良币"的"不道德市场"，甚至导致整个社会市场机制的失灵。因此，如果我们将风险问题纳入公共生活领域，那么，就不难发现：道德风险是与不确定性息息相关的。正如高兆明在论述道德风险研究的必要性时，从个体行为和社会措施角度把道德风险概括为两层意思。他认为，道德风险一方面是指某行为可能造成的不确定性后果，另一方面也指社会制度或社会政策可能导致的不确定后果。由此不难发现，产生道德风险的因素是多方面的：第一，行为主体道德品质的不确定性；第二，行为及其行为后果的不确定性；第三，现代性道德本身的矛盾性。或者说，消费社会如果依照工具理性的标准片面追求经济利益的最大化，那么，这势必导致消费生活领域的道德风险。这是因为在传统社会向现代社会的转型过程中，传统社会的节俭美德遭到现代社会工具理性的颠覆,而现代消费伦理又尚未建立,因而造成现代伦理与传统伦理之间的价值"断裂"(discontinuities)。这种价值断裂既导致了道德主体的缺位或错位,也使得虚假的或幻象化的生活理想和伦理观念乘虚而入成为指引行为的价值准则。

如上所述,风险具有不确定性。这种不确定性意味着"我们必须从克服自己对危机和无常的否认,确认我们的生存环境做起。从彻底战胜的意义来说,生存的威胁和生活的种种制约是我们无能为力的,因此,我们应该从伦理、宗教和美学的意义来理解它们,把它们看作对伦理、宗教和美学的挑战"①。从这个意义来说,我们批判现代性忽视价值理性而片面追求工具理性,同时也应该对全球化的消费主义生活方式展开批判,对可能的风险进行全面评估。正如后现代伦理学家鲍曼指出,我们探讨风险问题的主要目的就是要让未来可能发生的风险"可计算",通过这种计算或估量最终使风险可以被人所控制。而风险的可计算性主要取决于人类对客观规律的认知或把握的程度。因为"'风险'这一概念间接地,默默地重申了世界具有基本规律性的假设。只有在这个假设的基础上,风险才能忠实于其定义,在原则上可以被计算——且只有在这个假设有效的情况下,人们才能通过采取某种行动或避免某种行动的方法,在一定程度上成功地把这些风险降低到最小"②。虽然风险的基本特征是不确定的,但是它带来了一种新的文明形态,要求人们从认知和行动方面积极应对。这个时代在贝克看来就是人类自我决定的时代,因为"风险概念表明人们创造了一种文明,以便使自己的决定将会造成的不可预见的后果具备可预见性,从而控制不可控制的事情,通过有意采取的预防性行动及相应的制度化的措施战胜种种(发展带来的)副作用"③。

在人类走向"自我决定"的新时代,现代消费生活也陷入岌岌可危的价值困境。在消费文化的历史变迁过程中,消费社会主要有两种相互对立

---

① [美]阿瑟·克莱曼:《道德的重量:在危机和无常前》,方筱丽译,上海译文出版社2008年版,第21—22页。
② [英]齐格蒙特·鲍曼:《流动的恐惧》,谷蕾、杨超等译,江苏人民出版社2012年版,第106—107页。
③ [德]乌尔里希·贝克、[德]约翰内斯·威尔姆斯:《自由与资本主义:与著名社会学家乌尔里希·贝克对话》,路国林译,浙江人民出版社2001年版,第119页。

的价值力量交织在一起：一是反映了消费者的权利诉求和价值立场，试图通过各种形式的消费者运动推动当代社会消费文化的深刻转型；二是"资本逻辑"致使现代社会不断卷入生态破坏和人的异化的道德风险之中。它们对我国传统社会"勤劳节俭"的消费文化构成巨大冲击，同时也为构建更合理的消费伦理文化模式提供了历史机遇。因此，在探讨现代消费伦理文化模式的构建过程中，我们需要辩证地剖析消费主义，特别是消费社会的道德风险问题，以期获得某种有益的启示。1962 年，美国肯尼迪总统在提交给议会的《有关保护消费者利益的特别意见书》中把"消费安全"摆在第一位，主要提出了以下消费权利，即："安全的权利（the Right to Be Safety）、知情的权利（the Right to Be Informed）、选择的权利（the Right to Choose）、被倾听的权利（the Right to Be Heard）。"[①] 消费权利是人权的重要内容和表现形式。消费安全作为首要的消费权利被提出来，一方面意味着规避或防范风险的紧迫性，另一方面也意味着保障消费者的安全权利的重要性。安全是与风险相对而言的。而不断涌现的社会风险却意味着，安全生活的缺失。从这个意义来说，无论提高现代生活的安全度，还是构建人类安全生活的栖息地，我们都不得不面对消费生活中的道德风险问题。

消费的风险和风险性消费不同。前者主要是指主体的消费选择可能受到某种利益的驱使或其他因素的影响可能导致的不确定性后果，如信用卡恶意透支、不诚信买卖活动、非法劳工的血汗工厂等。后者主要指主体受猎奇、追求刺激、挑战自身能力的极限等心理因素的支配而自主地选择的颇具危险性的消费项目，如跳伞、极地探险、高山蹦极等。由于研究的需要，本书重点探讨的是消费的风险，特别是消费的道德风险。消费的道德风险是指消费者受外在某些利益的诱惑而盲目地进行消费而产生的，也指现代消费伦理文化对现实消费生活造成的不确定性。因此，消费的道德风险既是显而易见的又是模糊暧昧的，既是当下发生的客观事实也是直指未来的主观预知。正如贝克在论述当下风险和未来风险的关系时曾这样指出：人们通过对未来风险的预测和诊断，不仅可以提高主体的风险感知能力，而且能从风险中发展出一种预防风险的现实措施。这也就是说，我们对风险问题的道德反思应该立

---

① ［日］铃木深雪：《消费生活论——消费者政策》，张倩、高重迎译，中国社会科学出版社 2004 年版，第 20 页。

足当下，直指未来。道德风险作为现代社会的附带品，不是一门独立的学科，而是一种理论方法。它对当前过度消费问题提出了质疑，同时也为我们批判性地审视消费主义的文化模式提供了一个新的观察视角。

现代风险伦理一方面通过风险的研究方法提出了现实问题，另一方面从伦理学的角度揭示出人与自然之间的对立与紧张背后潜藏着人与人之间的利益冲突和价值矛盾。从消费的道德风险角度看，它主要涉及消费者自身、人与社会及人与自然三个方面的内容。换句话说，对于消费行为所带来的风险问题，我们可以从行为主体、人类社会及人与自然的关系三个方面来把握。

一 消费者的异化：经济理性取代价值理性

异化并不是消费社会所特有的现象。生产社会也存在着异化现象。与消费异化不同，生产社会主要表现为劳动者的异化。在《1844年经济学哲学手稿》中，马克思通过对工人实际劳动状态的考察，深入探讨了劳动异化现象，并且把批判的矛头直接指向从事生产劳动活动的具体的、现实的人。马克思指出，劳动者生产的商品越多，意味着劳动者受劳动产品统治的程度越深。因为劳动者生产的商品数量越多，意味着物的世界日益丰富及商品的价值量越来越大。但工人的劳动是对象化或不断自我异化的过程，这意味着人的价值在不断减少。用马克思的话来说，"工人生产得越多，他能够消费的越少；他创造价值越多，他自己越没有价值、越低贱；工人的产品越完美，工人自己越畸形；工人创造的对象越文明，工人自己越野蛮；劳动越有力量，工人越无力；劳动越机巧，工人越愚笨，越成为自然界的奴隶"[①]。由此可见，在资本主义社会里，"物的世界"的不断增值与人的世界的不断贬值是同时发生的。这里，之所以说"人的世界的贬值"主要是因为对象化的劳动在创造社会财富的同时也使得工人越来越多地屈服于资本及其他外在的力量或权威。不仅如此，马克思还在对象化的劳动中进一步揭示出异化的秘密。他说，"劳动的现实化就是劳动的对象化。在国民经济学假定的状况中，劳动的这种现实化表现为工人的非现实化，对象化表现为对象的丧失和被对象奴役，占有表现为异化、外化"[②]。马克

---

① [德]马克思：《1844年经济学哲学手稿》，人民出版社2000年版，第53页。
② [德]马克思：《1844年经济学哲学手稿》，人民出版社2000年版，第52页。

思认为，劳动异化主要包括四个方面的内容，即工人同社会劳动产品的异化、生命活动的异化、人的类本质的异化及人同人的异化。异化的结果就是工人丧失了自主性，最终被自己生产出来的劳动产品所奴役或操控。

事实上，在19世纪末20世纪初，许多思想家对现代社会的技术合理性所导致的奴役和压迫都有所觉察，如马克斯·韦伯、弗洛姆（中文名也译为弗罗姆）、马尔库塞等。他们从不同的角度探讨了异化问题，并批判技术合理性对人性的奴役和扼杀。韦伯曾把现代人失去自由、遭受奴役的生活处境比喻成"铁笼"。这里，韦伯通过"铁笼理论"给人们揭示出"祛魅"之后的"世界"是一个诸神纷争不断、价值多元化的世界。与韦伯的理论解释不同，马尔库塞的"单向度的社会"则把技术合理性解释为不断俘获对立面，并将其纳入既定社会秩序的"一体化"过程。无论是韦伯所言的"价值纷争"的多样化世界，还是马尔库塞语境下"一体化"的"单向度的社会"，它展现在世人面前的都是人和自然不断异化的事实。

如果说马克思是从政治经济学的角度探讨了生产劳动的异化现象，韦伯从社会学角度批判了现代官僚机制对人的控制或束缚，那么，弗洛姆就是从精神分析哲学的角度解释了异化产生的根本原因，以及人的本质复归的基本条件。在弗洛姆看来，人的异化主要表现为主体沉溺于"偶像崇拜"，丧失自身的自我意识。"异化的事实就是，人没有把自己看作自身力量及其丰富性的积极承担者，而是觉得自己变成了依赖自身以外的力量的无能之'物'，他把自己的生活意义投射到这个'物'之上。"[1] 异化是资本主义工业化大生产过程中普遍存在的社会现象。无论是生产领域还是消费领域都存在异化。弗洛姆在考察20世纪资本主义社会结构的变迁和现代人的性格特征时特别强调消费的人道主义原则。弗洛姆认为，消费的首要原则就是消费属人的，它是具体的并且处于现实的社会关系中的人的行为，因此，"消费活动应该是一种有意义的、富于人性的和具有创造性的体验。但在我们今天的文化中，这是难以看到的。消费本质上是人为刺激起来的幻想的满足，是一种与我们真实自我相异化的虚幻活动"[2]。

---

[1] ［美］弗洛姆：《健全的社会》，欧阳谦译，中国文联出版公司1988年版，第124页。
[2] ［美］弗洛姆：《健全的社会》，欧阳谦译，中国文联出版公司1988年版，第134页。

由此不难发现，对于弗洛姆来说，欲望消费一方面违背了消费的人道主义原则，使消费成为非真实的、虚幻化的生活方式；另一方面又使人满足于现实生活中虚假的意义或承诺，从而丧失了本真的自我。总体而言，弗洛姆对消费生活的关注及对永无止境的消费需求的虚假性和欺骗性的揭露，极大地丰富和拓展了异化理论的研究范围。异化理论至此也实现了一个质的飞跃：社会批判理论开始从生产劳动领域转向消费生活领域。在消费生活领域，作为价值尺度的货币不仅是商品交换的中介，而且也使人蜕变成资本主义工业化大生产的奴仆，或者说，动物化的消费者或官能化的存在者。

以财富的攫取或占有为根本目标的工业化生活方式预设的重要心理前提就是每个人按照"利己主义"的伦理原则尽情地享受物质财富。弗洛姆认为，利己主义原则就是以自我的利益和需求为基本出发点，强调个人对物质财富的无限攫取或占有。换句话说，占有财富是个人的基本生存方式，也是个人永不止境的价值追求。在这种永不满足的欲望追逐中，利己主义的自我越来越背离了生活意义本身，更多趋向于对物质财富的攫取和占有。过度攫取物质财富的生活方式遮蔽了人之为人的本质，最终导致了人的异化及其对外在力量或权威的屈服。所以，我们必须警惕这种占有式生活方式使人堕落为"消费的机器"。而在弗洛姆看来，要想促进这种财富占有型生活方式的转变，我们需要依照以下四个步骤展开："（1）我们有病而且意识到这一点；（2）我们找出病态的原因；（3）我们认识到这种病态是有办法克服的；（4）我们明白，为了战胜这种病态，必须树立起一定的行为规范和必须改变我们现在这种生活实践。"①

与弗洛姆消费异化理论不同，马尔库塞通过探讨"单向度的社会"和"单向度的人"，把批判的矛头指向发达工业社会的意识形态，揭示了现实生活中的异化问题。"单向度的人"是马尔库塞对发达工业社会意识形态统治下主体生存状况的一种综合性描述。所谓"单向度的人"是指被发达工业社会通过技术合理性剥夺了人的自由意志和独立批判的能力，从而使人处于一种不自主或被奴役的状态，被动地接受"对立面一致化"

---

① [美]弗罗姆：《占有还是生存》，关山译，生活·读书·新知三联书店 1989 年版，第 177 页。

社会组织的灌输或操纵的工具性存在。或者说，发达工业社会不断向人们灌输一种"虚假性意识"，抹杀了双向度文化的存在，从而导致主体丧失了自身的超越性、批判性、否定性的能力。"当个人认为自己同强加于他们身上的存在相一致并从中得到自己的发展和满足时，异化的观念好像就成问题了。这种一致化的过程并非虚构而确是现实。然而这种现实又构成了异化的更高阶段。后者已经完全变成客观的事实；异化了的主体被其异化了的存在所吞没。"[①] 马尔库塞在此通过"异化的高级阶段"进一步论述了"单向度的社会"里现代人如何被技术合理性征服并被纳入既定的社会秩序之中而丧失自身的超越性。而造成主体异化的根本原因正是社会向主体不断灌输的"虚假的"或"免除谬误的意识"，进而演变成现代人的一种生活方式，最终导致人产生单向度的思维方式和行为模式。

消费取代了工业革命以来生产劳动的主导地位，既是现代社会的核心范畴，也是现代人价值迷失和精神空虚的替代物。消费逻辑的普遍盛行，不仅决定了整个社会的生产劳动及其生产规模，而且还支撑着社会文化、人际交往，乃至个人的消费选择。法国著名思想家波德里亚曾把消费社会比喻成"出卖灵魂"的交易所，认为这种交易使得消费的游戏替代了消费者及其生活目的，也导致人成为一种"物"的存在。从更宽泛的意义来说，消费已经超越了传统语境下的经济活动、政治活动及宗教祭祀，而演变成现代生活中必不可少的精神慰藉品。在传统社会里，人们选择何种消费方式常常受到资金短缺或物质匮乏及传统节俭美德的制约。而在现代社会里，随着商品的日趋丰富和商品交换的日益频繁，信用卡、京东白条、支付宝花呗等多种支付方式也为人们的消费选择提供了十分便利的物质手段。尽管每个人的消费水平、消费能力、消费品位等各不相同，但大众化的过度消费却惊人一致。19世纪德国剧作家歌德在《浮士德》中曾揭示出过度消费的问题。在歌德笔下，浮士德为了追求爱情、知识、政治权力、金钱、实现社会理想，不惜把灵魂抵押给魔鬼，与之签约来换取短暂的感官享乐，最后因违约而丧生。在《浮士德》第二部中，宫内大臣和皇帝对奢侈浪费及寅吃卯粮所引发的财务问题表现出极大的担忧。魔鬼

[①] [美]赫伯特·马尔库塞：《单向度的人：发达工业社会意识形态研究》，刘继译，上海译文出版社2014年版，第11页。

梅菲斯特轻描淡写地答道："你要，我就去弄，弄它个好多。"① 在梅菲斯特的唆使下，国王用地下的宝藏作担保，大量发行纸币来解决财政危机，引浮士德入宫，最后以海伦的悲剧结束。

过度消费是消费者异化的外在表现形式。依照学术界的共识，所谓消费者异化是指人们以欲望消费的方式取代了传统意义上维持自己生存和发展的消费，从而以商品的物性消解了人性。具体而言，消费社会的异化现象可以从这样两个方面进行理解：一是，消费者更加"笃信"消费社会的"幸福神话"，将消费市场理解为"悬挂"个人焦虑的"图钉"；二是，消费市场也通过消费的"魔力"驯化并且操纵着人们的消费需求和消费品位。在流动的消费社会里，这种异化消费不仅仅是人类与物质世界相互交流的基本方式，而且更多表现为一种"不得已而为之"的"投保性试验"。之所以"投保"，主要是因为消费者担心在瞬息万变的消费生活中被时代淘汰或不甘心落后于他人，而不断开启新的消费生活，不断为可能遭遇的风险进行积极的"投保"。从这一点来说，不自由已经成为消费者在"流动的消费生活"中的必然宿命。在这种只有起点而没有终点的消费竞赛或攀比消费中，主体不断异化为自己的对立面，从而丧失了人之为人的本质。消费者与被消费的商品正是在流动的消费生活中被紧密地结合起来。鲍曼认为，"'消费者'与'消费品'是一个连续体概念上的两极，沿着这一连续体，消费社会里的所有成员都有着自己的位置，并且沿着这一连续体，日复一日来来往往地移动"②。鲍曼在此用"流动性"概括现代消费生活的特征，既抹杀了消费者与消费品的本质区别，也从时间维度否认了延迟满足的可能性。从鲍曼的"流动性"概念中，我们不难发现，消费者与消费品在结构方式上的同质性意味着，二者处于一种密不可分的状态。或者说，消费者只有通过使用或享受某消费品的方式，才能展示自身的价值。如果说工人在生产劳动过程中不断外化为"资本的存在"，那么，在消费过程中就是一种消费品或物的存在。从这个意义来说，现代消费生活中绝对的、无条件性的法则就是消费者不断被异化为各种各样的物。依照弗洛姆的解释，现代消费可以用这样的公式来表示自我

---

① [德] 歌德：《浮士德》，钱春绮译，上海译文出版社2007年版，第189页。
② [英] 齐格蒙特·鲍曼：《流动的生活》，徐朝友译，江苏人民出版社2012年版，第11页。

的存在方式,即"我占有的加上我消费的等于存在"①。波德里亚曾用"丰盛"的概念把消费社会刻画成被"物"包围的世界。在波德里亚看来,消费时代也就是一个消费者不断自我异化的时代。当成千上万的商品被批量生产出来的时候,消费便成为游离于人之外的行为方式,"假如我们缺失了这种影像,就标志着世界变得晦暗,标志着我们的行为脱离了我们自身——于是我们就失去了观看自身的角度。没有了这种保障,就不再有同一的可能:我对自己而言变成了另外一个人,我就被异化了"②。

18世纪英国功利主义伦理学的杰出代表人物边沁曾经提出了"全景式监狱"(panopticon)的思想。圆形监狱的建筑特征就是把瞭望塔建立在监狱的中心,通过少数监督人员实现对绝大多数犯人的监管或控制。法国哲学家福柯在此基础上进一步延伸了"全景式监狱"的适用范围。福柯通过权力理论把监狱解释为国家的权力工具和规训手段。在福柯看来,监狱集知识与权力为一体,是现代社会运行机制的微缩模型。现代监狱的确立不仅划出与众不同的个人空间,而且也是展现权力训化或规制个人行为的场所。受边沁和福柯"全景式监狱"理论的启发,鲍曼从后现代伦理学的角度指出,消费社会的"圆形监狱"是以物的"诱惑"剥夺了消费者的自由。这里,鲍曼用"全景式监狱"比喻现代消费社会,形象地刻画了消费者在大型商场或主题购物中心消费狂欢的生活情景。之所以把"全景式监狱"与消费生活联系起来,是因为现代消费社会为消费者设置了重重陷阱,在诱惑消费者的同时还通过"即刻消费、即刻满足与即刻获利"的市场机制驯化消费者过度消费的生活模式。也就是说,"即时消费"是指主体由于担心在生活水平或消费准则方面落后于他人或时代而盲目或从众的消费行为。而在笔者看来,与其说即时消费是现代人由于害怕跟不上时代浪潮,倒不如说他们恐惧被人为地排除在合格的消费者之外,而成为"有缺陷的消费者"。

显然,鲍曼的"全景式监狱"理论与边沁早期监狱理论略有不同:前者关注消费社会,侧重消费环节;后者关注生产社会,注重生产环节。"全景式

---

① [美]弗罗姆:《占有还是生存》,关山译,生活·读书·新知三联书店1989年版,第32页。

② [法]让·波德里亚:《消费社会》,刘成富、全志钢译,南京大学出版社2000年版,第221页。

监狱"在边沁看来是通过少数人对多数人的监视或操控,强调隔离、工作及教养等。而在鲍曼看来,"全景式"的购物场所是通过多数人对少数人的窥视或行为模仿来实现消费,它强调规训、操纵主体的消费选择。波德里亚在解释现代消费社会对人们消费行为的操控时也指出,过度消费的内在逻辑就是通过消费诱惑的方式实现社会控制。波德里亚认为,"消费是用某种编码及某种与此编码相适应的竞争性合作的无意识纪律来驯化他们;这不是通过取消便利,而是相反让他们进入游戏规则。这样消费才能只身替代一切意识形态,并同时只身担负起整个社会的一体化,就像原始社会的等级或宗教礼仪所做到的那样"①。可以说,现代消费社会一方面通过意识形态加强了对消费行为的驯化或操控,另一方面也使消费者把这种消费"操控"视为"自主选择"的过程。其结果就是,消费者更加沉溺于消费市场的物质诱惑或过度消费的漩涡之中。这里,波德里亚着重强调的是消费的意识形态功能,它通过编码与符号意义完成对消费行为的"驯化"及对社会秩序的控制。

如果说20世纪初福特主义的生产方式和消费方式以大众化为特征,那么,20世纪60年代以来的消费生活就呈现出个体化的特征。个体化是现代化进程中的重要文化现象。正如贝克指出,现代化进程从解放、祛魅、控制或重新整合三个维度塑造了"个体化模式"。在贝克看来,解放的维度揭示了个体的非历史化过程,即个体从传统历史语境的社会结构和社会义务中脱离出来。祛魅的维度揭示了个体丧失传统的安全性或稳定性。而控制或重新整合的维度揭示了个体被重新植入与其意义完全相反的新的社会义务。②从整体而言,由解放、祛魅及控制或整合所构成的个性化生活方式,割裂了人与消费或消费与生活需要之间的有机联系,而把消费与欲望巧妙地结合起来。欲望消费否认了消费是满足人类生存和发展需要的基本手段,而是把消费的经济效用无限地放大或延伸,进而将这种消费需求渲染成现代消费社会的根本价值目标和生活理想。然而,个性化的过度消费不仅使消费者难逃异化或奴役的命运,而且还使消费的道德风险问题变得日趋严峻。

---

① [法]让·波德里亚:《消费社会》,刘成富、全志钢译,南京大学出版社2000年版,第90页。

② 参见[德]乌尔里希·贝克《风险社会》,何博闻译,译林出版社2004年版。

二　人际关系的冷漠：消费社会信任危机带来的后果

消费原先作为人类生存和发展的基本方式，在消费社会里跃居为现代生活的主流话语体系。消费主义的话语体系不仅具有较强的行为导向或他人示范功能，而且对人们的价值观造成巨大冲击。它打着"消费至上"的旗号，成功地将"为了消费而消费"的生活理念和消费主义的生活方式渗透到现实生活的各个角落。这种过度消费的生活方式摒弃了人的超越维度，一方面使现代人成为一个漂泊无依的、无根的存在者或动物化的消费者，另一方面也加剧了人与人之间的紧张和冷漠。

现代生活的流动性把过去人与人之间的劳动合作关系演变成买方（消费者）与卖方（商家）的偶然相遇。由这种相遇的偶然性、瞬间性所形成的社会就是陌生人社会。陌生人社会是相对于传统意义上的熟人社会而言的。在《乡土中国》中，我国著名社会学家费孝通先生用"熟人社会"和"陌生人社会"的概念描述了传统社会与现代社会的差异。在费孝通先生看来，维系"熟人社会"人际关系的纽带是血缘、地缘、业缘；而维系"陌生人社会"的纽带则是契约和社会法理。在传统乡土社会里，人与人的交往由于彼此的熟悉及自己对乡规民约和社会习俗的熟知或了解，从而形成人与人之间的相互信任。但是，陌生人社会打破了传统社会以血缘和地缘为基础的相对稳定的社会差序格局，而人员的流动性也使得人际关系及各种习俗面临着巨大的挑战。正如费孝通先生指出，"在我们的激速变迁中，从乡土社会进入现在社会的过程中，我们在乡土社会所养成的生活方式处处产生了流弊。陌生人所组成的现代社会是无法用乡土社会的风俗来应付的"[1]。也就是说，在社会转型过程中出现了价值的断裂或裂缝，即旧的习俗或礼仪缺乏适用性，新的价值规范又尚未建立或完善。而这一点又恰好为消费主义文化的盛行提供了有力的契机。

齐格蒙特·鲍曼曾经用流动的现代性理论解释了陌生人所组成的消费社会。鲍曼认为，对于自我而言，所谓陌生人是指有待"被熟悉的"他者，或者说是"不熟悉的人"或"不了解的人"。或者说，每个人对于他

---

[1] 费孝通：《乡土中国》，人民出版社2012年版，第8页。

人而言都是陌生人，一个有待"被熟悉"或"被了解"的陌生人。"我们所生活的世界几乎被陌生人所充斥，而使得它看起来像是一个普遍的陌生世界。我们生活在陌生人之中，而我们本身也是陌生人。"[①] 每个人都是陌生人，这意味着不仅自我相对于他人来说是陌生人，而且他人相对于自我来说也是陌生人。正是因为彼此陌生，陌生人的生活处境才容易被忽略。所以，身处陌生人的社会生活环境，学会与陌生人相处既是我们的生存之道，也是规避风险的自保之道。

由于传统的社会习俗或道德礼仪在处理陌生人社会的人际关系时常常会面临着机制失灵的窘境，所以，这迫切需要我们构建一种新的伦理价值体系来应对这种机制失灵所带来的不确定性。消费者被抛入琳琅满目的商品世界之中，虽然人与人之间的互动往来越来越频繁，但现代人更多地体会到的是一种漂泊无依、孤独、无助、焦虑的感觉。于是，冷漠便从陌生人的世界中自然而然地或矫揉造作地被突显出来。在美国社会学家戈夫曼的"戏剧理论"中，陌生人就是有"污点"的、被其他人轻视或鄙视的、有缺陷的人，因此与陌生人相处主要通过"漠不关心"表现出来。这种"漠不关心"在道德行为上的具体表现就被人们称作道德冷漠。道德冷漠是道德心理学中的重要概念之一。它主要包括两层意思：从积极意义来讲，道德冷漠是指我们对他人的疾苦或不幸遭遇漠不关心，其行为表现是无动于衷、不作为；从消极意义来讲，道德冷漠是指人们对自身或他人的"恶行"（如酒驾逃逸、出售掺假大米等）或"恶习"（如随地吐痰、购物插队等）姑息纵容，以一种"事不关己、高高挂起"的态度将自我置身于事外，从而放弃自身对这一事件的道德责任。吉登斯曾经用"内隐契约"（implicit contract）将其表述为参与者相互认可的交往仪式，认为处理陌生人与陌生人之间的关系应保持一种"客套式的寒暄"或"礼貌性的疏远"。而人与人之间这种"客套式的寒暄"或"礼貌性的疏远"是社会关系道德冷漠的外在表现。不仅如此，人与人之间的道德冷漠还导致行为者对社会问题或环境污染问题的忽视或不作为。

冷漠之所以成为现代社会的普遍现象，主要因为陌生人社会消解了个

---

① ［英］齐格蒙特·鲍曼：《通过社会学去思考》，高华等译，社会科学文献出版社2002年版，第51页。

人的特性，由偶然相遇聚结而成的非持续性、不确定性的社会关联。在陌生人社会里，行为者的匿名性和行为的不确定性使得人与人之间的彼此尊重显得十分重要。或者说，"与陌生人共处，恰恰需要这种'去道德化的尊重'，或者说'冷漠的尊重'，正是在这样的冷漠和不注意的过程中，把对方视为与自己同样具有人格尊严的人，大家互不侵犯，体现了每个人的人格独立和自主性"[①]。这里，冷漠或疏远体现了人与人之间的不信任或信任感的丧失。这是因为盲目地信任他人对于自身来说意味着风险或物质和精神方面的损失。而这无疑会增加个人的经济成本。对他人的冷漠从本质来讲是一种不健康的道德心理状态。依照阿伦特的观点，这种不作为的"冷漠"是一种"平庸的恶"，它不仅使行为者失去伦理关怀的对象，而且还导致自己丧失存在的道德基础。从根本来讲，与其说是陌生人寻求自保的生活方式导致了现代社会人际关系的疏远和冷漠，倒不如说陌生人之间的彼此不信任。

在陌生人社会里，人员的流动性使得现代人彼此之间缺乏一种传统意义上的相互信任。也正是由于彼此的陌生或互不了解，所以，每个人都行事谨慎。换句话说，在陌生人社会里，我们对他人的无条件信任可能给自己招致风险。那么，如何防范消费社会中的风险呢？对此，贝克这样指出，能否建立人与人之间的信任关系是当代中国风险社会理论的核心问题。在贝克看来，中国城镇化建设过程中的信任问题是中国风险治理中的主要矛盾，因此规避风险首先需要我们解决现代社会的诚信缺失或信任危机问题。"任何一个社会制度得以维系都需要有不可或缺的两种关系：一是法律关系，二是伦理的信任关系。这两种关系不仅是市场经济存在的灵魂，而且也是社会经济发展最根本的动力和保障。以伦理为基础的人际关系主要体现为一种信任关系，以法律为基础的人际关系主要体现为一种相互尊重关系。"[②] 贝克在此把信任分为道德信任和法律信任两类，并且论述了人与人之间的信任是维持社会稳定的价值基础和动力源泉。道德信任与法律信任在贝克看来是相辅相成、互竞互生的关系。整个社会的信任度

---

① 龚长宇、郑杭生：《陌生人社会秩序的价值基础》，《科学社会主义》2011 年第 1 期。
② 薛晓源、刘国良：《全球风险世界：现在与未来——德国著名社会学家、风险社会理论创始人乌尔里希·贝克教授访谈录》，《马克思主义与现实》2005 年第 1 期。

越高，人与人之间越能够做到彼此尊重。而人与人之间的信任关系能否产生，主要取决于这样两个条件：一是健全而完善的社会信用制度；二是每个社会成员诚实守信、信守承诺、言行一致的道德品质。

  对于信任问题，德国社会学家尼古拉斯·卢曼也表达了相同的观点。他认为，人与人之间的彼此信任就是现代社会应对风险的重要前提。信任他人也就是无视风险的存在，或运用海德格尔现象学还原的方法通过"加括号"把所有风险"搁置"起来的行动。在卢曼看来，全球性的风险需要全人类团结起来而采取相应的措施积极应对，而信任则是人们共同面对风险的道德基石。然而，这里卢曼依然面临一个问题：在风险面前，人与人之间的彼此信任何以可能呢？由于社会生活总是存在着这样或那样不可预见的风险，因此，人与人之间的不信任问题依然表现得尤为突出。那么，在不信任问题日益严峻的前提下，如何凝聚人心成为我们防范风险首先需要解决的问题。生活经验表明，不信任意味着人际合作的不可能。而信任行为的发生在面对不同的行为对象时给主体造成的风险也不尽相同。波兰社会理论家彼得·什托姆普卡在《信任：一种社会学理论》中把风险分为四个等级。一是，与自身信任行为无关的第一级风险（the first‐degree risk），第一级风险是指他人的行为与我们预期的信任不相符合而带来的风险。二是，涉及我们信任行为的第二级风险（the second‐degree risk），这种风险主要由于我们信任了不该信任的人而产生的负面心理影响。第二级风险主要表现为我们应对风险主要通过一种风险和另一种风险的相互交换来实现的，而"信任自身，即'好像'风险很小或不存在一样采取行动，实际上增加了另一种风险——'信任的风险（risk of trusting）'"①。这里，什托姆普卡主要从社会学的角度揭示了信任行为的内在矛盾。这个矛盾就是人们为规避风险而采取的信任措施可能导致了一种新的风险。例如消费者购买三鹿奶粉的最初目的是为了避免买到假冒伪劣奶粉，但事实上，三鹿奶粉含有三聚氰胺成分对婴幼儿的健康又造成威胁。三是，被信任者理解我们的信任并承诺信任而导致的第三级风险（the third‐degree risk）。第三级风险主要发生在关系亲密的伴侣、家庭成员、

---

① ［波兰］彼得·什托姆普卡：《信任：一种社会学理论》，程胜利译，中华书局 2005 年版，第 41 页。

朋友之间，主要由于被信任者的不恰当行为给人们带来心理上的不信任。四是，出于信任向他人托付某事件而出现的第四级风险（the fourth-degree risk），这类风险主要由于他人可能利用被"托付"的权利谋求个人的私利，而无视我们的信任行为对其提出的道德义务。总体而言，这四类风险不仅在不同的信任行为中不同程度地存在，而且在同一个信任行为中也可能同时存在。

当陌生的"你"与陌生的"我"相遇时，彼此间的信任是"你""我"相互关照、沟通交流的道德基础。但事实上，"你"和"我"之间的信任关系是否存在，却是一个未知数。正如贝克所言，完善的法律体系和道德信任是维护社会秩序的重要屏障。但是，在中国现代化建设过程中，由于相关法律制度的不健全、道德信任的严重匮乏直接加剧了人与人间的不信任。"信任本身在一定意义上是创造性的，因为它需要一种'跳入未知'的承诺，或者说一种幸运的抵押品，这种抵押品意味着接受新鲜经验的准备状态。然而，去信任也是去（无意识地或者相反地）面对丧失的可能性。"① 从这个意义来说，人与人不信任的概率就会大大提高。而这种不信任既摧毁了人与人之间相互合作的道德基础，也危及社会秩序的稳定。如果说信任是整个社会经济良性运行的文化基石，那么，缺乏信任的外在表现就是道德冷漠。或者说，道德冷漠的伦理实质也就是社会成员之间的彼此不信任。然而，与这种道德冷漠形成鲜明对照的是，现代人对个性化的消费生活充满了热情。

熟人社会向陌生人社会的转型也就是生产社会向消费社会的过渡或嬗变。它使得传统社会的乡约、习俗已经逐渐被现代社会的法律和契约所取代。但由于相应的法律法规不健全和现代信任伦理的缺失，社会转型过程中就不可避免地出现了与传统社会之间的价值断层。贝克通过探讨世界性风险将这种现象理解为"社会伦理价值的断裂"。而现代社会与传统社会之间的这种断裂导致了价值真空的出现。在价值真空中，每个人都依据自身的价值标准和道德准则行事。如此一来，这就产生了多元化的价值观。而价值的多元化又导致了人与人之间的价值冲突和利益分歧。

---

① [英]安东尼·吉登斯：《现代性与自我认同：现代晚期的自我与社会》，赵旭东、方文、王铭铭译，生活·读书·新知三联书店1998年版，第45页。

从另一个角度看，在道德真空状态下，各种社会文化思潮也乘虚而入。其中以消费主义文化为甚。在人类进化的漫长历史过程中，消费始终是人们赖以生存和发展的基本手段。随着消费概念在现代社会里经济功能的放大和道德内涵的演变，个人的消费选择不仅是一种具有现实意义的经济行为，而且还是社会价值的符号代码及社会分层的基本尺度。可以说，消费的经济价值和社会构建意义在现代社会里得到人们的充分肯定。正如罗钢和王中忱指出，"消费是一个积极有效的过程，所有社会范畴都在消费过程中被不断重新定义"①。总体而言，机器化大生产用欲望消费遮蔽了人们真实的消费需要，进而使消费从发展经济的手段演变成社会生活的目的。可以说，过度消费不仅代替了主体曾经信守的道德准则及其对他人的道德关怀，而且消解了人之为人的道德基础。这意味着人们离"内圣外王"的目标渐行渐远。这种远离导致了个人的道德意志或消费选择被外在的消费市场所操控。或者说，个人的消费行为也不再是自主决定的，而是基于理性算计的各种利益之间的角逐和较量。"消费程式并没有实现机会均等和社会（经济的、地位的）竞争的缓和，相反却使各种形式的竞争变得更加激烈、尖锐。通过消费，最后我们只是来到了一个充满了普遍化、总体化竞争的社会中，这种竞争表现在一切层面上：经济、知识、欲望、身体、符号和冲动，对今后在一个永不停止的区分和超级区分程式中被作为交换价值生产出来的一切事物发生作用。"② 可见，消费品的日益丰富及消费水平的不断提高，给消费者带来的不是舒适愉悦的生活享乐，而是攀比消费的心理焦虑及人与人之间的不信任感或道德冷漠的持续延伸。

三 人与自然矛盾的尖锐化：消费社会的生态风险

在20世纪60年代，美国作家蕾切尔·卡逊（也译为卡森）在《寂静的春天》一书中较早地向世人揭露了化学药品或杀虫剂滥用的生态危害。她指出，这些化学试剂的过度使用已经使鸟儿、蚊虫、鱼类等深受其

---

① 罗钢，王中忱编：《消费文化读本》，中国社会科学出版社2003年版，第64页。
② ［法］让·波德里亚：《消费社会》，刘成富、全志钢译，南京大学出版社2000年版，第208页。

害。① 该书给人们描绘了一个沉寂的、毫无生机的春天。这种非同寻常的"静寂"也使人们开始痛定思痛地反思现代性的生态环境问题。1972年，罗马俱乐部在《增长的极限》中痛斥了数字化的经济增长所带来的环境危机。② 随着《寂静的春天》《增长的极限》等著作的相继问世，环境问题逐渐成为社会各界共同关注的重要议题。这也开启了西方发达国家环境主义运动的新篇章。继而，理论界也产生了一大批生态伦理学的研究成果，如辛格的动物解放论、雷根的动物权利理论、罗尔斯顿的价值论环境哲学、奈斯的深层生态学等。辛格的动物解放论是以边沁的功利主义理论为基础，认为动物"趋乐避苦"的感觉能力是它们应得到人类道德关怀的伦理根据。而雷根的动物权利论则认为，动物和人类一样，也拥有与生俱来的道德权利。动物的这种道德权利意味着我们不能将动物视为实现人类目的的工具或手段，而应该善待动物、尊重动物，使其免受痛苦的折磨。与辛格和雷根关注动物不同，环境哲学家罗尔斯顿把道德关怀的视野拓展到整个自然界，以自然的"内在价值"为基础提出了人类应该保护自然环境的道德义务。也正是因为这种整体主义的研究视野，罗尔斯顿的价值论生态伦理学赢得了一大批的追随者，成为当代生态伦理学的主流学派。奈斯的深层生态学理论把自我视为自然界的一部分，通过生态平等主义原则论述了每个物种都拥有和人类一样的神圣不可侵犯的生存权和发展权。在奈斯看来，人类实现自我价值的过程主要是通过增进自我与其他物种的亲密度来获得的。

虽然生态伦理学的理论研究日益丰富，但这一切并没有在根本上改变环境污染问题愈演愈烈或全球气候变化的严峻现实。潜藏在经济增长与环境污染问题背后的是人与自然矛盾和冲突的不断升级。消费社会的生态风险突出地表现为，现代消费生活方式在消耗自然资源的同时也产生了大量的生活垃圾和电子废弃物。可以说，人类对自然的破坏程度远远超出了环境自身的净污能力。这打破了整个生态系统的平衡，同时也对生态环境造成了巨大的威胁。对于城市雾霾、酸雨、土地荒漠化、珍稀动植物物种数

---

① 参见［美］蕾切尔·卡森《寂静的春天》，王思茵、梁颂宇、王敏译，江苏凤凰文艺出版社2018年版。
② 参见［美］丹尼斯·米都斯《增长的极限——罗马俱乐部关于人类困境的研究报告》，李宝恒译，四川人民出版社1983年版。

量的急剧减少等环境问题,学术界形成了这样的基本共识:不能以牺牲自然环境为代价而盲目地追求数字化的经济增长。与此同时,理论研究者也认识到,当前生态伦理学不仅陷入人类中心主义与非人类中心主义的理论争论,而且还使生态伦理学作为一门独立学科的知识合法性遭到质疑。而从实践角度看,生态伦理学的重要使命就是呼吁人们重视环境问题或生态风险,并且通过保护环境的实际行动来实现人与自然的和谐发展。

　　前已备述,早期生态伦理学在探讨环境问题时侧重人之外的动物权利、动物解放及自然的内在价值,而不是作为道德主体的人。似乎生态伦理学研究一旦强调道德主体,就容易被贴上"人类中心主义"的标签。于是,生态伦理学对人与自然相互关系的道德思考开始转化成对大自然"内在价值"的探讨和争论。以罗尔斯顿为代表的价值论环境哲学也逐渐成为当代生态伦理学的主流学派。在早期生态伦理学研究中,现代消费问题并没有引起太多的关注。这一局面直到20世纪90年代才有所改变。1992年里约地球峰会在《21世纪议程》中明确指出,不可持续的消费模式和生产模式是当前全球环境问题的主要原因。它呼吁参会各方致力于可持续消费模式的探索,从而以实际行动积极应对环境危机。可持续消费是在可持续发展的概念基础上提出来的,是指既满足当代人的消费需要,又不危及未来人类的消费生活。它包含两层意思:"一是,在满足人类基本需要的同时,改进消费模式和生产模式,从而降低环境压力;二是,更好地理解消费对环境保护的作用及如何实现可持续消费。"[1] 具体说来,第一,重视生产效率,提高自然资源的利用率;第二,注重生产方式和生活方式的结构转型,进而以绿色消费和绿色生产实现可持续发展;第三,强调责任和正义的消费原则。由于发达国家和发展中国家的经济发展水平不同及其对环境造成的破坏程度不同,所以在节能减排和消费问题上应该区别对待,不能"为了保护而保护",而降低了发展中国家或贫困地区消费者的消费水平或生活质量。如果说第一层意思是从生产角度探讨可持续发展,那么,后两层意思就是把实现可持续发展的具体途径归结到现代消费方式问题上。

---

[1] Jackson, T., eds., *The Earthscan Reader in Sustainable Consumption*, London, Sterling, VA: Earthscan, 2006, p. 3.

这也就是说，直面消费问题对于揭示环境危机的深层原因是至关重要的。消费是造成当前生态环境问题的主要原因，也是我们防范生态风险的重要途径。正如美国学者琳达·斯达奇曾这样指出："消费是三位体中被忽略的一位，如果我们不想走上一条趋向毁灭的发展道路的话，世界就必须面对它。这个三位体中另外两位——人口增长和技术的变化——已引起了注意，但是消费却始终默默无闻。"[1] 杜宁在讨论消费社会的生态风险时将批判的矛头直接指向消费主义文化。杜宁认为，现代社会的消费问题表现为多方面，不仅五光十色的商品诱惑使消费者难以抗拒，而且支撑现代社会的消费主义文化也是一种肤浅的价值观。杜宁在此通过对"多少算够"的追问深刻地批判了当前的消费生活及消费主义文化所造成的生态危机。在杜宁看来，只有当人们意识到汽车消费及汽车尾气排放导致了环境问题恶化时，消费问题才能得到普遍重视。虽然消费主义是以意义填充物或替换品的形式进入现代人的消费生活，但它最终带来的是价值体系的崩溃及环境问题的恶化。[2] 罗伯特·乌拉德把杜宁"多少算够"的问题向前推进了一步，通过对"当再多也不够"（when too much is not enough）的反思提醒人们重视过度消费造成的环境问题。乌拉德指出，发达国家对自然资源和能源的过度消耗是环境问题恶化的根本原因，"如果我们想要财富的积累和环境的可持续性兼而有之，那么，就必须大幅度减少现有的消费量，唯有这样做才能提高我们相互关怀的社会能力（social capacity）"[3]。乌拉德在这里用"致命的消费"把过度消费的生活方式和环境问题联系起来，主张通过公平消费的伦理原则以简单的生活方式尽可能地减少对自然资源的消耗，从而实现可持续发展。美国制度主义学派的重要代表人物罗斯托曾通过历史的研究方法论述了现代社会的消费问题。罗斯托在《经济成长的阶段》中根据经济规模的大小程度指出，人类社会的历史发展经历了传统社会、为发动创造前提条件阶段、发动阶段、向成熟推

---

[1] ［美］艾伦·杜宁：《多少算够——消费社会与地球的未来》，毕聿译，吉林人民出版社1997年版，前言第5页。

[2] 参见［美］艾伦·杜宁：《多少算够——消费社会与地球的未来》，毕聿译，吉林人民出版社1997年版。

[3] Woollard, R G. and Ostry, A S., *Fatal Consumption: Rethinking Sustainable Development*, Vancouver: UBC Press, 2000, p.6.

进阶段及高额群众消费时代等五个阶段。在罗斯托看来，当经济发展步入成熟阶段时，社会的关注点已经从生产问题转向了消费问题和国家福利问题。而在经济发展进入高额群众消费时代，除非人类"正视和应付世界成长阶段所隐含的挑战"[①]，否则人类的社会文明就会被精神领域的停滞或衰退所吞噬。

众所周知，我国计划经济向市场经济的过渡或转型使得消费社会在中国诞生。而中国消费社会的诞生也标志着一种全新的消费生活方式的到来。网购、线上线下、海淘及代购迅速成为中国消费者现实生活的一部分。仅就2017年"双11全球狂欢节"而言，天猫网销售总额竟然高达1682亿元。在这个令人咂舌的天文数字背后潜藏着的却是人与自然的冰火两重天：一面是店家和消费者为商品买卖的达成而弹冠相庆，另一面是自然默默地承受着被浪费或滥用的生态风险。例如消费狂欢节之后，大量的廉价商品在未经使用的情形下被任意地丢弃到垃圾桶，而网购消费或退换货所产生的外包装垃圾数量更是大得惊人。这也就是说，新的消费生活方式不仅使传统的实体经济和节俭消费伦理受到严峻挑战，而且也加剧了环境污染问题。2017年11月，来自世界184个国家的15000多名科学家联名发布《致人类警告信》，再次警告人类必须采取行动，积极应对地球资源被过度消耗所带来的生存危机。

在消费主导型的经济模式下，生态风险主要表现为人类对自然环境的过分开采或索取而导致的风险。或者说，消费的生态风险主要表现为过度消费行为或消费主义生活方式对生态系统所带来的消极影响或不确定性。随着20世纪初欧美国家的大众化消费向20世纪60年代个性化消费的转型，消费的生态风险也开始日益凸显。而日益严峻的环境问题也需要人们的环保意识和风险意识得到相应的提高。在《风险社会》中，贝克曾这样指出，"风险威胁的潜在阶段已经接近尾声了。不可见的危险正在变得可见。对自然的危害和破坏，在化学、物理或生物的影响链条上，不再外在于我们的个人的经验；相反，它们越来越清晰地冲击我们的眼睛、耳朵

---

① [美] 华尔特·惠特曼·罗斯托：《经济成长的阶段——非共产党宣言》，郭熙保、王松茂译，商务印书馆1962年版，第188页。

和鼻子"①。如果说生态风险在西方资本主义国家仅仅是以河流污染、生物多样性锐减、森林破坏等环境问题的形式表现出来,那么,它在中国则表现为人们的生命健康受到严重威胁。2009年4月,《凤凰周刊》第11期刊发了《中国百处致癌危地》一文引起社会各界极大的反响。"癌症村"是指由于饮用水源或自然栖息地被严重污染使得村民患上各种各样的癌症的自然村落。《中国百处致癌危地》一文通过对中国不断涌现的"癌症村"的考察,为人们揭示了我国传统线性经济增长模式的弊端及经济繁荣现象背后潜藏着触目惊心的生态风险。这种经济模式依循的是"先污染,后治理"的发展理念,它把经济增长放在第一位,而把伴随经济增长同时出现的环境问题放在次要位置。所以,这种以牺牲自然资源为代价的经济增长势必给生态环境造成难以估量的损失。不仅如此,当下正在发生的或未来即将爆发的生态风险,也危及每个人的生命健康安全。生态风险的全球化表明,人与自然的和谐关系正遭到人为的干预和破坏。而人与自然的不和谐关系一方面表现为吞噬人类生命的"癌症村"正接二连三地出现,另一方面也表现为环境问题愈演愈烈。

这里,我们围绕着消费社会这条中心线索,剖析了"消费的非道德神话"和"消费主义的道德神话";继而通过批判两个神话的虚幻性和欺骗性论述了消费行为的三重道德风险。依照贝克的解释,风险意味着机遇与挑战并存。从伦理学的角度看,道德风险一方面被解释为某行为及其道德原则给人们现实生活带来的风险或灾难性后果;另一方面也被理解为通过对风险的治理和防范而实现人与自然、人与社会、一个国家与另一个国家之间的和谐共处。如果后者是现代人孜孜以求的价值目标,那么,前者是我们需要积极防范或规避的重要对象。从道德风险的角度看,它主要有两种表现形式:一是指现代性消费伦理本身所造成的消极影响;二是指个人消费行为可能带来的消极影响。前者涉及消费正当与否的伦理尺度,后者关注的是消费行为本身及其伦理限度。前者是后者的伦理基础和理论前提,后者是前者的延伸和拓展。虽然我们无法精确地估算出个人的消费行为究竟会给自己或他人造成多大的道德风险,但有一点可以肯定的是,现代消费行为背后潜藏着道德风险。这些道德风险主要包括人自身、人与社

---

① [德]乌尔里希·贝克:《风险社会》,何博闻译,译林出版社2004年版,第64页。

会及人与自然三个方面的内容。对于人类自身而言,"为了消费而生存"的生活理念用消费的经济合理性抹杀了其价值合理性,使消费者丧失了自主性,从而最终成为被消费市场所奴役和操纵的对象。对于人类社会而言,经济的全球化意味着风险的全球化。瞬息万变的现代生活已将传统的熟人社会演变成陌生人社会。消费者作为风险的制造者和承担者,被抛入商品世界之中,由于缺乏相应的法律保障和人与人的道德信任,冷漠成为现代人谋求自保的重要生活策略。这种社会冷漠既增加了社会交往的经济成本,又加剧了消费的风险或不确定性。对于自然环境而言,一面是现代人过度消费的生活方式危及生态系统的平衡;另一面是以牺牲环境为代价的经济模式危及人类赖以生存的栖息地。

总而言之,由消费所带来的风险特别是道德风险问题,已经成为经济全球化的背景下人类共同面临的重要挑战。它需要引起社会各界的广泛关注。在 2008 年,消费的道德风险是以经济风险或金融危机的形式表现出来的。这场美国金融危机"与传统资本主义'物质化''实体化'的剩余劳动时间(Materialized surplus labor time)所造成的'产品过剩'危机相比,这场危机可称为'符号化'的'剩余劳动时间'(Symbolized surplus labor time)或剩余财富所造成的'符号过剩'的危机"[①]。这里,"'符号过剩'的危机"既反映了资本主义社会根深蒂固的基本矛盾,也反映了"为了消费而生存"的价值理念的虚幻性和风险性。按贝克的描述,全球化的风险意味着,风险的生产和分配决定着财富的生产和分配,同时也意味人们在心理上普遍缺乏一种安全感。安全感的缺失不仅使人们陷入对自身生存困境的担忧和恐惧,更重要的是它瓦解了人与人之间彼此信任的道德基础。道德风险问题从最初的经济领域延伸到社会生活领域,不仅削弱了传统社会道德原则和行为规范的约束力,而且还由于行为者损人利己的不道德行为造成了信任危机或责任主体缺位等问题。在现代社会,消费主义深刻影响着并改变了每个人的消费观点和生活方式,消费的道德风险业已成为我们理解消费社会和探讨消费问题的基本出发点。如果消费的道德风险得不到应有的重视,或我们对已经存在和即将到来的道德风险视而不

[①] 刘方喜:《审美生产主义——消费时代马克思美学的经济哲学重构》,社会科学文献出版社 2013 年版,第 24 页。

见，也不采取任何防范措施，那么，这势必导致现代生活被过度消费或浪费型的经济模式所毁灭。而厘清消费的道德风险问题，其关键在于突破现代社会经济主义技术路径的缺陷，从伦理学角度探讨消费生活的道德本质。全球性的经济危机已经悄然发生，如果想要规避过度消费或不恰当消费方式的道德风险，那么，这就需要我们积极探寻规避或防范道德风险的伦理路径。阿伦特在《黑暗时代的人们》中曾十分乐观地告诉我们："即使在最黑暗的时代，我们也有权利期待某种光明。这种光明与其说来自理论和概念，不如说来自一些男男女女在其生活和工作中，在几乎各种环境中点燃的不确定的、忽隐忽现的、通常是微弱的灯光，它照亮了尘世的时光距离。"[①] 阿伦特在这里对"黑暗时代"充满自信的表述向我们传递出这样的信息：消费社会中无处不在的风险并不意味着，我们应该对非自主性的、非人性化的消费生活感到绝望。恰恰相反，面对风险或危机，我们应该充满信心、满怀希望地重构安全的生活秩序。正如美国学者克莱曼在《道德的重量：在无常和危机前》中指出，危机和风险作为社会生活中的必然现象，并不意味着人类生活是黯然无色、毫无希望的。[②] 而在笔者看来，超常性的消费生活在带来风险和危机的同时，也意味着成功和机遇的可能性，而这种机遇也恰好体现了道德的力量。

[①] ［德］汉娜·阿伦特：《黑暗时代的人们》，王凌云译，江苏教育出版社2006年版，第34页。

[②] 参见［美］克莱晏《道德的重量：在危机和无常前》，方筱丽译，上海译文出版社2008年版。

第四章　如何防范消费社会的道德风险：当代责任消费伦理研究

前已备述，在现代社会里，消费的道德风险主要包括两个方面的内容：一是，现代消费伦理本身的负面影响；二是，个人消费行为可能导致公共生活领域的不确定性。如果说这些道德风险可能危及当代人及未来人类的生存和发展，那么，在风险全球化的时代背景下，如何应对和防范消费的道德风险已经成为人类构筑安全栖息地无法回避的重要课题。正如贝克在论述风险的内在逻辑时这样指出，财富生产向风险分配的转变意味着，现代风险社会的核心问题就是"怎样能够避免、最小化或者挑战作为现代化一部分而被系统产生的危险和威胁"①。

贝克认为，在人与人之间的相互联系日益紧密的风险时代，人们通过对工业文明或资本主义工业化大生产的"集体反省"，已经使责任成为一种"普遍化"的伦理原则。从风险的伦理内涵来讲，责任是人类赖以生存和发展的必要条件，因此，责任伦理作为共同体的普遍性的道德原则被提了出来。正是依据这条普遍原则，"没有人能够逃避彼此休戚与共的责任要求"②。这里，贝克所说的责任原则实际上要求人们对自己行为产生的后果或消极影响承担责任。换句话说，它要求生活在共同体内的所有成员都肩负起对他人或自然环境的道德责任。然而，消费的道德风险从根本原因来看是行为主体逃避责任或不负责任的直接后果。于是，这种责任要求的紧迫性与责任主体的缺位之间的矛盾也日益

---

① ［英］齐格蒙特·鲍曼：《后现代伦理学》，张成岗译，江苏人民出版社2003年版，第234页。
② 薛晓源、刘国良：《全球风险世界：现在与未来——德国著名社会学家、风险社会理论创始人乌尔里希·贝克教授访谈录》，《马克思主义与现实》2005年第1期。

尖锐化。这表明，应对风险和防范现代社会的道德风险，首先需要我们确立起消费社会的伦理基础，即行为主体积极承担起对他人及自然环境的道德责任。

第一节　消费社会的价值问题和道德责任

从时间维度看，消费的道德风险主要包括两个方面的内容：一方面是指已经发生的灾难性事件，另一方面也指未来即将可能发生的风险或危机。然而，作为灾难性事件或可能性危机，消费的道德风险本身并没有给我们提供在实践方面"应该如何做"的行为准则。或者说，消费风险的"事实"并不蕴含着"应该如何做"的"价值"判断。不仅如此，在社会转型过程中，"应该如何做"的价值判断的缺失还可能导致人们对风险无动于衷或无作为。在《风险社会再思考》中，贝克用"风险陷阱"描述了消费者在危机或风险面前"无作为"的严重后果。贝克认为，风险的可能性仅仅告诉人们，面对即将到来的灾难或危机要防微杜渐或不应该做什么，并没有阐明在具体行动上应该怎样做。而这里，行动上的"茫然无知"或无作为都将使人类面临着十分严峻的风险考验。这种考验在贝克看来就是"风险陷阱"。[①] 这也就是说，现代社会的消费抉择要么是一个陷阱，要么是一种风险，但归根结底是风险问题。如果我们对风险要想有所作为，那么，首先必须回答的问题就是如何把消费风险的"事实"转换为我们应该怎样做或如何防范消费风险的价值问题。

一　消费风险中的事实与价值问题

"是"与"应该"、事实与价值及事实命题与价值命题等问题是近代以来西方伦理学的重要理论问题。对于这一问题的哲学思考，我们最早可以追溯到英国著名伦理学家大卫·休谟那里。在《人性论》中，休谟通过对是与应该、事实命题与价值命题的区分，试图在古典经验论中构建一

[①] 参见［德］乌尔里希·贝克：《风险社会再思考》，郗卫东译，《马克思主义与现实》2002年第4期。

个精确化的道德哲学体系。休谟甚至反复提醒读者要详细说明且小心"提防"应该或不应该的价值命题。休谟指出,"我所遇到的不再是命题中通常的'是'与'不是'等联系词,而是没有一个命题不是由一个'应该'或一个'不应该'联系起来的"①。在休谟看来,"是什么"与"应该做什么"是"完全不同"的研究领域,分别反映了人或事物之间的事实关系与价值关系。由于"应该做什么"或"不应该做什么"体现了行为主体与客观事物之间的"一种新的关系或肯定",所以,我们不仅要为"应该做什么"的行为准则提供相应的理论解释,而且还要对从"是"推导出"应该"的理论根据进行说明。

这里,休谟把"应该或不应该"的价值命题理解为"新的关系或肯定",并自觉将其与"是或不是"的事实命题对立起来。休谟区分"是"与"应该"、事实与价值的主要目的不仅在于质疑从"是"推导出"应该"的理论根据,而且还在于澄清这样的观点:从"是"(to be)的事实判断无法推导出"应该"(ought to be)的价值判断。休谟的这一观点被美国政治哲学家罗尔斯称为"休谟法则"。"休谟法则"在比较宽泛的意义上揭示出"是"与"应该"之间的差异,且强调有关"恶和德""善恶"的价值判断并不能从人们的理性认识中获得,也不能从客观对象中找到"应该"的事实根据。它消解了道德知识中的价值成分,从而也导致了事实与价值之间的二元对立。但事实上,休谟真正担忧的是,对道德判断的理论根据缺乏充分说明可能"推翻一切通俗的道德学体系"②。

自休谟提出"是"与"应该"、事实判断与价值判断二分以来,事实与价值问题就成为伦理学研究者普遍关注的热门话题。到了 20 世纪初,西方元伦理学的兴起已经使得学术界对事实与价值问题的争论转化为对伦理学知识合法性的全面质疑。正如美国元伦理学家希拉里·普特南在谈论事实与价值问题时曾这样指出,"在我们的时代,'事实'判断与'价值'判断之间的差别是什么的问题并不是一个象牙塔里的问题。简直可以说是一个生死攸关的问题"③。摩尔是现代西方元伦理学的开创者,最早从直觉主

---

① [英] 大卫·休谟:《人性论》,关文运译,商务印书馆 1997 年版,下册,第 509—510 页。
② [英] 大卫·休谟:《人性论》,关文运译,商务印书馆 1997 年版,下册,第 510 页。
③ [美] 希拉里·普特南:《事实与价值二分法的崩溃》,应奇译,东方出版社 2006 年版,第 2 页。

义伦理学的角度将由事实判断推导出价值判断的理论学说斥责为"自然主义的谬误"。他通过把不可定义的"善"诉诸自明性的直觉，从而对"自然主义的谬误"进行了有力的批判。在此基础上，逻辑实证主义还进一步明确区分了事实与价值，坚持认为有关善恶的价值判断是人们的情感表达或道德法则的普遍规定，而有关事实的科学知识是以追求客观真理为根本目标的，它不受个人情感、情绪、态度或信念的影响。所以，事实判断在逻辑实证主义看来是与价值判断或个人的主观价值评价无关的。如此一来，"是"与"应该"、事实与价值、事实判断与价值判断及事实命题与价值命题之间的紧张对立被推向了极致，从而形成了泾渭分明的两种知识体系。

生活经验表明，事实判断与价值判断的二分思维存在着严重的问题。一是，导致了人类认知方面的片面性，使得工具理性主宰了现实生活，进而将价值理性理解为主观判断被排除在人类认知体系之外。二是，肯定了世俗生活的功利性，同时还否定了主体的内在超越维度。这也就是说，事实与价值的二分，一方面使道德判断缺乏客观的"事实内容"，从而成为一种泛泛而谈的空话，另一方面也使科学真理缺乏价值理性的引导和规约，进而造成技术主义思维对人的宰制或操纵。到了20世纪50年代，西方道德哲学家开始对事实与价值的二分问题进行了深刻的反思。正如普特南在探讨"事实与价值的缠结"问题时对事实与价值的二分法提出了质疑，并且试图用"混杂的伦理概念"消解事实与价值的分离。在普特南看来，"事实与价值的缠结"意味着每个经验事实都承载着价值判断，而每个价值判断都渗透于具体事实之中。普特南甚至提出，"奎因批判逻辑实证主义关于科学语言可以整齐划一地分为'事实的'部分和'分析的'部分的图像之后，经典的事实与价值的二分法的整个论证都瓦解了，而且，'就逻辑实证主义者会断定的而言'，科学如同预设了经验和惯例一样预设了价值"[1]。

由此可见，事实与价值虽然是两个不同的研究领域，但它们之间是彼此关联的。或者说，事实与价值、事实判断和价值判断、"是"与"应该"并不是彼此隔绝，而是相互渗透、相互影响的。从普特南的"混杂的伦理概念"中，我们也不难做出这样的推断，消费的道德风险一方面

---

[1] ［美］希拉里·普特南：《事实与价值二分法的崩溃》，应奇译，东方出版社2006年版，第39页。

是描述性的事实，另一方面也是规范性的价值。正如贝克指出，风险阐明的不是纯粹的事实判断，也不是纯粹的价值判断，而是二者兼而有之，或者是介乎事实判断与价值判断之间的"一种'数字化的道德'"。实际上，贝克在这里论述了风险的三种状态：事实、价值及介于两者之间的"数字化道德"。其中，作为一种"数字化道德"，风险既表述了"不再信任，但还没有毁灭"的社会现实，又包含着我们在具体行动方面"应该如何做"的道德要求。从这个意义来说，消费的道德风险一方面以"不再—但—还没有"的语言表达样式陈述了消费风险的事实成分，另一方面还给我们提出了"应该如何消费"的道德要求和行为准则。

二　自由消费与道德责任

通过以上讨论，我们集中阐明的是在危机四伏的全球化背景下，我们应该积极应对和防范消费的道德风险。其中，在应该如何做方面，人们的行为选择对于防范风险来说是至关重要的。这种积极"作为"之所以重要，是因为它直面风险问题，既有利于构建社会的安全秩序，又有利于促进社会的安定团结。无论是风险社会理论，还是关注风险问题的道德哲学理论，都强调伦理文化在风险防范中的重要作用。那么，在消费主义时代，我们需要什么样的道德理论来规避或防范消费的道德风险呢？

在《消费者生产伦理学》（*The Ethics of Consumer Production*）中，曼努埃尔·维拉斯克斯（Manuel G. Velasquez）通过契约论、适当关怀理论及社会成本理论详细讨论了企业或消费者防范和规避消费风险的伦理途径。在维拉斯克斯看来，契约论把消费者与商家之间的社会关系解释为一种买卖双方互利合作、互惠互进的经济合同关系。一旦消费者购买某产品，这不仅意味着"销售契约"的达成，而且也表明生产该产品的企业或公司对消费者负有不可推卸的道德责任。这些道德责任主要包括四个方面的内容："（1）基本责任是遵守销售契约的相应条款；（2）附带责任是告知消费者该产品的基本特性；（3）避免误解；（4）避免非自主使用及其不恰当的影响。"[①] 这里，"销售契约"是以企业或生产厂家为侧重点

[①] Velasquez, M. G., "The Ethics of Consumer Production", in Beauchamp, T L, Bowie, N E., eds., *Ethical Theory and Business*, Englewood Cliffs, N. J.: Pearson Prentice Hall, 1993, p.182.

的，强调它们对消费者肩负着不可推卸的道德责任。当然，企业或生产厂家能否自觉履行这些道德责任仍面临着严峻的现实考验。在维拉斯克斯看来，契约论主要存在三个问题。第一，企业与消费者之间并不存在直接联系。由于企业主要通过零售商这个中介环节与消费者发生间接联系，因此，企业与处于生产链条末端的消费者并不存在直接的契约关系。这种间接联系在一定程度上也使得契约对企业或生产厂家的道德约束力有所下降。第二，自由消费表明，消费者在选择某产品的同时也应该承担这一行为选择所带来的风险或其他消极后果。因此，消费者自由选择商品意味着，企业可以不必为产品的安全性或可靠性承担全部责任。第三，商家在产品的信息和专家知识方面拥有绝对的优势，这意味着，买卖双方的地位从来都是不平等的。而这种不平等的社会地位主要由于买卖双方之间的信息不对称、不透明而产生的。进而，它也导致了消费者在商品交换过程中长期处于弱势地位。

适当关怀伦理强调，为了保护消费者在商品买卖过程中的正当权益，企业不仅应该为消费者提供可靠的产品，而且还需要凭借自身拥有的专家知识和专业技术给予消费者适当的道德关怀，使其免遭伤害。维拉斯克斯认为，适当关怀理论的主要问题表现在三个方面。第一，没有行之有效的方法或明确的道德规则指引企业应该怎样对消费者实施关怀及在多大程度上对其实施道德关怀。第二，发现产品的缺陷及可能产生的风险是一个比较漫长的过程。但在多数情形下，消费者购买某产品时并不知道产品的质量缺陷，只有在使用了相当长的一段时间之后，才可能发现产品存在质量问题，所以，企业对产品的风险问题很难承担起提前告知的义务。第三，不管消费者是否愿意为降低风险支付额外的费用，企业出于规避风险的考虑都会替消费者做出付费的决策。企业采取这种免责自保的措施不仅显得过于武断或专横，而且也侵犯了消费者自由选择的权利。

社会成本理论认为，企业把产品的设计或包装、生产、流通、销售等诸多环节的经济成本及产品自身的瑕疵或缺陷可能给消费者带来的伤害，全部内化到产品的总价格之中，从而促进了社会资源的有效利用。在维拉斯克斯看来，社会成本理论主要有三个问题。第一，迫使企业为不能预见或无法避免的伤害买单，"这是不公平的，因为它违背了补偿性正义的基本规定"①。第二，依照资源的有效利用原则分摊社会成本，在某种程度上降低了消费者为自身可能遭受到伤害付费的责任，但同时也使消费者放松了警惕，疏于防范可能遭遇的风险，从而导致了消费者受伤害的事件不断增加。第三，越来越多的消费者起诉企业，向其索要经济赔偿。"'严格责任'理论导致责任诉讼（liability suit）费用不断增加，因为保险公司已经通过支付被控告企业的责任诉讼费用来结束纷争，从而使保险公司的危机尘埃落定。"②

从整体而言，对于消费风险问题，契约论、适当关怀伦理及社会成本理论提供了不同的答案。契约论认为，每个人的自由消费带来了风险问题，因此，消费风险的主要责任在于消费者，消费者应该承担绝大部分的道德责任。而适当关怀理论和社会成本理论则认为消费风险的主要责任在于企业，因此，企业应承担更多的道德责任。契约论、适当关怀伦理及社会成本理论虽然不同程度地都存在问题，但它们不约而同地把道德责任理解为规避和防范消费风险的必要途径。无论是企业利用自身的专家知识和专业技能最大限度地降低消费者的风险，还是消费者自行承担消费选择的风险，责任是消费者或企业恪守契约、适当关怀及内化社会成本的价值诉求和行为准则，也是买卖双方互信与合作的道德基石。

但事实上，责任逃逸或推卸责任的现象在现代消费生活中却俯拾皆是。除了行为者的责任意识淡薄之外，另一个重要原因还在于道德责任与自由意志之间的密切关联。在《实践理性批判》中，德国哲学家康德将自由意志理解为道德责任的必要前提。这使得道义论的追随者自觉接受了这样的观点：主动承担责任意味着，行为者是基于意志自由而这样做。③正如凯恩指出，"责任的本质在于它意味着行为人具有自由意志。根据这

---

① Velasquez, M. G., "The Ethics of Consumer Production", in Beauchamp, T. L. and Bowie, N E., eds., *Ethical Theory and Business*, Englewood Cliffs, N. J.：Pearson Prentice Hall, 1993, p. 188.

② Velasquez, M. G., "The Ethics of Consumer Production", in Beauchamp, T. L. and Bowie, N E., eds., *Ethical Theory and Business*, Englewood Cliffs, N. J.：Pearson Prentice Hall, 1993, p. 188.

③ 参见［德］康德《实践理性批判》，邓晓芒译，人民出版社2003年版。

一论点，责任是行为人和自由意志的一个功能或一个方面，正确理解责任需要一个关于行为人和自由的'真相'的一个'自然主义'或'半科学'的论述"[1]。但由于现实生活中很多消费选择是受商业促销手段的诱惑或迫于自我认同的主观心理需要而做出的，而不是出于消费者自主选择的结果。所以，道德责任与自由意志的相关性又使得非自主消费成为现代消费者"不负责任"的借口或托词。

对于这个问题，波德里亚曾无比忧虑地表示，被"物"包围的消费社会在"否认真相"的同时还面临着重重危机或风险。消费主义话语体系试图通过"消费培训"和"面向消费的社会驯化"把消费者塑造成"普遍的人"，"但消费者绝不是一个普遍性的人：它自身是一个社会政治的人，是一种生产力——并且与此相适应的，它提出了一些基本的历史问题：消费手段（而不再是生产手段）繁荣的问题、经济责任感（面对生产内容的责任感）的问题等。在这里蕴含着深刻的危机和新型的矛盾"[2]。如果说现代社会责任意识的欠缺和责任主体的缺位导致了风险的产生，那么，勇于承担责任是促进社会文明和经济发展的文化动力。然而，消费社会里变幻莫测的危机和矛盾又表明，消费主义生活方式所提供的"意义供给"或价值编码不但没有能够给消费者带来更多的精神愉悦或幸福的心理体验，反而使消费者沦为贪婪的、自私的、利己的"被剥削者"，最终也使得责任成为一种抽象的道德要求。从这个意义来说，防范风险和构建安全保障体系首先需要我们落实责任主体问题，使消费者承担起自身应尽的道德责任。

自由是人类亘古不变的价值追求。它意味着行为者摆脱被奴役或被控制而表现出自主抉择的状态。在消费社会里，"自由"集中表现为消费者对物质世界无止境的索取及对商品的肆意挥霍或损耗。对于消费者而言，这种消费行为之所以是自由的，主要因为它是消费者自我个性的表达方式和寻求社会认同的重要途径。但事实上，这种自由展示给消费者的只是昙花一现的幻影。这里，所谓的"自由消费"也只不过是消费社会为了更

---

[1] ［澳大利亚］皮特·凯恩：《法律与道德中的责任》，罗李华译，商务印书馆2008年版，第8页。

[2] ［法］让·波德里亚：《消费社会》，刘成富、全志钢译，南京大学出版社2000年版，第78页。

好地操控消费者的欺骗性伎俩，它遮蔽了消费选择不自由的伦理实质。更为吊诡的是，由于"表达自由是一种公共善"[①]，消费作为自由表达的方式意味着这种消费生活方式在伦理学上获得了确证。或者说，消费者将消费社会对其消费行为的驯化或操控误以为是自由，这不仅肯定了消费行为的价值或意义，而且使得自己受制于消费游戏的控制或操纵。

在此，我们从自由表达的角度承认当前的消费生活方式，其真正的意图并不是完全肯定这种生活方式，也不是完全否定它，而是要揭示和澄清这种"确证"背后所隐藏的复杂内涵，并且从作为公共善的"自由表达"中揭示出这种被确证的生活方式的内在张力。拉兹认为，现代生活方式从表达自由的角度看主要有两种论证方式。"第一，当生活方式存在并且得到实施时，所展示和表达的生活方式是通过其展示与表达而得到确证的。因为其他人也了解他们的问题、体验与态度，这些东西在该社会中是可接受的，由此人们得以宽心。第二，因为表达的这种意义，审查与定罪就获得了广泛的负面意义。它们不仅表达了对于受审查的具体行动的不赞成，还表达了对于这种具体行动所属的整个生活方式的否定。在当代社会中，公共展示确证了生活方式，然而审查是对该生活方式的一种权威性的公共谴责。"[②] 第一个论证从"表达自由是一种公共善"的前提出发，充分肯定了人们自由表达的道德权利，并采用类似"存在即合理"的解释方式论述了这种被确证的生活方式对于权利拥有者而言的积极意义。拉兹认为，这种确证增强了权利拥有者的自我认同感和社会归属感，促进了人与人之间的社会交往，最终也提高了个人的生活质量及社会的公共福利。当然，第一种论证方式留下这样一个问题：被确证的生活方式是否得到国家权威部门的赞同？事实上，这一问题涉及被确证的生活方式的适用范围和边界问题。或者说，我们需要从避免恶的角度用第二种论证对第一种论证中的内容进行审查和定罪。这种审查和定罪一方面削弱了第一种论证中的自由表达权，另一方面给受审查者的生活方式提供了国家权威部门的谴责意见。

---

① ［英］约瑟夫·拉兹：《公共领域中的伦理学》，葛四友译，江苏人民出版社2013年版，第182页。

② ［英］约瑟夫·拉兹：《公共领域中的伦理学》，葛四友译，江苏人民出版社2013年版，第181页。

综上所述，拉兹的公共伦理学为现代生活提供了一个乐观主义的理论解释：任何生活方式只要是现实存在的，并且能够增强社会福利，同时不给其他人的公共利益造成损害，那么，这种生活方式不仅可以得到确证，而且能获得相关权威部门的赞同。但这一结论本身是值得怀疑的。这是因为自由表达的道德权利容易被自由主义的理论家或权威机构所滥用。众所周知，自由主义经济学充分肯定了个人自由消费的权利。西方国家的权力机构更是将自由表达视为民主政治的文化基础。然而，这些机构在消费社会里既是运动场上的球员又是发挥监督作用的裁判，这使消费问题不但没有得到应有重视，或受到相应的批判，反而得到某些权威部门的鼓励和赞许。从这个意义来说，消费的道德风险问题实际上被人们的自由消费权利被掩盖。不仅如此，奢侈浪费或炫耀消费作为现代社会的重要表达方式，不仅获得商业机构的赞同，而且被"确证"，并贴上"公共接受"的标识。

在现代消费生活中，人类的实际生存状态主要有三种形式：自由、不自由，以及介于二者之间对自身自由与否浑然不知的状态。一般来说，自由被视为理想的生存状态；不自由和不知道自己是否自由是人类生存的常态。在消费社会里，虽然消费者坚信个人的消费选择是自由的，但事实上，人们如何消费及消费什么通常是不自由的，或者消费者对自身不自由的状态是毫不觉察的。如果说人们的消费行为是受消费主义意识形态的操纵而被迫做出的，那么，这种不自由状态似乎意味着人们不需要对自身的消费行为负责。如果说意志自由是履行道德责任的必要前提，那么，不自由及对自身自由与否浑然不知两种状态毫无疑问就会使道德责任的理论解释陷入一种二律背反的道德困境。正如斯特劳森在《道德的不可能性》中所言，道德责任要求行为者能够自我决定，而在自我决定过程中，一系列的行为选择容易使我们陷入无穷后退，所以，真正意义上的道德责任是不可能的。①

对于现代道德责任缺失的原因，德国波恩大学的乌·金德霍伊泽尔通过探讨风险产生的复杂过程，用"跳跃性直觉"（die sprunghafte Einsicht）的概念从法哲学角度进行了解释。金德霍伊泽尔指出，"跳跃性直觉"的思维过程主要涉及理性的不可知领域。也就是说，当直觉试图告知我们某

---

① 参见徐向东《自我决定与道德责任》，《哲学研究》2010年第6期。

事件时，这里从不可知向可知的转变过程中存在一个思维的跳跃，这种跳跃就是"跳跃性直觉"。而这种直觉改变了社会成员对周围环境或他人的认知，它在凸显个人意识的同时，也导致了自我的"道义责任缺位"，无形之中还增加了社会风险。换句话说，"道义责任缺位"现象表明，"跳跃性直觉"为人们所带来的"认知"不是对物质世界及其客观规律的深刻洞见，而是自我欲望的膨胀或者是"未经理智保证"的自我决断。或者说，"随着个体跳跃性直觉的不断增强，自我越突出，人的责任性就越欠缺，因而犯罪的可能性就越大"[①]。

第二节　消费的道德风险与责任消费伦理

那么，什么是道德责任？如何使人们自觉承担起消费选择的道德责任，而不是逃避责任，或者对责任视而不见呢？从字面意思看，责任在德语中意指回答（antwort），在英语中主要是指对他人的控诉或提问做出回应、反应（respond to）。德国著名应用伦理学家赫费把责任理解为行为者的负担，认为这种负担主要有三种表现形式：一是，某人作为社会成员应该承担的一种责任；二是，"被牵扯"或被卷入的一种责任；三是，由于自己的过错或过失行为而涉及一种需要赔偿和弥补他人的责任。在赫费看来，"在第一种基本含义中，或者涉及一种特殊的责任，为特定的作用、功能和职务负责，或者涉及为行为的后果和附带后果负总的责任"[②]。可见，"承担的一种责任"也就是指人们由于身处某具体工作岗位而产生的职务责任，并且这种"职务责任"为人们提供了一种施展自身才华的舞台。"被牵扯到的责任"在多数情况下是指自我对其他人的控诉或质疑被动地做出相应的答复或辩护。而带惩罚性质的责任主要根据过失行为或渎职行为而要求行为者对自己的行为后果承担道德责任。从其内容来看，人们对道德责任一词的使用通常是相对于法律责任而言的。法律责任是指当事人对被控告事宜相关问题做出回答。对于道德责任问题，学术界一直存在不少争议。概括说

---

① 薛晓源、刘国良：《法治时代的危险、风险与和谐——德国著名法学家、波恩大学法学院院长乌金德霍伊泽尔教授访谈录》，《马克思主义与现实》2005 年第 3 期。

② ［德］奥特弗利德·赫费：《作为现代化之代价的道德：应用伦理学前沿问题研究》，邓安庆、朱更生译，上海译文出版社 2005 年版，第 12 页。

来，它主要有两个理论版本：一是道德责任相容论，另一个是道德责任不相容论。① 相容论认为，主体的意志自由是承担道德责任的前提条件，并且这一前提与道德决定论是相容的。而不相容论认为，道德责任的前提是一种与道德决定论不相容的自由。前者采用责任归因的方法，试图在行为的因果链条中找出道德责任的事实根据。在《实践理性批判》的定理四中，康德曾指出，"意志自律是一切道德律和与之相符合的义务的唯一原则，反之，任意的一切他律不仅根本不建立任何责任，而且反倒与责任的原则和意志的德性相对立。因为德性的唯一原则就在于对法则的一切质料（也就是对一个欲求的客体）有独立性，同时却又通过一个准则必须能胜任的单纯普遍立法形式来规定任意"②。但事实上，现代社会的许多消费行为都是消费者受到外在物质条件或其他因素的诱惑被迫或非自主做出的选择。而按照康德道义论的解释，道德责任是基于主体的意志自由而提出来的道德要求。换句话说，如果主体处于非自主或不自由状态，那么它就不能对主体的消费行为及其后果提出任何道德要求。道德责任不相容论坚持认为，决定论与自由意志是不相容的，因为自由意志意味着不受任何因素或外在条件的约束和限制，所以，自由意志、道德责任与决定论是不一致的。这种不一致性意味着，人们并不需要对所有事情负责，对自己行为及其行为后果负责仅限于行为主体控制范围之内。换言之，行为主体不需要对超出自身能力范围且无法控制的事情负责。那么，如何使人们对可能造成风险的消费行为承担责任呢？顺着这一思路继续追问，我们不难发现，根据行为者和行为后果侧重点的不同，学术界对道德责任的可能路径提供了不同的理论解释。例如，现代规范伦理学认为：道德责任从行为后果的角度要求主体对其消费行为负责；后现代伦理学则认为，道德责任是一种绝对的、无条件的道德要求，或者说，责任伦理也就是陌生人彼此间的一种应答方式。接下来，我们以英国后现代伦理家鲍曼和美国消费哲学家克罗克为例，从责任伦理的角度论述防范消费风险的基本途径。

一 为他者负责的消费伦理思想

责任伦理最早是由德国著名思想家马克思·韦伯提出来的，再经过约

---

① 参见徐向东《自我决定与道德责任》，《哲学研究》2010年第6期。
② ［德］康德：《实践理性批判》，邓晓芒译，人民出版社2003年版，第43—44页。

纳斯的未来伦理学的进一步解释，从而把"责任"凸显为当代伦理学的核心概念。

约纳斯将这一新的责任伦理学称为未来伦理学（Future ethics）。约纳斯的未来伦理学站在技术文明的高度对康德的道义论、边沁的功利论等道德理论进行了彻底的清算，进而提出了责任命令。在1984年英文版《责任命令：探寻技术时代的伦理学》（*The Imperative of Responsibility: In Search of an Ethics for the Technological Age*）中，约纳斯用"责任命令"的概念修订了1979年德文版中"责任原理"的概念。约纳斯在区别新的责任伦理学与传统道德学说时曾指出，传统道德学说是一种人类中心主义的理论。它着眼于近距离的人与人之间道德关系的思考而忽略了当代人生活的全球境况及未来人类的生存困境。在约纳斯看来，"预知未来的能力（ability）与行动的影响力（power）之间的断裂便产生了一个新的道德问题。后者相对于前者的优先性表明，意识到无知已经成为有义务知道的对立面。所以，伦理学部分必须支配越来越多超出人们意志之外的自我管理"[1]。

约纳斯指出，当代人对未来人的道德责任并不是对等互惠的，而是一种非对称的道德关系。其中，父母与子女的关系是这些道德关系中最原始的模型。这一模型把父母视为道德责任的承担者，并且将其守护者或托管者的权力视为"应该做某事"的道德源泉。它否认了"是"与"应该"的二分，用父母对子女的道德责任化解了"是"与"正当"的对立和冲突。也就是说，新生儿的存在意味着父母应当细心关怀、照顾他。这种道德责任在约纳斯看来主要包含三个基本要素：因果关联、行为的可控性及行为后果的可预测性。具体而言，"一是，责任的最普遍条件是因果力（causal power），这种因果力意味着行动对世界产生影响；二是，行为处于行动者控制范围之内；三是，行动者在某种程度上能预见行为所产生的后果"[2]。显然，约纳斯从能预见的"行为后果"角度探讨的是一种前瞻性或预防性责任。前瞻性或预防性责任要求行动者对自身行为所产生的负

---

[1] Jonas, H., *The Imperative of Responsibility: In Search of an Ethics for the Technological Age*, translated by Hans Jonas and David Herr, Chicago: University of Chicago Press, 1984, p. 8.

[2] Jonas, H., *The Imperative of Responsibility: In Search of an Ethics for the Technological Age*, translated by Hans Jonas and David Herr, Chicago: University of Chicago Press, 1984, p. 90.

面影响负责。这里,之所以强调道德责任,其根本目的是为了防范风险,从而降低灾难的发生率或避免灾难性风险的发生。在约纳斯看来,道德责任的逻辑推演过程就是以自我为出发点,从"父母与子女"的原始模型向人与人之间的关系模型逐步延伸和拓展。这也就是说,当代人对未来人的道德责任及人类对自然的道德责任都是按照推己及人的基本思路,从父母与子女这个原始关系模型中派生出道德责任。

从整体而言,约纳斯的道德责任理论通过亚里士多德的自然目的论,探寻人类的安身立命之本。他对道德责任的本体论解释力图回答这样的问题:如何控制被技术文明无限放大的人类权力,从而有效防范或规避风险。约纳斯对技术风险的反思及人类生活意义的探讨深刻地影响了后现代伦理学家齐格蒙特·鲍曼。鲍曼不但接受"道德责任"这一概念,而且也强调道德责任在流动的消费生活中的重要作用。除此之外,鲍曼又在许多方面对约纳斯的责任伦理进行了修正和补充说明。

第一,鲍曼的责任伦理学以他者为出发点。他者是与自我相对而言的一个概念。自17世纪法国哲学家笛卡尔提出"我思故我在"的命题以来,近代西方哲学的认识论转向不仅使得主客二分的思维模式成为现代伦理学的重要理论方法,而且也使主体性原则被理解为现代西方伦理学的基本精神气质。如此一来,现代伦理学在处理主体与客体、自我与他者关系时,通常将主体或自我视作现代理论的中心枢纽;而处在学说边缘位置的他者也就逐渐被人们"遗忘"了。这种主体性道德学说被约纳斯概括为"人类中心主义的伦理学"。人类中心主义的伦理学强调主体的价值和尊严,主张一切从人的需要和利益出发。它用技术合理性无限放大了自我的权利,使其摆脱了神意的控制和伦理的约束。然而,自我在获得自由和解放的同时,又陷入自我异化的道德困境。随着人们对自我生存困境反思的深入,主体性又遭到多方的质疑或批判。从昆汀·劳尔(Quentin Lauer)的"主体性的凯旋"到多迈尔的"主体性的黄昏",自我逐渐成为学术界批判或解构的对象。

他者是鲍曼的责任伦理思想中的一个重要概念。对犹太精神的认同,致使鲍曼自觉接受了列维纳斯的他者伦理学思想。对"他者"真切地同情主要是因为鲍曼的犹太人身份也使他有机会亲身体验了极权主义政治对犹太人的"大屠杀"。移居英国后,鲍曼又亲眼见证了消费社会的新穷人或有缺陷的消费者被排斥或驱逐的不幸命运。在流动的现代社会里，消费生活的碎片化已然将道德自我割裂成各式各样的个体角色，而自我的角色化意味着利益最大化代替了自我的道德责任。或者说，碎片化的个体角色导致了现代消费社会的伦理危机。

在某种意义上说，"现代伦理危机"也就是一种自我中心主义的生存困境。在马克思的政治经济学中，主体和客体的关系主要通过劳动分工和商品交换而表现出来。马克思以商品为主要线索不仅论述了商品的价值、使用价值及交换价值，而且揭示了商品的拜物教性质。马克思指出，商品主要体现了不同劳动产品的价值联系，商品的神秘之处不在于商品本身所具有的使用价值或价值，而在于它以抽象的物的关系否定了人的社会现实联系。以劳动二重性理论为基础，马克思指出，"人脑的产物表现为赋有生命的、彼此发生关系并同人发生关系的独立存在的东西。在商品世界里，人手的产物也是这样。我把这叫做拜物教。劳动产品一旦作为商品来生产，就带上拜物教性质，因此拜物教是同商品生产分不开的"[①]。在这段论述中，马克思用商品拜物教的概念从具体劳动和抽象劳动两个方面揭示出商品的秘密。具体说来，它主要包含三层意思：第一，劳动的社会性质将生产商品的劳动者之间的社会关系理解为物的社会属性，从而使得劳动产品成为一种"社会的物"；第二，一旦劳动产品转变成"社会的物"或商品，便具有拜物教的性质；第三，商品世界实际上是用物与物的关系遮蔽了人与人之间的社会关系。我们在此可以从"人脑的产物"和"人手的产物"两个方面来认识和理解马克思的拜物教概念。一方面，"人脑的产物"表现为以虚幻化的主观意识反映社会生活；另一方面，"人手造的产物"则表现为以商品或"社会的物"的关系遮蔽了人与人之间的社会关系。更进一步讲，马克思一方面从社会关系的角度揭示了资本主义社会用物与物之间的抽象关系反映现实的社会关系；另一方面从个体的角度揭示了这种虚幻的价值观在人的头脑中的反映，以及它对主体的生产方式和生活方式的消极影响。

根据马克思的商品拜物教思想，鲍曼在《消费生活》（*Consuming Life*）中提出了主体性拜物教（subjectivity fetishism）。鲍曼指出，所谓主

[①] 《马克思恩格斯文集》第 5 卷，人民出版社 2009 年版，第 90 页。

体性拜物教是指消费者的幻象化生存在主体自我意识层面的投射。幻象化生存意味着，消费者是以自我为起点，通过消费主义的生活方式展示自我、表达自我的个性或生活品位，甚至希望借此获得自我认同或社会地位。也正是通过购买或消费不同商品，主体虚构了一种整体性的生活图景。[①] 消费者沉溺于五光十色的商品，客观说来，这是消费经济的市场机制和内在规律使然；从主观角度看，它是一种争先恐后的消费心理激励并驱使着消费者不断消费。在《流动的生活》中，鲍曼通过对固定和流动两种物质形态的分析比较后这样指出，生产社会的显著特征是静止的、固定不变的，而消费生活的显著特征就是流动的、变化莫测的。在鲍曼看来，流动性的消费生活否认了延迟满足的美德，进而用有效期限的方式肯定了即时享乐的生活准则。[②] 生活经验也表明，一旦商品出现即将过期的情形，为了避免不必要的浪费或经济损失，商家或销售人员通常采取打折促销的处理办法，而消费者的直觉反应就是尽快将其使用或消耗。这里，鲍曼用恐惧一词解释了消费者对商品保质期的基本态度。在鲍曼看来，消费者真正担心或恐惧的不是消费品未被使用而造成浪费，而是自身是否被排斥到消费者世界之外。或者说，消费者的恐惧与其说是担心消费品的过期，倒不如说担心自己被时代或社会时尚所淘汰，或当作无用的"垃圾"被抛弃。为了摆脱这种惨遭淘汰的生活窘境，消费者总是不遗余力地消费，试图通过过度消费的方式揭去自己身上不合格或有瑕疵的标记，成为合格的消费者。"不合格的消费者"也就是鲍曼语境下的陌生人或新穷人。陌生人或新穷人是惨遭消费社会遗弃、驱逐或排斥的对象。由此可见，鲍曼和约纳斯都通过恐惧的心理分析了社会现实。尽管鲍曼和约纳斯在责任伦理的论述方面有许多相似之处，但随着现代社会向后现代社会的转型或过渡，二者之间的分歧也逐渐显现出来。对于约纳斯来说，"恐惧启迪术"是指行为者出于对未来的担忧而从行动上积极承担道德责任的心理前提。但鲍曼认为，恐惧是现代人不断进行攀比消费的心理动因，而攀比消费的结果只能是越来越多难以控制的消费风险。在鲍曼看来，目光短浅的攀比消费或过度消费加剧了自我的碎片化或个体的角色化，而他者

---

① 参见 Bauman, Z., *Consuming Life*, Cambridge：Pdity Press, 2007。
② 参见［英］齐格蒙特·鲍曼《流动的生活》，徐朝友译，江苏人民出版社2012年版。

是唤醒自我，扬弃自我的异化，让"无根自我的道德复归"的伦理基础。显然，鲍曼的后现代责任伦理与约纳斯的责任伦理存在差异：鲍曼通过他者唤醒自我，试图解决消费社会的主体性拜物教问题或现代伦理危机；约纳斯则以自我为出发点，通过责任命令构建起自我与外部世界的道德关联，试图解决技术文明时代人类社会的生存困境。

第二，鲍曼用"我和你非对称关系"的责任模式代替了约纳斯的道德责任中"父母与子女"的原初模型。前已备述，约纳斯用"父母与子女"的亲缘关系解释了父母作为子女守护者或监护人的道德责任，继而把道德责任解释为按照亲疏程度依次向当代人、自然环境及未来人拓展和延伸出去的道德关系。凭着对陌生人社会的切身体验，鲍曼首先肯定了约纳斯的责任伦理对于防范技术风险和环境危机的现实意义。但是，鲍曼并不赞成约纳斯对道德责任原始场景的预设。鲍曼认为，流动的现代性已经把我们抛入陌生人的世界，而熟人社会的责任伦理在应对陌生人社会的人际关系时常常缺乏实际的可操作性。因此，鲍曼用"我和你非对称关系"解释了道德责任的发生机制，以及自我积极承担道德责任对于道德自我的本体论意义。"我和你非对称关系"是自我与他者相遇的原初场景，也是主体间的最基本社会结构模式。"我和你"都是彼此相对而言的一个他者。从这一点来说，"我与你"的相遇也就是他者与他者的相遇。而他者面孔（face）的存在意味着自我对他者的绝对的、无限的道德责任。这种道德责任是伦理自我得以产生的必要前提，也是主体性复归的自然基础。鲍曼认为，他者的面孔对于自我而言是一种绝对的道德责任，这是因为，"当我承认，面孔的在场意味着自我的责任，我和邻居都获得了意义：我是负责任的自我，他是我赋予权利的对象，并使我对其负责任的他者。也正是在他者的意义和自我的意义的创生过程中，我的自由特别是道德自由才得以产生。准确地说，由于责任的单边性和非对称性，以及完全取决于我的创造性权力的压缩，道德自我的自由可能仅仅是摆脱了无所不在的依赖性阴影的自由"[①]。

由此可见，鲍曼对道德责任的伦理解释不是本体论意义上，而是超越本体论的。鲍曼认为，伦理学是先于本体论的。而伦理学先于本体论意味着，"我"与"你"的关系不是彼此相互分离的，也不是海德格尔所言的

---

① Bauman, Z., *Postmodern Ethics*, Oxford: Blackwell, 1993, p. 86.

"与……共在",而是我"为……而在"。"为……而在"的语言结构和表达方式意味着,道德责任在鲍曼那里是一种无条件的、绝对的责任。"绝对性"是说这种道德责任不能被我拒绝。勇于承担责任也就是人之为人的道德前提。"无条件性"是说这种道德责任没有任何前提预设,它不涉及他者的道德品质、事件价值的理性算计、个人的利益得失等外在因素的考量。对于鲍曼而言,自我和他者的偶然相遇,他者不是某个具体的社会角色,也不是自我熟悉的任何个体,而是一种没有任何权力的超越性存在,"当命令被说出之前,我愿意去聆听这个命令;当我知道他者命令我做什么之前,我愿意去服从这个命令,他者就是一种权威。'就她独自而言'(如果存在这一状态),他者是弱小的。确切点说,这种脆弱性致使我把她放在面孔位置的举动成为一个道德行为:当我赋予她控制权,使弱者变成强者、使沉默寡言者开口说话、通过给她提供命令我的权利使不存在者成为存在者,我就是完全地为了他者,也是真正地为了他者。'我是为了他者'意味着我把自己当作人质给他者。我为他者承担责任。但是,我承担的责任不是某人以某种方式签订的责任契约及契约规定应负担的义务"①。

第三,鲍曼用亲近(proximity)一词解释了现代道德责任生成与消解的内在逻辑。鲍曼认为,人的社会本质意味着私人生活在根本上讲离不开社会,而他者的在场对于"自我"而言也就意味着道德责任。"由于不可解脱地同人与人的接近拴在一起,道德看起来符合视觉法则。靠近眼睛,它就庞大而厚实;随着距离增大,对他人的责任就开始萎缩,对象的道德层面就显得模糊不清,直到两者达到消失点(Vanishing Point),并逸出视野之外。"② 在这段论述中,鲍曼用道德的"视觉法则"描述了道德责任逐渐消逝的过程。而道德责任的消逝意味着现实生活与自我价值理想的分离及主体自身内在结构的坍塌。换句话说,远距离的"无人之域"在鲍曼看来并不存在道德责任,这是因为产生道德责任的前提条件关键在于"他者的亲近"(the proximity of the other)。鲍曼认为,在流动的消费社会

---

① Bauman, Z., *Postmodern Ethics*, Oxford: Blackwell, 1993, pp. 73-74.
② [英]齐格蒙特·鲍曼:《现代性与大屠杀》,杨渝东、史建华译,译林出版社 2002 年版,第 251 页。

里，生活习惯、行为模式、道德规则等并不是一成不变，而是变动不居的。作为流动性的生活策略，社会冷漠已经通过隔离或排斥等方式在人与人之间掘开了一条无法逾越的鸿沟，拒绝他人的靠近。如果说"接近意味着责任"，那么，不让接近可能则意味着我们没有必要承担与自己没有关联的人或其他事物的道德责任。正如鲍曼这样指出，"责任的消解，以及接踵而至的道德冲动的淡化，必然包括了（实际上，是同义于）以身体或精神的隔绝来代替接近。接近的另一面就是社会距离。接近的道德属性是责任；社会距离的道德属性则是缺乏道德联系，或者是异类恐惧症。一旦接近被腐蚀掉，则责任将归于沉寂；一旦同伴的人类主体被转变成一个他人，责任则最终将被怨恨替代。这种转变的过程就是一种社会隔绝"[1]。对于鲍曼而言，现代官僚体系凭借着强有力的技术手段和理性计算的社会机制已经使这种"社会隔绝"和"责任的消解"变成现实。鲍曼在这里用"接近"的概念解释了道德责任的生成过程和基本进路。它与约纳斯的责任伦理思想主要区别在于：约纳斯从未来人类的视阈强调远距离伦理，认为"不在场"的技术风险和生态风险意味着现代人应该对自身的行为及行为后果负责。而在鲍曼看来，他者的靠近或接近意味着自我对他者肩负着绝对的、无限的道德责任，疏远或隔离意味着道德责任的"消解"。

流动性的消费生活对道德责任的消解，也使得社会矛盾日益凸显。这些矛盾集中表现为两个方面。一是，消费市场把消费视为经济增长的驱动力，用理性算计的经济标准进一步替代了主体对自身消费行为的道德评价，从而导致过度消费被渲染成一种合理性的行为。二是，虽然消费者意识到消费的道德问题（诸如过度消费或奢侈浪费与传统节俭美德相悖），但在外在的压力和内在的购物冲动双重作用下，过度消费成为自我必须或应该的行为选择。对此，鲍曼用"现代伦理危机"对整个社会道德状况做了初步诊断。鲍曼认为，价值的多元化意味着现代伦理学说的纷争不断，而这些冲突和争议又导致了人们的行为选择及选择对象的多样性。如果说人们的行为选择仅仅是基于工具合理性的经济权衡，而不是基于价值

---

[1] ［英］齐格蒙特·鲍曼：《现代性与大屠杀》，杨渝东、史建华译，译林出版社 2002 年版，第 240 页。

合理性的伦理反思，那么，这种选择可能给社会或自然环境带来风险。鲍曼指出，"特别经不起验证的正统假设就是：道德行为孕育于社会运作，并受到社会制度之运作的维系，社会在本质上是一个人性化的、道德化的机制，因此，在较小范围内发生的任何不道德行为都仅仅被解释为'正常的'社会构架功能失常的结果。这种假设的必然结果就是，不道德总的来说不可能是社会的产物，其真正的起源必须从别处寻得"①。鲍曼在这里从道德驱动力的角度指出，由于现代社会组织机构削弱了道德驱动力，从而导致"不道德行为变得更合理"。更糟糕的是，不道德的消费行为比如说以次充好、短斤少两、大米掺假等并不是现代社会的个别现象，而是普遍存在的社会问题。换句话说，不道德消费行为的出现并非偶然，而是现代社会秩序理性设计的必然结果。现代消费社会用工具理性的行为标准取代了价值理性的道德标准，这不仅使不道德的消费行为摆脱了道德评价的束缚，而变成"有意义的"实践活动，而且还消解了消费者的人生价值和生活意义。

鲍曼认为，"如果生产社会在本质上讲是柏拉图式的（Platonian），追求牢不可破的规则及事物的终极形式，那么，消费社会就是亚里士多德式的（Aristotelian），追求实用、灵活，遵循时间合宜的适度原则"②。而消费社会的适度原则强调个人的生活享乐。否则，消费者可能沦为消费社会的"穷人"。消费社会的"穷人"与生产社会的"穷人"之间的主要差异在于：后者因为缺乏时代所需的相应的操作技能而失业或导致经济上的窘迫，被称为穷人；前者因为自己消费水平的落后，跟不上时代潮流，而成为"有缺陷的消费者"。"有缺陷的消费者"和残缺的、有瑕疵的或被使用过的消费品拥有相同的命运，最终都将被消费市场所淘汰。因此，消费者要紧跟时代步伐，在消费品的新旧更迭中体验消费所带来的瞬间快感。在通常情形下，消费者的欲望消费有着明确的目标导向：要么是力争上游，避免沦为"有缺陷的消费者"；要么紧跟消费时尚，努力揭去贴在自己身上"不合格""有缺陷"的标签，消除"落伍"的屈

---

① [英] 齐格蒙特·鲍曼：《现代性与大屠杀》，杨渝东、史建华译，译林出版社2002年版，第258—259页。

② Bauman, Z., *Work, Consumerism and the New Poor*, 2nd Edition, Maidenhead: Open University Press, 2005, p.32.

辱，努力成为"合格的消费者"。而这种你追我赶的竞争性消费或消费竞赛所带来的直接后果就是堆积如山的垃圾，以及难以估量的生态风险和人性危机。正如鲍曼指出，消费社会承诺的幸福，"与其说是需要的满足，倒不如说是欲望的膨胀和欲求程度的提高，进而又是欲求的商品或满足欲望的商品的即时使用和迅速更替……新的需求需要新商品，新商品需要新的需求和欲望；消费主义的到来预示着市场提供商品的'内置的废弃'（inbuilt obsolescence）的时代，表明了令人吃惊的"浪费—抛弃"产业的崛起"[1]。

可以说，"内置的废弃"的社会机制使得"创造性毁灭"成为消费社会的独特"风景"。这种"创造性毁灭"包含两层意思：一是通过消费的方式把商品变成废弃物，最后将其丢弃到垃圾场；二是通过消费竞赛或攀比消费将消费者分为两类，一类是羽翼丰满的消费者，另一类是有缺陷的消费者或消费社会的"穷人"。其中，有缺陷的消费者被视为不合格的"废弃物"，最终将会从消费生活中被遗弃或驱逐出去。鲍曼认为，"创造性毁灭"在消耗商品和人为制造出"有缺陷的消费者"的同时，还使得攀比消费的生活模式在全球范围内盛行。攀比消费的生活模式以永不满足的消费心理为前提，致使现代人游走于消费者与消费品之间。瞬息万变的消费生活一方面通过自我立法的形式取代了传统社会的道德权威，另一方面用工具理性消解了价值标准及其他道德准则。其结果就是，它以自由流动的方式把自我分割成不同的社会角色，而支离破碎的消费生活不仅造成消费主体与消费客体（消费对象）之间的断裂，而且导致了自我角色与道德责任的分离。从这一点来说，流动的消费主义文化是一种遗忘他者的文化。

总之，鲍曼的责任伦理思想通过批判性地继承约纳斯的责任思想，同时借鉴列维纳斯的他者伦理学思想，对消费生活中的主体性问题进行了深刻反思。继而，鲍曼通过"为他者负责任"的道德律令批判了消费社会和消费主义文化。约纳斯的未来责任伦理学把西方传统伦理思想概括为缺乏"远见卓识"的人类中心论，试图用责任伦理拯救技术时代的生态危机。而鲍曼的责任伦理就是用"现代伦理的危机"痛斥了现代消费生活

---

[1] Bauman, Z., *Consuming Life*, Cambridge: Polity Press, 2007, p. 31.

的伦理困境，试图通过他者的面孔唤醒自我的责任意识，并且以为他者负责的道德承诺和道德实践促使主体性的诞生。恐惧是人们面临风险或不确定性时所表现出来一种普遍的心理状态。它在约纳斯那里是启迪人们反思现代技术的危害或风险及积极承担道德责任的心理动因。但是，对于鲍曼而言，这种恐惧却不是现代人承担道德责任的必要前提条件。与之相反，它是人们竭力通过"时尚消费"的方式祛除自身"污名"的心理动机，同时也是刺激人们炫耀消费的主观原因。概言之，恐惧在鲍曼那里非但不能激发人们对风险的担忧，反而容易使人们忽略了消费的风险及消费行为对其他人或自然环境造成的风险，甚至在某种程度上加剧了风险。如果说约纳斯是用"恐惧启迪术"唤醒人们的道德责任感，试图通过承担道德责任来防范风险，那么，鲍曼就是用恐惧解释了"主体性拜物教"的深层原因，并且论述了消费者因恐惧"落伍"或"过时"而不断进行攀比消费的心理动因。而这种消费方式实际上又给人类和自然环境带来灾难性的风险。约纳斯的责任伦理侧重批判了技术文明造成的人的异化及灾难性的社会后果，旨在从自然目的论的角度为人类的生存提供本体论的根基。而鲍曼的后现代理论侧重批判消费主义经济的欺骗性，揭示了消费生活的不公平和不自由，试图从第一哲学的高度构建一种超越本体论的责任伦理学，使自我以一种"为他者负责任"的生存模式摆脱"主体性拜物教"的束缚。他者的面孔就是我的道德责任，我"为他者负责"也就意味着自我意识的道德觉醒。在鲍曼看来，主体性拜物教是消费社会里"伦理危机"。而克服消费社会的"主体性拜物教"关键在于主体的觉醒，并勇于为他者承担道德责任。

二 基于能力方法的责任消费伦理思想

大卫·克罗克（David A. Crocker）是美国马里兰大学公共政策及公共事务学院的高级研究员。他是当代西方消费伦理学领域中颇具代表性的思想家。与鲍曼的责任消费伦理不同，克罗克通过能力方法为我们提供了一种责任消费的具体路径。在《消费伦理：美好生活、正义以及全球守护者》一书中，克罗克等学者在探讨现代消费生活的现实困境时一致指出，责任消费是当前消费伦理学的重要原则。而要理解责任消费在消费伦理学中的重要性和紧迫性，首先需要澄清当代消费伦理的理论困境。对于克罗克等人来说，这些理论诘难主要有三个方面的内容：价值中立论、消费者主权论（consumer sovereignty）及道德相对主义。

价值中立论把消费实践与道德评价相分离，坚持认为消费是一个与他人无关、外界无须干涉的经济行为，任何有关消费的道德评价势必歪曲我们对消费的科学理解。这一理论充分肯定了德国思想家马克斯·韦伯的价值中立原则。在韦伯那里，价值中立被解释为一种规范学术研究的范导性原则（regulatory principle）。与价值中立原则相对应的就是价值关联原则。价值关联是一种构成性原则，它反对人们不顾学术研究中的专业界限和一般界限而对价值领域的矛盾冲突妄作评论或高低排序。价值中立论者根据中立原则否认了个人消费与道德评价之间的内在关联，同时又肯定了消费行为的客观性和经济合理性。它不仅把消费的经济维度与伦理维度、消费的经验事实与消费的道德评价割裂开来，而且使得消费行为独立于伦理学的价值判断之外。

消费者主权作为消费市场的重要原则，是相对于生产社会的生产者主权而提出来的。它是指消费者通过个人偏好和主观意愿进行消费选择，而这种消费选择作为消费者在消费市场的"投票权"决定商品的数量及产品种类。这里所讨论的"主权"不是政治学或法学意义上的国家政治权力及国家疆域与界限，而是类似法国思想家巴塔耶在《主权的知识》中对主权的界定。巴塔耶认为，"所谓主权是指当下时刻的享受，而不是其他时刻"[1]。依照巴塔耶的解释，主权就是个人在消费体验过程中彰显出来的神圣性。这里，消费者主权侧重体现的是消费者在消费市场的绝对发言权和决策权。它蕴含着个人的权利主张与社会经济福利的理性计算，甚至认为道德规范限制了个人的自由消费，降低了整个社会的公共福利。由此不难发现，与其说消费者主权旨在维护个人的消费权利，倒不如说是摒弃了道德规则的市场营销原则。

道德相对主义认为，不同时代、不同国家、不同民族、不同地区拥有不同的文化模式和消费观念。在价值多元的全球化时代，不同的道德观念之间的碰撞、矛盾、冲突也此起彼伏。这里，道德相对主义者虽然承认了消费伦理的存在，但坚信没有"放之四海皆准"的道德标准。它主张道

---

[1] Botting, F. and Wilson, S., eds., *The Bataille Reader*, Oxford: Blackwell, 1997, p.302.

德原则是相对于不同文化模式来说的。而不同道德原则的不可公度性或不可通约性意味着，当不同道德标准发生冲突时，我们就会缺乏客观标准去评价它们孰优孰劣。换句话说，道德相对主义肯定了消费伦理或消费文化的多样性和主观性，同时也否认了整齐划一、普遍有效的消费伦理标准。如果这种观点是成立的，那么，人们对消费行为的道德评价也就演变成个人情感的主观表达。这不仅消解消费的伦理内涵及消费伦理的现实意义，而且导致道德相对主义走向价值虚无主义。

总之，价值中立论、消费者主权理论及道德相对主义从不同角度对现代消费伦理学提出了质疑。然而，价值中立论在否认消费选择与道德评价之间的内在关联时，忽略了一个重要的事实：价值中立与价值关联这两种方法论原则一方面是相互抵牾、相互排斥的，另一方面也是相互补充的。正如韦伯指出，"价值滋养所有的行动；价值支配了政治、经济与宗教世界里的斗争。因此，当科学家在分析某一行动时，如果他想要了解这个行动的意义，他必须考虑到此一行动所表现的价值，因为想要去做某事，即是在赋予此事一个价码或价值。此外，我们在讨论价值参照时，已了解到价值在学术研究中也有其作用，尤其是表现在资料的选择上"[①]。也就是说，承认价值中立原则并不意味着否认价值关联性。而作为消费市场的经济原则和营销手段，消费者主权论通过虚假的自由消费和权利表达使得经济理性代替了价值理性或伦理规则。它不但否认了道德反思的必要性和道德引导的可能性，而且还把个人的消费置于市场经济的绝对支配地位，将消费渲染成个人自由、权利及幸福生活的外在表现形式。而道德相对主义所导致的价值虚无主义实际上又消解了消费伦理的实践意义。可以说，价值中立论、消费者主权理论及道德相对主义给人们提供了一个摒弃伦理维度的消费世界。

在克罗克看来，价值中立论、消费者主权理论及道德相对主义并不能否认消费伦理的存在。这是因为即使我们承认价值中立，它并不意味着，消费行为可以舍弃自身所具有的伦理内涵，即使我们赞成消费者主权，也并不意味着消费伦理限制了个人的自由消费。"即使我们接受消费模式具

[①] [德]马克斯·韦伯：《学术与政治》，钱永祥等译，广西师范大学出版社2004年版，第94—95页。

有文化相对性这一颇具争议性的前提,特别是在不同的社会语境下随之而来的普遍原则要求不同的应用,并不能得出这样的结论:跨文化的普遍消费原则是不可能的或不受欢迎的。"[1] 由于消费主义生活方式的全球盛行,个人消费选择的负面影响远远超出了生态的承载力。当前环境问题愈演愈烈的事实也反复表明,我们需要变革现代消费方式,更需要相应的伦理准则引导消费生活,否则,过度消费的生活方式不仅消耗或损毁了自然环境,而且也危及当代人及未来人类的生活福祉。

对于现代消费问题,有学者将其归纳为物质主义的困境,并提出反物质主义的解决方法。在克罗克看来,物质主义与反物质主义为人们的社会福利提供了不同的理论解释。物质主义把购买商品和使用商品解释为一种重要的社会交往方式,强调个人在消费过程中获得精神满足和人生的意义。反物质主义者认为,美好生活取决于消费者的内在超越或精神实在,过度的物质消费是以大量的自然资源消耗为前提的,不但没有给消费者提供有意义的生活,反倒使消费者沉溺于物质生活的享乐。克罗克认为,虽然物质主义与反物质主义是一对相反相成的力量,但我们在处理物质主义所导致的消费主义全球泛滥问题时,并不能把反物质主义作为解决当前消费问题的主要方法。据此,克罗克得出这样的结论:物质主义与反物质主义对社会福利的理解都过于偏狭或片面。

最后,克罗克根据经济伦理学家阿玛蒂亚·森的能力方法(the capabilities approach),把消费的道德标准概括为提高社会福利(well-being)的能力和功能。从能力方法来看,"所谓福利不是生活的某个部分,如快乐或基本需要的满足,而是人的条件、实践、内在能力及外在机会的糅合。而拥有福利、成为某人及做得好就是以各种人性化的方式发挥功能及发挥功能的能力"[2]。快乐在克罗克看来仅仅是人的一种精神状况,或者说是个人感官愉悦的心理体验,因此,它不能成为衡量美好生活的唯一标

---

[1] Crocker, D. and Linden, T., "Introduction", in Crocker, D. and Linden, Toby., eds., *Ethics of Consumption: The Good Life, Justice, and Global Stewardship*, Lanham, MD: Rowman & Littlefield, 1998, p.4.

[2] Crocker, D., "Consumption, Well-Being, and Capability", in Crocker, D. and Linden, Toby., eds., *Ethics of Consumption: The Good Life, Justice, and Global Stewardship*, Lanham, MD: Rowman & Littlefield, 1998, p.371.

准。进而，克罗克还在整体上概括了人类福利的四个维度，即社会维度、物质维度、精神维度及独特性维度。福利的社会维度重视社会交往和人际关系的意义，因为人的社会性本质决定了个人的社交活动及亲友关系能够衍生出自尊感或获得感。福利的物质维度是指维持生存和发展的衣、食、住、行、营养及自己不受疾病困扰的状态。福利的精神维度是指个人的感觉、想象、判断、偏好满足及自主性。福利的独特性维度是指与他人相区别的、自身独一无二的特性。以上四个方面构成了社会福利的完整内涵。基于对社会福利概念的理解，克罗克为现代人的消费选择提供了这样的伦理标准，即"如果某种消费模式或消费选择更有助于保护和促进作为人类福利的能力和功能，那么，它就比另一种消费模式或消费选择更好"[1]。显然，克罗克在此把判断个人的消费行为正当与否的伦理标准诉诸功能和能力两个概念。能力是指能够做某事或成为什么样的人的前提条件，而功能是指某人正在做某事或获得某种成就的人格特征。具体说来，我们首先对消费行为的后果做出评价，进而通过这些评价结果的高低排序来判断消费模式的好与坏。能力和功能是阿玛蒂亚·森能力方法中的两个重要概念。所谓能力方法是指个人的存在及言行举止所形成价值评价的客观对象，然后根据行为者所获得的某种功能及获得这一功能的能力而做出好坏、善恶的价值判断。对于阿玛蒂亚·森来说，"能力方法关注的最原初概念是'功能'。功能代表个人状态的各部分——他在过一种生活时成功地做或完成各种各样的事。一个人的能力反映了这个人能够获得的功能的不同组合，他或她可以从这个组合中选择一个集合"[2]。简言之，能力方法主要依据消费行为的后果对人类福利的影响而对消费模式得出善恶或好坏的价值判断。

可见，森的社会福利思想在克罗克那里实现了一次变革，而成为一种指引当代消费生活的责任伦理学。当然，克罗克也意识到，由于消费选择涉及我们对其他人及自然环境的道德义务，所以，基于能力方法的消费伦

---

[1] Crocker, D., "Consumption, Well-Being, and Capability", in Crocker, D. and Linden, Toby., eds., *Ethics of Consumption: The Good Life, Justice, and Global Stewardship*, Lanham, MD: Rowman & Littlefield, 1998, p.376.

[2] ［印度］阿玛蒂亚·森：《后果评价与实践理性》，应奇译，东方出版社2006年版，第228页。

理是不完整的。对于克罗克来说，负责任的消费也就是正义消费和自由消费。或者说，这种消费模式不仅关心自己的生活福利，而且也关注他人的福利是否得到改进或提升。一方面，负责任的消费行为不会剥夺其他人的消费权利，也不会使他人的消费权利受到侵害；另一方面，它使消费者自身免受他人或消费市场的操控或奴役，自主地选择一种有意义的生活。也就是说，克罗克所讨论的责任消费伦理着重强调的是介于过度和不足之间的适度状态。它有两个关注点：过度消费和消费不足。如果说过度消费直接导致了人性危机和环境风险，那么，消费不足就以间接的方式影响了现代生活。首先，消费不足阻碍了社会经济发展，加剧了社会贫困问题。其次，经济贫困地区向自然界过度索取物质资源，又导致生态环境陷入濒临枯竭的危险。总而言之，克罗克在这里通过适度和正义的消费原则不仅批判了美国过度消费模式的问题，而且对美国及其他国家的弱势群体的消费不足问题提供了必要的道德关怀。而事实上，个人对自然环境、社会及其他人的道德责任是促进了国家福利的增长，而不是有损国家福利。责任消费伦理既为当下的消费模式提供一种必要的道德评价，也引导着未来的消费选择。

从整体而言，克罗克从实践哲学的角度探讨了责任消费的必要性及个人责任消费的可能性。但事实上，以行为后果为评价依据而划定的道德责任能否落实到消费行为上，最终还取决于行为者的行为自律和道德人格。正如费舍和拉维扎在《责任与控制——一种道德责任理论》中这样写道："当我们承认某人是一个负有道德责任的行为者时，这里所包含的意思常常不仅仅是对他抱有某种特殊的信念；还包含着愿意对那个人采纳某些态度，以及以某些方式对他做出某种行为。"[①] 从这一点来说，以行为后果为评价标准的道德责任是一种后果追溯型的道德责任。它主要包含两层意思：一是负责任的道德信念；二是以实际行动履行自己的道德责任。与克罗克不同，鲍曼的责任消费伦理是站在第一哲学的高度，通过为他者负责的方式唤醒自我，以负责任的自我构架起自我与外在世界之间的道德联系。这种责任不是为某行为或行为后果担责，而是先于本体论的他者伦理学。

[①] [美] 约翰·马丁·费舍、马克·拉维扎：《责任与控制——一种道德责任理论》，杨绍刚译，华夏出版社 2002 年版，第 1 页。

虽然克罗克与鲍曼的责任伦理存在差异，但它们有着共同的关注点，即消费社会及其道德责任。消费主义是消费社会的重要生活方式和价值准则。它以消费为最高的生活目的，奉行奢侈浪费或过度消费的生活原则。随着20世纪60年代个性化消费时代的到来，消费主义的生活方式逐渐代替了弗洛姆所讨论的"有"或"是"两种生活方式。而消费主义生活方式的盛行不仅没有给人们带来它所承诺的"幸福"，反而加剧了现代消费社会的风险。如此一来，如何给消费设立合理的道德边界便成为现代风险理论的重要议题。正如鲍曼所言，不确定的消费时代迫切需要我们为正当消费设置一个安全区域：消费的下限与消费的上限。消费的下限一般而言是指满足消费者生存与发展的基本需要；其上限是指人类对美好生活的向往与期待。令人遗憾的是，物质丰裕的现代社会虽然设立了消费行为的下限，赋予消费行为以自我认同、社会认同及促进经济增长等职能或效用，但是，消费的上限始终是一个未知数。上限的缺失意味着，消费者缺乏一个评价自己生活质量高低的参照系。因此，所谓的安全区域对于消费者来说实际上并不存在。不安全感的不断增加又导致了攀比消费或奢侈浪费的恶性循环。它瓦解了人与人之间的彼此信任及和平共处的道德基石。面对日益严峻的消费问题，鲍曼和克罗克从不同角度指出，责任是人类展开全球对话、共同防范风险和公平分配风险的必要前提。

第三节　消费社会的责任主体和责任界限

在风险丛生的消费社会里，寻找安全的栖息地是人类不懈的价值追求。风险是安全的对立面，风险意识与安全意识也是并肩而立的。在现实生活中，经济、技术、政治、文化等因素既是风险的发源地，也是人类风险意识得以产生的重要源泉。但在科学技术迅猛发展的全球化时代，技术主义及其工具合理性已经把人们的安全意识局限于技术安全层面。之所以出现这种情形，与其说现代人对技术安全有着强烈的依赖性，倒不如说科技凭着自身强有力的技术优势已经将经济安全、政治安全、文化安全等客观内容从人们的安全意识中分离出去。这种分离意味着，人们把技术风险视为现代社会的主要矛盾，其他的诸如经济风险、政治风险、文化风险或道德风险等被视为次要矛盾而放置到不显眼的位置。如果说中国的非典（SARS）(2002)、非洲的埃博拉（2014）、韩国的 MERS（2015）等病毒疫情所产生的社会恐慌使我们目睹了灾难突然降临或到来初期相应技术或医疗手段的滞后性，那么，消费社会的价值断裂或伦理危机使我们在防范风险时更应该重视消费的道德风险。如果说树立道德责任是我们防范消费风险的必要途径，那么，落实责任主体就是明确道德责任的关键环节。正如贝克指出，风险社会的主要矛盾集中表现在两个方面：一是面对日益增加的风险和灾难问题，道德责任主体的缺位；二是现代人对安全栖息地的需求呈现不断上升的态势。这种内在的矛盾已经使得廓清责任主体及道德责任的边界问题成为我们防范消费风险的核心问题。那么，面对甚嚣尘上的消费风险，谁应该负责？又在多大程度上或什么范围内负责呢？

一 私人或者公共机构：谁应该为消费的道德风险负责？

前已备述，落实道德责任是我们防范消费风险乃至构建安全栖息地的必由之路。在贝克看来，虽然落实责任主体或勇于承担责任是我们防范风险的必要途径，但"有组织的不负责任"却是风险社会的突出问题。所谓"有组织的不负责任"不是指个别的不道德行为，而是指"现代社会机构在肯定了灾祸的真实性的同时，却否认其发生、隐藏其根源、拒绝赔偿或管理"[1]。比如说现代消费社会所遭遇"垃圾围城"的窘境，已经导致了"癌症村"在中国接二连三地出现。表面看来，造成环境污染的企业或个人都应该承担责任；但事实上，没有哪家企业或个人愿意为环境问题买单，也鲜有人愿意或主动承担责任。反倒是，逃避责任、推脱责任在现实生活中比比皆是。贝克曾把责任主体问题视为风险社会的首要问题。在贝克看来，只有弄清楚责任主体问题，我们才可能有效地防范风险。具体说来，责任主体问题又包括以下内容："谁定义并确定产品的有害性、危险和风险？责任在于谁：是那些风险制造者，那些从中渔利者，那些潜在受影响者，还是公共机构呢？"[2] 而责任主体的缺位从根本来讲是由于

---

[1] ［德］乌尔里希·贝克著，郗卫东编译：《风险社会再思考》，载薛晓源、周战超编《全球化与风险社会》，社会科学文献出版社 2005 年版，第 144 页。

[2] 周战超：《当代西方风险社会理论研究引论》，载薛晓源、周战超编《全球化与风险社会》，社会科学文献出版社 2005 年版，第 8—9 页。

层出无穷的风险与"定义关系"的"错配",使得我们无法通过科学手段、合法途径及政治方法来确定其证据、归因和补偿,进而也无法最终确定谁应该负责、谁应该得到补偿。换句话说,解决消费风险的问题关键在于明确谁应该对风险承担道德责任。回答"谁应该负责"的问题也就是进一步明确道德责任主体的问题。

道德责任包含十分丰富的理论内容,与道德权利具有内在的一致性。它是相对于消费者所享有的道德权利而提出来的一个重要概念。早在1979年,国际非政府组织消费者协作机构(Consumers International,简称CI)根据消费者权利的内容将消费者责任概括为以下五个方面:"批判性意识(Critical Awareness):对商品、服务的用途、价格、质量产生敏感意识,持有怀疑态度的责任。自我主张与行动(Action and Involvement):自作主张、进行公平交易的责任。社会责任(Social Responsibility):时刻意识到自己的消费行为对他人的影响、特别是对弱者的影响。环境意识(Ecological Responsibility):认识到自己的消费行为对环境的影响。团结合作(Solidarity):为拥护、促进消费者的利益,作为消费者要团结一心、相互合作。"[①] 这里,"批判性意识""自我主张与行动""社会责任""环境意识"及"团结合作"分别从个人的责任意识、负责任的实际行动及社会成员的共同参与三个角度论述了道德责任的具体内容。一言以蔽之,每个消费者在享有自己正当消费权益的同时,也应该积极承担起与此相对应的道德责任,即捍卫自身或他人合法消费权益的责任、保护环境的责任及维护社会秩序的责任。

在消费社会里,消费者奉行消费至上的价值原则,盲目追求个人的感官享乐和自由表达等权利的同时,有意或无意忽视了自己消费行为的道德责任。由此便产生了道德责任主体缺位的问题。从更深层次来说,造成现代社会责任主体缺位主要有两个方面的原因:一是公共性的衰落;二是不公正消费。

第一,公共性的衰落。近代以降,思维与存在、主体与客体二分的思

[①] [日]铃木深雪:《消费生活论——消费者政策》,张倩、高重迎译,中国社会科学出版社2004年版,第21页。

维模式使得人们接受了这样的观点：增强集体认同感取决于共同体的构建，而共同体的扩张意味着私人空间的压缩。但事实上，共同体的构建并不是用公共领域代替了私人领域。它既不是公共领域本身，也不是私人领域，而是有别于私人领域和公共领域的第三个领域。在哈贝马斯看来，它是介乎国家和社会之间，且出自于二者内部的"重新政治化的社会领域"①。对于鲍曼而言，它是介于私人领域与公共领域之间的公共空间，是不同于私人领域和公共领域的第三个领域。对于第三个领域的讨论，我们最早可以追溯到古希腊时期的城邦政治。在古典城邦政治中，家庭生活属于私人领域，政治事务属于公共领域，而介于私人领域与公共领域之间的则是城邦各成员进行对话、交流及处理公共事务的领域。希腊人设置这个领域的根本用意"不是将私人与公共相区分，不是严守各自领域的完整性，而是确保在这两者之间沟通的通畅与频繁的交往。这第三个领域，亦是一个中介领域，就是 agora（卡斯特里迪斯称之为'私人/公共'领域），它将两端连接，使之结合"②。更进一步说，它不仅给城邦成员提供处理私人生活或公共事务的基本场所，而且也是培育城邦及其成员自律精神的重要领域。鲍曼这里围绕着私人领域和公共领域展开了对"私人/公共领域"的历史考察。这使鲍曼在家与城邦、私人与公共之外找到了第三个领域。它摒弃了"非此即彼"的思维路径，使我们对现代生活的哲学反思不再陷入"公私不分""公私二分"等价值困境。从这一点来说，"公共空间"既是私人生活领域与公共生活领域相互竞争、相互冲突、相互沟通、相互交流的桥梁或"中介"，又是我们获得公共善和公共自由的重要现实途径。

与鲍曼这种乐观主义的态度截然不同，汉娜·阿伦特忧郁地表示，我们所处的社会环境不是宽敞明亮的，而是隐晦或"黑暗"的。阿伦特认为，"黑暗时代"的到来主要是因为现代公共性的衰落及其"照亮权力"（power of illumination）的丧失。公共性意味着敞开性、公开性、开放性，它所提供的显现空间意味着每个人都清楚知道自己是谁及应该如何做。也

---

① [德]哈贝马斯：《公共领域的结构转型》，曹卫东等译，学林出版社 2004 年版，第 171 页。

② [英]齐格蒙特·鲍曼：《寻找政治》，洪涛译，上海世纪出版集团 2006 年版，第 77 页。

就是说，在这个公共空间中，每个人的身份或社会地位是约定俗成的，也是自明的。然而，现代社会私人财产权的神圣不可侵犯性，又使得公共领域不断退隐。现代公共性的退隐意味着原本可能显现的事实不但没有被揭示，反而被遮蔽起来，甚至被颠倒性的话语体系所抹杀。于是，阿伦特用"黑暗时代"这个概念描述了现代人的生存境况，认为人们已经开始从公共秩序中撤离，退居到私人生活领域之中。这种"撤离"并不代表私人领域完全代替了公共领域，而是强调自身的消费体验和计算个人的利益得失，不再关心或过问公共领域的政治生活。

在现代社会里，每个人既是公民，又是消费者。但"公共领域的结构转型"却导致了"公共性的衰落"。"公共性的衰落"既使个人与共同体相分离，又使政治公民蜕变成纯粹经济学意义上的消费者。消费者角色与社会公民身份的断裂意味着，消费者在追求个人利益的最大化过程中可能丧失了自我的价值理想和追求卓越品性的道德冲动。一言以蔽之，公共性的衰落意味着责任主体的缺席。它一方面表现为消费者对公共事务或政治生活的冷漠，另一方面也表现为消费者更加沉溺物质消费或生活享乐。这也就是说，如果根据"谁污染谁赔偿"的责任归因原则，那么，对环境污染问题的责任划定意味着每个人都有责任。但事实上，每个人都有责任意味着谁也不会主动承担责任。更进一步说，对道德责任的抽象呼吁最终沦为一句空洞的口号。对此，贝克也曾忧虑地表示，风险社会的责任主体缺位并不是说没有责任主体。恰恰相反，是因为责任主体太多，尽管分配到每个人身上的道德责任看似微乎其微，但责任主体之间的相互推诿却最终导致没有人愿意为共同体承担道德责任。

第二，不公平消费所导致的责任主体缺位。不公平消费也称作非正义消费，它主要是指消费者在满足自身消费需求的同时剥夺了当代人及未来人类的消费权利。而消费正义就是从正义的角度反思自身的消费方式和这种消费选择对他人或环境的道德责任。从某种程度来说，责任消费也就是体现了消费正义。

据统计，"消费品如房子、家具、汽车、衣服、食物、医疗及休闲等并不是全美社会总产品微不足道的部分，它已占据美国国民生产总值的2/3。而且，考虑到美国低水平的储蓄和投资，这些消费已经占美国家庭可支配收入的95%"①。这些数据表明,在财富分配及自然资源的消费方面,发达国家享有发展中国家无法比拟的优先权。但对于消费行为所带来的垃圾或环境污染问题,发达国家往往不愿意承担责任,而是把生态治理的成本转嫁给了发展中国家。据西班牙《世界报》的数据显示:"每年发达国家产生的电脑、电视、手机、家用电器等电子垃圾多达5000万吨,调查显示,其中75%的电子垃圾没有经过正规回收处理,绝大部分被非法出口到非洲、中国或印度。欧盟的官方数据显示,欧洲66%的电子垃圾没有进入正式厂家回收渠道。"② 这种污染转移一方面表现为发达国家向发展中国家转移低科技含量高污染的产业,另一方面表现为发达国家无视《巴塞尔公约》所提出的在处理危险废料领域加强国际合作的要求,而向发展中国家出口或转移有毒或有害的电子废弃物。由此我们也不难看出,发达国家和发展中国家在财富分配与责任担当方面是不平等的。如果说消费伦理无视责任主体的差异,无视各国或地区经济发展水平参差不齐的现实及消耗自然资源的数量或结构等方面的不同,而用统一的伦理标准抽象地呼吁人们承担保护环境的道德责任,那么,其结果就是发达国家的少数消费者一方面是以过度消费的方式消耗着大量的自然资源,并且不必为这种消费行为的后果承担任何道德责任,另一方面是发展中国家的绝大多数消费者虽然处在全球财富分配的末端,但却要为所有消费造成的灾难"付费"。从这个意义来说,以"共同的责任"或"共同体"呼吁消费者承担由消费选择所产生的道德责任,不但忽略了责任主体的多样性和差异性及不同国家之间的利益对抗性,而且还助长了不公正的消费。它使发达国家凭借道德责任的旗号加剧了对发展中国家自然资源的掠夺,不仅逃避了自己应该承担的道德责任,而且使道德责任沦为一句空话。或者说,一味地强调人们对消费行为的后果承担道德责任,无疑掩盖了这样的事实,即消费风险是发达国家资本全球扩张的必然后果。除此之外,它还淡化了发达国家在防范风险及补偿对发展中国家造成的环境污染等方面应该承担

---

① Crocker, D., "Consumption, Well-Being, and Capability", in Crocker, D. and Linden, Toby., eds., *Ethics of Consumption: The Good Life, Justice, and Global Stewardship*, Lanham, MD: Rowman & Littlefield, 1998, p. 366.

② 《外报:西方向发展中国家输出大量电子垃圾》, http://news.sina.com.cn/w/2014-05-31/090830269703.Shtml.

的主要责任。

总而言之，公共性的衰落和不公正的消费现象相互交织，共同导致了消费社会责任主体的缺位。如果公共性的衰落使得人们忽略了自身的道德责任，那么，不公正的消费现象就进一步掩盖了责任主体的差异，从而导致了相互冲突的利益群体之间的责任推诿。换句话说，责任消费的前提条件，除了自由之外，还需要公平、正义的伦理原则和价值基础。而正义消费不仅表现在发达国家与发展中国家、富人与穷人之间，而且还表现在当代人与未来人之间。正义消费并不是说所有人都应该为消费行为负责，而是强调不同的主体有着不同的道德责任。或者说，我们不能用发达国家消费者的道德责任标准来要求发展中国家的消费者，更不能用抽象的"人类""我们"遮蔽责任消费问题中主体的差异性和多样性。

承担责任是风险时代对所有消费者提出的道德要求。在"你""我""他/她/它"所组成的现实世界中，道德责任体现了人之为人的存在意义和本真价值。对于德国宗教哲学家马丁·布伯而言，"你""我""他/她/它"的生活主要呈现出两重世界：一是"我—你"之世界，即：超验世界；二是"我—它"之世界，即：经验世界。这里，布伯用原初词"我—你"论述了"你""我"相遇或"我"与自然融合过程中自我的本真性活动。布伯认为，"'你'与'我'相遇，'我'步入与'你'的直接关系里。所以，关系既是被选择者又是选择者，既是施动者又是受动者。因为，人之纯全真性活动意味着中止一切优先活动、一切植根于此有限性上的感觉活动"[1]。布伯认为，"我—你"并不是我和你的简单叠加，而是先于"我"的超验世界。由这种超越世界创造出的关系，世界主要表现为三重人生境界。当我从"我—你"的自然状态中分离出来，五光十色的"它"之世界迫使"我"不断靠近"它"、获得"它"并占有"它"、理解且认识"它"，进而生活其中。"我—它"之世界的出发点是真实的自我，而"我"的生活的展开也就是纷繁复杂的经验世界。由此可见，"我—它"之世界的出现源于一种自然的分离，这种分离使"它"成为被

---

[1] [德]马丁·布伯：《我与你》，陈维纲译，生活·读书·新知三联书店2002年版，第9页。

我统治或支配的经验对象,并且使我满足于对"它"的统治和支配。就消费社会而言,责任主体问题就是这里所述的"'我—它'之世界"展开和蔓延的后果。"它"之世界发端于"我"与"你"的分离,这意味着"它"之世界并不是超越的世界,而是充斥着各种陷阱、物质诱惑的经验世界。因为"我"囿于各种经验对象或外在事物的缠绕,所以,"它"之世界也可以说是一个缺乏道德关怀的非本真性世界。

与生产劳动带来劳累或困乏形成鲜明对比的是,消费更能让人体会到身心的愉悦和精神的享乐。正因为如此,消费主义生活方式把自我与物质世界关联起来。而自我与物质世界的关系突出表现为物质世界是自我的消费对象,"我"又沉溺于外在物质世界。布伯用"它"之世界解释了消费社会这一现象。他说,"有不少沉湎在物之世界、醉心于经验物利用物之人,已替自己在此岸或彼岸构建出理念王国,以便当虚无侵袭之际可在其间寻得慰藉安宁。他们在理念世界的门前脱掉日常人生的鄙俗外套,披上圣洁罩袍,以能瞥见本原之在或必然之在而自鸣得意,但他之人生与其毫无关联"[①]。也就是说,"它"之世界或"物"之世界是禁锢人心的樊笼,也是自我迷途或丧失本真性的经验世界。因此,复归本真世界或"我—你"之世界关键在于人与人之间的道德关怀和责任担当。这里,承担消费风险的责任主体不是"你""我""他/她/它"或任何单个个体,它是我们必须共同承担的道德责任。只不过,在责任的分配过程中,不同国家或民族、不同地区、不同主体或行为者有着不一样的道德责任。

二 本土的还是全球的风险:责任消费伦理的界限

通过讨论"谁应该为消费的道德风险负责"这一问题,我们明确了道德责任的主体。在明确责任主体之后,随之而来的问题是,责任主体究竟在多大范围内应该承担道德责任呢?是个人消费选择所导致的风险,还是本土性的消费风险,抑或者是全球性风险?

全球性的风险和灾难意味着,风险的防范和应对不是某个国家、某个

[①] [德]马丁·布伯:《我与你》,陈维纲译,生活·读书·新知三联书店2002年版,第11页。

地区或单个个人的公共事务，而是"大家"共同的道德责任。正如贝克在批判工业文明带来的生态风险时这样指出，资本主义工业化大生产如果不加反思地盲目扩展，那么，其结果只能是生物多样性的减少、资源的枯竭、水资源的短缺等。可以说，资本主义社会的工业化大生产不但污染了环境，破坏了生态平衡，而且还造成了巨大的社会风险和灾难。如果一个国家与另一个国家在应对风险问题方面不能达成共识和加强合作，那么，风险问题不仅得不到应有的重视，而且还可能导致接踵而至的风险毁灭了整个人类。风险的日益增加一面是资本逐利的本性使然，另一面是风险问题缺乏相应的关注而任其发展的必然结果。

消费社会用"不消费就衰退""消费即幸福"等道德神话使消费演变成现代人的生活目的，这不仅剥离了消费生活的现实意义和伦理价值，而且还带来了消费的风险问题。贝克认为，风险的生产来自全球，风险的分配也应该是全球性的。在风险全球化的时代，没有哪个国家或个人能够置身事外。消费者对道德责任的相互推诿只能表明风险发生了位置转移，并不意味着风险自然而然地消失了。对于这一点，贝克用"飞去来器效应"形象地描述了这种风险转移的过程。贝克指出，由消费所带来的废弃物、垃圾或环境问题仅仅是从一个地方转移到另一个地方，或者从一个国家转移到另一个国家，并没有因为其空间位置的变化而消失，所以，最终的受害者还是消费者本身。在风险时代，人类同住地球村的现实境况意味着，所有人都不能摆脱风险或灾难的考验。如果说有人不顾风险全球化及人类命运与共的事实，试图从某地区或具体地理位置上否认风险的可能性，进而撇清自己与道德责任之间的有机关联，那么，这种竭泽而渔、过度消费的生活方式能否持续依然是个未知数。

在《流动的生活》中，鲍曼显然也意识到这个问题。鲍曼认为，现代公共空间的地方性知识难以适应全球化经济的现实需要，所以，风险或灾难也就意味着"生存不安全状态的到来"。而"生存不安全状态的到来"迫切需要人们从全球层面来寻求全球性风险问题的解决方法。但全球道德责任的可能性首先在于构建全球范围的公共空间，或者说构建与全球化经济模式相匹配的全球性政治。正如鲍曼这样写道，"'可能'之答案若要可信，则需要一种新的、全球范围的公共空间：一种真正全球性的（与'国际的'不一样）政治，一个适当的全球性的舞台。并且，还要有一种真正全球性的责任：要承认这一事实，即公共拥有这一星球的所有的人，为了我们的今天与明天，都是相互依赖的；我们做的或者没做的一切，都关系到其他人的命运；对可能在地球上任何地方兴起的风暴，我们没有谁能够再寻觅并发现私人的避难所"[1]。

对于消费社会的辛苦与操劳，美国政治哲学家汉娜·阿伦特感同身受。但她更愿意将现代消费生活周而复始的困境描述为"黑暗时代"。在《黑暗时代的人们》中，阿伦特把"黑暗时代"的深层根源归结为公共性的缺失。她认为，"如果公共领域的功能，是通过提供一种显现的空间以使人类事务可被光照亮，人们于其中能够以其言行（好也罢，坏也罢）展现他们是谁与他们能够做什么，那么，当这一束光为'可信度的鸿沟'与'看不见的管理'所抹杀，为非但不揭示反而掩饰事实真相的话语所抹杀，为打着捍卫古老真理的幌子，实际上却把所有真理都降格为无意义的闲谈的道德或者其他方面的劝诫所抹杀，那么，黑暗便已降临"[2]。

无论鲍曼断言的"生存不安全状态的到来"，还是阿伦特所论述的"黑暗时代"的降临，他们对现代人的生存处境都表现出极大的担忧，并试图通过公共空间的构建来解决现代性的风险问题。尽管如此，阿伦特和鲍曼在如何构建公共领域这一问题上依然存在分歧：阿伦特向往古典城邦政治，呼吁重建古典的公共领域。鲍曼立足于经济全球化，对民族国家的地方性政治提出了质疑，希望以新的公共领域或全球性的政治来化解现代性的矛盾和冲突，从而让人们重获安全感。就现实性而言，鲍曼的全球性视野更适合时代的需要。在经济全球化背景下，资本流通和商品交换打破了国家的界限和地区的界限在世界范围内不断流动，所以，传统意义上的政治监管和伦理约束在消费社会里往往显得捉襟见肘。或者说，地方性政治管辖或政治治理在应对全球性的气候变化、发达国家向发展中国家进行垃圾转移、不公平消费等领域的问题时，总是显得无能为力。这无疑把人们带进了一个缺乏防御和安全保障的"危险之地"。

要想走出"危险之地"，人类迫切需要构建全球性的公共空间。全球

---

[1] ［英］齐格蒙特·鲍曼：《流动的生活》，徐朝友译，江苏人民出版社2012年版，第165—166页。

[2] ［英］齐格蒙特·鲍曼：《流动的生活》，徐朝友译，江苏人民出版社2012年版，第139页。

性的公共空间是人们对风险问题进行全球性谈判和协商的共同平台,也是凝聚人心的重要场所。这种公共空间在共同主义的理论中也就是"共同体"。德国社会学家斐迪南·滕尼斯在《共同体与社会》中通过讨论共同体与社会的区别和联系这样指出,共同体是所有人的有机关联而形成的"持久"且"真正"的群体,而社会是单个人的"机械的聚合"而形成的"暂时"而虚假的整体。滕尼斯在此用有机性和机械性分别概述了共同体和社会的本质。在滕尼斯的共同体思想的基础上,鲍曼还深入探讨了共同体与个人自由之间的矛盾。鲍曼把共同体比喻为人们头脑中想象的栖息地,认为共同体是人们彼此信任、相互依赖的"温馨"家园,也是人们渴望栖息的美好世界。这种"想象的共同体"与真实的共同体之间的最大区别就在于,它不但为人们遮风挡雨,而且给人们提供了一种心理上的归属感和安全感。而现实生活中的共同体与个人自由在鲍曼看来是相互矛盾的,这是因为维护共同体的秩序意味着个人自由的丧失或受到外在必然规律的束缚和限制。正如鲍曼指出,"失去共同体,意味着失去安全感;得到共同体,如果真的发生的话,意味着将很快失去自由:安全感和自由是两个同样珍贵和渴望的价值,它们可以或好或坏地得到平衡,但不可能永远和谐一致,没有矛盾和冲突"[1]。这里,鲍曼通过流动的社会生活阐明了个人自由与共同体之间的对立和紧张,同时也通过这种矛盾揭示了现代社会过分张扬个体自由所导致的现代人"离家"的乡愁。

鲍曼作为一名坚定的社会主义者,其共同体思想与马克思的自由观有着异曲同工之妙。在《德意志意识形态》中,马克思将自由与共同体结合起来,把共同体视为个人自由的首要前提。马克思指出,"在真正的共同体的条件下,各个人在自己的联合中并通过这种联合获得自己的自由"[2]。这里,共同体既是每个人自由而全面发展的前提条件,也是全人类共创美好生活的价值纽带。马克思指出,只有生活在真正的共同体下,每个人自由而全面的发展才有可能。而"自由人的联合体",一方面揭示了人的本质在于其社会性,另一方面区分了虚假的共同体和真实的共同

---

[1] [英]齐格蒙特·鲍曼:《共同体:在一个不确定的世界中寻找安全》,欧阳景根译,江苏人民出版社2003年版,"序"第6—7页。

[2] 《马克思恩格斯文集》第1卷,人民出版社2009年版,第571页。

体。真实的共同体是指生活在共同体内所有成员互信互助、相互依赖、共同生活的统一体。而现代人对共同体的热切向往或追溯，既反映了现实社会中确定性、可控性、安全性的缺失，也反映了现代人内心的焦虑和普遍不安全感。正是通过真正的共同体，每个人摆脱了物的奴役或资本的剥削和欺骗，从而获得彻底的自由和解放。

维系共同体的伦理基础就是每个人强烈的道德责任感。或者说，所有成员都应该积极承担自己对他人、社会及自然环境的道德责任。对于责任主体而言，道德责任的范围不仅是本土的，而且也是全球性的。正如贝克曾经指出，"甚至全球性与本土性的对比也因风险而出现'短路'。新类型的风险既是本土的又是全球的，或者说是'全球本土'的。这种本土和全球危险选择上的'时空压缩'进一步证实了世界风险社会的诊断"[①]。无论是在国家管辖的范围内，还是在全球范围内，都潜藏着许多不为人知的风险。随着科学技术的迅猛发展及消费品的更新换代，未知风险也呈现出逐渐上升的趋势。之所以如此，是因为风险是在全球范围内不断流通的。因此，与已知风险相比，未知风险更令人生畏。作为一种可能性存在的、"不由自主的负流通"，消费风险意味着我们的道德责任是全球范围的，而防范消费风险要求我们肩负起自身的道德责任。这种责任不仅需要我们提高自身的责任意识，而且要求我们以负责任的实际行动积极参与风险防范和风险治理。只有消费者的责任担当在席，每个人的消费权利才能得到有效的维护。也只有责任主体的在场及每个人的正当消费权利得到保障，自由的、安全的、真正的共同体才可能实现。

---

① ［德］乌尔里希·贝克著、郗卫东编译：《风险社会再思考》，载薛晓源、周战超编《全球化与风险社会》，社会科学文献出版社 2005 年版，第 140 页。

第五章　我国消费道德风险问题的深度反思

接着，本书围绕着炫耀消费、攀比消费、奢侈消费及符号消费论述道德风险问题在中国消费生活中的具体表现。这些问题的存在不仅导致人的异化和精神世界的空虚，而且使得社会攀比之风愈演愈烈。更严重的是，它加剧了人与自然的矛盾，从而造成自然资源的巨大浪费。最后，本书从市场调节的自发性、享乐主义的泛滥及道德调节的滞后性三个方面剖析我国消费道德风险问题产生的主要原因。

如前所述，中国消费社会的诞生和发展使得生活领域的消费道德风险问题愈演愈烈。防范消费道德风险是满足人民美好生活需要的必要途径，也是构建我国生态安全体系的内在需要。从前面章节的讨论来看，责任消费伦理是防范消费道德风险的重要路径。它要求行为者积极承担自己对自然、他人及社会应尽的道德责任。但中国社会主义初级阶段的基本国情决定了当下消费生活依然存在着不少问题，例如相关法律法规不健全、新时代我国消费伦理思想体系尚待构建及中国消费者被资本市场所操纵等。这些问题的存在也使得我们在防范消费道德风险时仍面临着严峻的挑战。

第一节　我国消费道德风险的具体表现及其危害

当下，风险呈现出全球传播的态势，而我们正生活在这个风险丛生的消费时代。道德风险作为风险理论的重要组成部分，既反映了中国消费社会某些突出的道德问题，又在一定程度上对人民群众的消费生活造成了负面影响。

一 道德风险在我国消费生活领域的具体表现

自党的十一届三中全会胜利召开以来,人民群众的物质生活条件得到极大的改善,从无到有、从贫困到富裕、从商品匮乏到物的丰裕。可以说,无论是可供选择的消费对象,还是消费选择的空间范围,都越来越丰富、越来越多样化。人民群众的精神面貌也随之焕然一新,从过去对物质文化的需要转变为对美好生活的价值追求。正如党的十九大报告把满足人民群众美好生活的需要确立为新时代中国特色社会主义现代化建设的奋斗目标,并指出制约人民美好生活的关键因素就是"发展不平衡不充分"[①]。从消费角度来看,它突出表现为经济发展与环境保护、生活富裕与精神空虚、过度消费与生活需要等方面的不平衡不充分。这种不平衡不充分不仅影响和制约了人民对美好生活的追求和向往,而且带来了一系列的道德风险。具体说来,我国消费生活领域的道德风险主要表现在四个方面。

1. 炫耀消费

炫耀消费是指主体通过对物或商品的消费向他人展示自己的经济能力或社会身份的行为。前已备述,炫耀消费是美国经济学家凡勃伦在探讨有闲阶级制度时所提出来的一个重要概念。凡勃伦认为,炫耀消费作为有闲阶级证明自己消费能力、金钱力量或财富数量及博取社会荣誉的主要手段,它与奢侈品的消费、财物的浪费是密切相关的。尽管炫耀消费无法避免地会产生财富的浪费,但奢侈品的消费作为炫耀消费的重要形式,既是礼仪准则和荣誉准则的内在要求,也是有闲阶级向公众炫耀自身经济能力的"唯一办法",更是有闲阶级展示自己"高贵的风度"和"娴雅的生活方式"的重要途径。因此,这种炫耀消费不仅是必要的,而且有着十分重要的现实意义。"如果看到任何商品或劳务的根本目的和主要成分是明显浪费——不管这一点是怎样显而易见——就断定它绝对不存在任何实用性,这总是危险的。"[②] 由此不难看出,消费理论在凡勃伦那里已经发展到一个新的历史高度,不再是古典经济学家所说的"经济活动的唯一目

[①] 习近平:《决胜全面建成小康社会 夺取新时代中国特色社会主义伟大胜利——在中国共产党第十九次全国代表大会上的报告》,人民出版社2017年版,第11页。

[②] [美]凡勃伦:《有闲阶级论:关于制度的经济研究》,蔡受百译,商务印书馆2007年版,第79页。

的",而是从社会制度层面把消费解释为一种金钱力量或财富能力的证明手段。更重要的一点还在于,向他人炫耀自己的消费能力或生活品质是消费者获得他人认同或社会荣誉的最佳方式。

简单说来,炫耀消费的主要特征就是向他人"炫耀"或夸示自己的财富或消费能力,进而使自己的金钱力量或支付能力"显露"出来。从生物学的角度看,炫耀是动物求偶的本能行为,如雄孔雀开屏、青蛙鸣唱等。然而,现代人的炫耀消费已经不再是基于生理需要的本能行为,而是一种具有明确目标的社会行为。所以,这种消费行为已经不再仅限于动物求偶时的外貌或能力展示,而是在炫耀的内容方面变得异常复杂,即从奢侈品到最新款电子产品,再到豪华别墅或高档汽车,最后甚至是个人的兴趣或爱好。

从整体而言,随着人们物质生活水平的不断提高,炫耀消费在中国社会各领域都表现得格外突出。从20世纪通讯领域手持"大哥大"的"万元户",到21世纪初美容行业领域的"A4腰",再到2018年几乎覆盖中国整个行业领域的"炫富摔",炫耀消费以不同的形式展示了现代人的金钱观和消费观。当下流行的"炫富摔",英文名"Falling Stars Challenge",最早起源于俄罗斯一位名叫斯玛西(Smash)的有钱人在社交媒体上晒出一张自己从私人飞机的扶梯口摔倒在地上的照片。从表面看,这是一张颇为尴尬的私人生活照。但事实上,斯玛西晒照片的根本用意是希望自己身后的私人飞机能赢得公众的关注或羡慕。后来,俄罗斯的一位名模在转发这条信息时冠以"Falling Stars 2018"这一标题,并且在"Instagram"的社交平台上发起了"炫富挑战",从而引发了全球网民的竞相效仿。在自媒体的消费时代,"炫富"之风如同病毒一般迅速地传播开来。在国内多个社交平台上,中国消费者纷纷加入"炫富"的行列,他们以"宝贝摔""考研摔""买菜摔""健身摔""职场摔"等方式将炫耀消费"摔"出了新高度。如果说20世纪的炫耀消费通常是指消费者在大型的聚会场合展示自身的富有或精通社交礼仪的程度,那么,21世纪的炫耀消费就是指消费者在"不小心"之中别出心裁地向他人展示自我的兴趣、爱好、财富或生活品质。正如凡勃伦指出,"为了使这些临时聚合的观察者得到一个生动印象,为了使自己在他们的观察之下能够保持一种自我满足的心情,必须把自己的金钱理论显露得明明白白,使人在顷刻之间就能一览无余"①。

2. 攀比消费

如果说炫耀消费是行为者主动向他人展示自我的生活方式或消费品位,那么,攀比消费也就是以他人或某群体为参照物进行个性化的消费选择。攀比消费也称竞争性消费,主要是指不顾个人的经济能力而盲目追求欲望消费,并且通过自己与其他人消费水平和消费数量方面的比较,期望自己的消费行为能够符合社会业已形成的消费标准和价值准则,从而跻身成为一名"合格"的消费者。从内容来讲,攀比消费主要包括主动和被动两种形式。一种是消极的、被动的攀比消费,它主要表现为消费者竭力维护自己的社会身份或地位。正如美国经济学家朔尔在《消费社会到底怎么了——竞争性消费和"新消费主义"》中把竞争性消费理解为一种新消费主义,并指出,"由于新的攀比之风日益盛行,几乎所有的人都开始遵守并渴望达到由上层中产阶级和有钱人所形成的消费标准"②。另一种是积极的、主动的攀比消费,它主要通过消费水平高低层次的区分,以达到歧视对比的目的。这种歧视性对比在凡勃伦看来不是褒扬或贬抑其他人,其根本意图就是"在于按照人们在审美观念上或道德观念上的相对价值来分等分级,从而确定他们自己所设想的或别人所设想的相对的他们在心理上的自得程度"③。

当前,攀比消费在我国大学生消费者群体中表现得十分引人注目。近年来,新闻媒体多次报道了国内高校部分学生不幸落入"校园贷"的陷阱。"校园贷"问题除了个别学生由于创业失败之外,绝大部分原因是因为大学生不顾自己的消费能力而盲目攀比的结果。大学生是现代社会的一个特殊消费群体,虽然没有固定的收入来源,却有着非常强烈的消费愿望。由于不同学生之间的家庭背景和经济收入存在巨大差距,所以,她们的消费水平和消费能力也参差不齐。然而,这个事实并没有影响或降低学

---

① [美]凡勃伦:《有闲阶级论:关于制度的经济研究》,蔡受百译,商务印书馆2007年版,第69页。

② [美]朱丽叶·朔尔:《消费社会到底怎么了——竞争性消费和"新消费主义"》,载[美]比尔·麦吉本等《消费的欲望》,朱琳译,中国社会科学出版社2007年版,第30页。

③ [美]凡勃伦:《有闲阶级论:关于制度的经济研究》,蔡受百译,商务印书馆2007年版,第29页。

生的消费热情。反倒是学生有限的消费能力与无限的消费欲望之间的紧张和矛盾，使得"先消费后还款"的消费理念深入人心。这也给各种借贷机构和电商支付平台提供了盈利的良机。无论"蚂蚁金服"打出"年轻，就是花呗"的广告，还是京东金融发出"致憋尿前行的年轻人"的公开信，国内两大电商平台无一例外地都把年轻人视为小额借贷的重点服务对象。此外，五花八门的金融借贷公司或APP借贷平台如雨后春笋般地涌现出来。从表面来看，借贷公司与借贷学生之间是一种基于自愿原则的经济合同关系。但事实上，学生没有稳定的收入来源，而借贷公司在明知大学生没有还款能力的情况下，仍然以"零抵押"当日拿款等字眼诱惑大学生借钱购买自己想要的商品。这种借贷关系的存在不仅无限放大了大学生的消费欲望，而且加剧了同学之间的攀比消费。每当新款电子产品上市销售，部分年轻人特别是学生消费者都会争相抢购。据新闻报道，安徽一名年仅17岁的高中生为了购买苹果手机和平板电脑，竟然通过向黑中介卖肾来满足这个消费愿望，最后给自己身体造成三级伤残的严重后果。

虽然在校学生之间的攀比消费是由于理财经验不足或风险意识不够，但事实上，即便是了解或熟知金融风险的成年人在虚荣心的驱使下也会盲目地进行攀比消费。就拿农村结婚彩礼来说，从过去"三金一响"（即金戒指、金耳环、金项链，一辆摩托车）到现在"三斤一响"（即十几万人民币，一辆小汽车）的变化，一方面反映了人民群众物质生活的富裕，另一方面也折射出社会攀比的不良风气。攀比消费是个人虚荣心作祟的外在行为表现，也是中国人为了挣面子或怕丢面子而采取的重要行为措施。它确立了"消费至上"的评价标准和价值原则，不仅增加了行为主体的经济负担，而且也加剧了行为主体在消费选择或消费竞赛中的内心焦虑。攀比消费之所以出现，究其原因有两点：一是炫耀个人能力、身份或地位的生物学基础和主观心理动机；二是深厚的社会根源，即经济条件的改善和物质财富的充裕。2017年，一篇名为"月薪3万，还撑不起孩子的暑假"的文章爆红网络。这篇文章不仅表达了作者对高消费的困惑和烦恼，而且透出对攀比消费的焦虑和不安。与其说这种国外游学的高消费是个人微薄的工资或有限的经济收入不足以支撑的，倒不如说攀比性的消费欲望是一般家庭的经济条件和消费能力永远无法满足的。

3. 奢侈消费

奢侈与节俭是人类社会生活中两个相互对立的价值原则。它们的相互斗争始终贯穿于人类社会的历史变迁过程。在现代消费革命产生之前,无论是中国传统伦理文化,还是西方道德哲学,都主张节俭是一种令人赞许且值得拥有的美德,并且将奢侈视为一种可耻的、令人鄙夷的恶习。然而,西方社会在经过18世纪那场惊心动魄的奢侈大讨论及"奢侈去道德化"过程之后,不仅使奢侈消费从传统伦理学的语境下分离出来,而且把它与经济理性标准密切关联起来。正如斯密在论述节俭与奢侈关系时不仅承认消费的经济价值,而且从国民财富积累的角度强调奢侈会导致社会资本的减少。斯密指出,"奢侈者所为,不但会陷他自身于贫穷,而且将陷全国于匮乏"①。斯密在这里通过对"经济人"的理论分析,已经抽离了奢侈的道德内涵,而把它纳入古典政治经济学的视野之中。到了19世纪,奢侈在德国思想家桑巴特那里得到进一步发展,已经被理解为推动资本主义社会发展的核心动力。在中国消费革命之前,落后的生产力及解决温饱问题的现实需要,使得节俭美德在人民群众的消费生活中占据着十分重要的位置。随着生产力的发展及中国消费社会的诞生,奢侈消费逐渐褪去了否定的道德内涵,进而成为一种与节俭消费并存的合理行为。

据贝恩咨询公司的数据统计,2017年全球奢侈品市场规模高达1.2万亿欧元,其中,32%的销售额来自中国市场。另外,根据波士顿咨询集团(BCG)2018年5月发布的研究报告显示,中国作为仅次于美国的世界第二大奢侈品消费国,在全球奢侈品消费方面发挥着十分重要的作用,预计到2024年可能占据全球40%的市场份额。这些数据不仅揭示了中国奢侈品市场的巨大消费潜力,而且反映了中国消费者对国际奢侈品牌的偏爱程度。由此不难看出,奢侈消费的特点之一就是价格昂贵。它使得"只买贵的,不买对的"成为部分中国消费者的重要行为原则,同时也直接或间接导致鳄鱼、犀牛、大象、鸵鸟等珍稀动物成为商人围捕或猎杀的对象。这里,"贵的"价格标准用经济理性否认或消解了"对的"价值理性,既反映了奢侈行为者的金钱品质,也表现了他们追新猎奇的消费

---

① [英]亚当·斯密:《国民财富的性质和原因的研究》上卷,王亚南、郭大力译,商务印书馆2002年版,第313页。

心理。

奢侈消费的另一个特点就是"超越个人本分的生活"[1]。或者说，奢侈消费是一种超出人的生活需要且非必要的行为方式。在《蜜蜂的寓言：私人的恶德　公共的利益》中，曼德维尔从时间角度论述了奢侈消费的相对性和社会历史性。在曼德维尔看来，随着生产力的发展及贸易往来的通达，过去仅限上层阶级使用的奢侈品如茶叶、丝绸等可能成为今天普通大众的生活必需品。换言之，奢侈品和必需品的界定不是固定不变的，而是变动不居的，这就是通常所说的"拖曳效应"。"拖曳效应"意味着，并不是所有奢侈消费都是不道德的，它有道德与不道德之分。其中，"对创造性奢侈消费，我们应该赋予褒扬的伦理学含义"[2]。而我们给毁灭性奢侈消费赋予了否定性的道德内涵。这里，不道德的奢侈消费主要是指某消费行为违背了适度消费的伦理原则，既不利于行为者的身心健康，又可能危及自然生态系统的平衡或珍稀物种的持续发展。尽管如此，但奢侈消费在行为者看来具有十分重要的现实意义。这是因为"买得起"如私人飞机、豪华游艇、限量版的"LV"包等商品是奢侈行为者跻身某个消费阶层或名流圈的"通行证"。正如马克思在《资本论》第一卷论述资本积累时指出，资本家的奢侈消费是一种必要的"交际费用"，其行为背后潜藏着"最肮脏的贪欲和最小心的盘算"。[3]

最后，中国人的奢侈消费还表现为"为了消费而消费"的价值原则和目的追求。"为了消费而消费"的价值原则就是把消费理解为社会生活的终极目的，这既导致生活手段与生活目的的本末倒置，也使得部分"先富起来"的中国人如房地产大亨、拆迁暴发户、富商巨贾等挥金如土、饕餮万物、奢靡享乐的生活方式严重败坏了社会风气。而消费的示范效应，一方面使得中下层消费者盲目追随上层消费者的时尚潮流，另一方面还加剧了社会"仇富"心理，同时还造成自然资源被任意地挥霍或浪费，如镶金的劳斯莱斯豪华车队、"满汉全席"的粮食浪费等。从这一点来说，奢侈消费虽然与炫耀消费或攀比消费有着千丝万缕的联系，但它们

---

[1] ［美］克里斯托弗·贝里：《奢侈的概念：概念及历史的探究》，江红译，上海人民出版社 2005 年版，第 236 页。

[2] 何小青：《对现代奢侈消费的伦理解析》，《社会科学辑刊》2010 年第 5 期。

[3] 《马克思恩格斯文集》第 5 卷，人民出版社 2009 年版，第 685 页。

的显著区别在于：前者主要表现为对物的消耗或损毁，而后者则表现为对物的占有。

4. 符号消费

人作为目的性的存在者，在消费过程中将自我的意图或目的通过物或商品的形式表现出来，这就是符号消费。符号消费与炫耀消费、攀比消费、奢侈消费等消费形式的主要区别表现为：前者关注的是商品或物的符号价值及指涉意义；后者关注的是自我身份、社会地位或财富的占有。也就是说，消费者注重的不是商品本身的质量或使用价值，而是该商品所承载的符号价值或意义。或者说，物只不过是承载着某种意义或价值的符号，消费过程也就是主体被符码和解码的过程。因此，"物体系"与意义系统是密切联系的，二者相互渗透、彼此融合。符号承载着某种价值或意义，这意味着主体的消费生活不再是仅限于满足自身生存和发展的客观需要，而是纠缠于符号和符号所指涉的意义之间。或者说，符号消费迫使消费者游走于各种"消费游戏"之中，也促使人们的消费需要转变成主观的消费需求。如此一来，高档汽车、豪宅、各种奢侈品牌、最新款的电子产品等就成为现代人竞相追捧或梦寐以求的消费对象。

广告传媒作为消费对象与消费者之间相互沟通的桥梁，已经无孔不入地对现代人的消费生活进行了全方位的渗透。打开手机、电脑或电视机，时不时会弹出广告，甚至就连等电梯的片刻工夫，也难以幸免。苹果公司正是深谙自己品牌的符号魅力，在中国吸引了一大批的铁杆粉丝和忠诚购买者，更是在我们这个物质丰裕的消费时代依然能够塑造深夜街头排队购买手机的奇特"景观"。汽车作为现代社会衡量个人成功的重要符号和主要标志，已经使汽车销售量连续几年呈现不断上升的趋势。据统计数据显示，2017年全国汽车销售量已经高达2887.89万辆。符号消费的主要目的就在于彰显个体差异及区分社会等级。但事实上，它不仅使消费者受制于物或符号的驯化、操纵或钳制，而且还使得制造低价劣质产品或高仿品等山寨经济红极一时。

可以这样说，符号消费否认了真相或现实的存在，不仅使人沦为物或商品的奴仆，而且带来了物象化的生活。把符号和物相关联是波德里亚早期社会批判理论的重要贡献。波德里亚通过对物、象征价值和符号消费等社会问题的批判，进而提出了以符号政治经济学超越马克思的政治经济学。波德里亚认为，物具有意指的功能，这决定了政治经济学批判不能仅仅停留在商品的使用价值和交换价值层面，而是将这种社会批判理论延伸到符号政治经济学领域之中。符号政治经济学批判之所以必要，对于波德里亚来说主要因为它蕴含着双重超越，即对意指关系的超越及对符号学的超越。正如波德里亚指出，"符号政治经济学批判暗含了某种超越性的维度——通过符号/交换价值的自我组织而达到一种意指过程中的'超越'；同时也是对某种符号学的'超越'，这种符号学的'客观性的天真'仅仅描述了符号/交换价值的功能"①。

这里，波德里亚用索绪尔的符号学理论解读消费社会的运行机制，不仅要揭示符号所指与指涉对象之间的意指关系，而且也阐明了消费是一种吸收符号、被符号吞噬并且在符号的重新组合中形成的便于沟通、交流的语言符号系统。符号消费抽离了主体赖以生存的现实基础，把消费演变成人与物之间的"游戏"，同时也使消费者沦为一个无灵魂的、符号化的存在者。正是在这个意义上，波德里亚认为，"消费的主体，是符号的秩序"②。

二 我国消费道德风险造成的危害

综上所述，道德风险是当前中国消费社会普遍存在的问题。炫耀消费和攀比消费从行为主体的角度展示了消费道德风险的心理基础和行为表现，而奢侈消费和符号消费则从客体或消费对象的角度论述了消费道德风险的社会运行机制。随着我国消费革命的进一步深入，消费道德风险日益成为影响和制约人民美好生活的重要因素。

1. 它导致人的异化及其精神世界的空虚

当前，我国消费社会的最大特征就是物质生活的丰富和精神生活的空虚或颓废。自我的迷失是现代人精神空虚的具体表现，也是现代社会个性化消费的必然结果。在《空虚时代：论当代个人主义》中，法国思想家利波维茨基指出，消费到了后现代社会已经达到了鼎盛阶段，"消费势力

---

① ［法］让·鲍德里亚：《符号政治经济学批判》，夏莹译，南京大学出版社2015年版，第214页。

② ［法］让·波德里亚：《消费社会》，刘成富、全志钢译，南京大学出版社2000年版，第226页。

扩张到了个人领域,命中注定要被加速淘汰的、漂移的、不稳定的自我,其形象与变迁也受到消费的波及"①。由此可见,自我对于利波维茨基来说就是受后现代消费社会支配或统治的对象。消费在这里被人们理解为彰显自我个性和社会身份或地位的主要方式,它使行为主体沉溺于物质生活的享乐,同时也导致了人的精神生活的虚无化。或者说,主体在消费社会里臣服于物或商品的统治,不仅丧失了人的自主性和能动性,而且还由于过度沉溺于消费生活而造成人的对象化或符号化。

我国社会学家郑也夫在探讨消费问题时曾这样指出,生产和消费作为维持生活的重要手段,原本是整个经济活动过程中的两个必要环节。但事实上,现代社会"手段—目的"的头足倒立,不仅使消费成为社会生活的根本目的,而且使消费者成为具有"双重人格"的社会存在者。"一方面,它要人们遵从资本主义的工作伦理,拼命地工作,以最小的投入换取最大的收益。另一方面,它要人们疯狂地消费,随着商品频繁地更新换代,最终每个人都在以最大的付出换取最小的收获。"② 在郑也夫看来,工作伦理导致生产者的异化,消费伦理导致消费者的异化;而一个人既是生产者又是消费者,这个事实意味着更深层次的第三重异化。总体而言,消费社会的异化问题不仅表现为消费与人性原则的背离,而且表现为现代人沉溺于物的世界,遗忘了消费生活的真正意义。

2. 它导致社会攀比之风愈演愈烈

前已备述,炫耀消费有着深刻的生物学基础和社会历史根源。但事实上,每个人的公开炫耀不仅加剧了人与人之间的攀比消费或竞争性消费,而且把现代社会演变成为消费竞赛的"竞技场"。人际间的攀比消费或消费竞赛使人忽略了自身的经济能力和消费需要,也在根本上动摇了我国传统文化中的节俭美德。

事实上,在中国加入世界贸易组织之后,国内消费者的攀比消费已经把参照物从身边的邻居扩展到全球范围的普通大众。它既放大了人的消费欲望或主观需求,也造就了大规模的高消费群体。不切实际地盲目攀比,

---

① [法]吉尔·利波维茨基:《空虚时代:论当代个人主义》,方仁杰、倪复生译,中国人民大学出版社2007年版,第7页。

② 郑也夫:《后物欲时代的来临》,上海人民出版社2007年版,第36页。

一方面使个人的经济负担越来越重，另一方面，也加剧了主体的内心焦虑及人与自然之间的矛盾。除此之外，攀比消费还带来诸多问题消费，例如"校园贷"、超市盗窃、恋物癖等。更严重的是，整个村村民为了满足自己的欲望消费或攀比消费的心理需求不惜走上了违法犯罪的道路。例如2004年，《瞭望周刊》向人们揭露了福建安溪的手机短信诈骗"大本营"的真实面目。安溪是一座隶属福建泉州的小县城，原先靠种茶为生。后来，几个青年人通过短信诈骗的手段几乎一夜暴富，极大地刺激了这里勤劳朴素的茶农，也使得他们放下手中的农具加入了电信诈骗的行列。福建安溪的电信诈骗案并不是仅仅涉及某个人或少数人，而是整座村子的沦陷。它的主要特点就是低龄化、专业化及普遍化。与这种电信诈骗村颇为相似的是"乞讨团"，如甘肃岷具小寨村不少村民依靠在外乞盖上了新房或买了新车。从整体而言，无论是"诈骗"，还是乞讨，无一例外地将盖新房或购买私家车视为现实生活的唯一目的，进而用这种消费目的否认或抹杀了挣钱方式或手段的不正当性。

3. 它加剧了人与自然之间的矛盾或紧张对峙，从而造成自然资源的严重浪费

浪费是中国社会普遍存在的严重问题。从过去的"酒池肉林"到现代人的穷奢极侈，浪费现象可以说俯拾皆是。美国经济学家凡勃伦在论述有闲阶级制度时曾明确指出，炫耀消费会带来浪费，而浪费是炫耀消费无法避免的自然结果。鲍曼则直接将消费社会理解为"即刻消费、即刻抛弃"的浪费性社会。那么，什么是浪费呢？在《消费伦理研究》中，何小青把浪费概括为这样两层意思，"一是资源、财富的闲置不用，二是资源、财富的使用不当"[①]。从这种解释来看，浪费不仅指人们的过度节约而导致资源的消费不足，而且是指人们的过度消费或大量使用而导致自然资源被消耗。一言以蔽之，浪费意味着不正当消费或消费的不合理性；而不浪费意味着节约或节俭，但它并不意味不消费。

事实上，无论在生产领域，还是在消费领域，都不同程度地存在着资源浪费问题。中国工程院院士刘吉臻在2014年接受媒体采访时指出："中国是世界上能源浪费最严重的国家……每年浪费的能源在4亿吨标准煤左

[①] 何小青：《消费伦理研究》，上海三联书店2007年版，第269页。

右，占到能源生产量的 12%—16%，从能源采掘到进入终端消耗的过程中无不伴随着浪费现象。"① 如果我们以近年来风起云涌的共享单车为例的话，那么，由过度生产和过度消费所造成的浪费问题就昭然若揭。2015年6月，共享单车作为新生事物首次出现在北京大学校园内，这既方便了人们的出行，也在绿色环保的光环下赢得了一大批消费者。一年之后，"小黄车"成功地进入哈佛大学校园及欧洲一些大中城市，更是一度成为国人引以为自豪的事情。然而，随着橙色的"摩拜"单车及其他诸如"小蓝"单车、红色的"悟空"单车等陆续投入使用，供大于求的市场格局、资本追求价值增值的运行模式及对新事物缺乏相应的市场监管机制，最后使得大量共享单车被贱卖退市或者被任意堆砌在各大城市的郊区空地上。可以这样说，当下国内一些大城市所面临的"共享单车坟场"问题，不仅为我们清晰地展示了资本的贪婪，而且真实地呈现了盲目投资所带来的触目惊心的资源浪费。浪费性消费一方面阻碍了社会经济的发展，另一方面也给生态环境造成了无法修复的负面影响。从经济发展来看，它也导致了资金运行效率低下、资金周转不灵、市场供求关系的比例失衡等问题。从环境保护角度来讲，它使资源没有得到充分的、合理的有效配置，要么造成大量资源被闲置，如房地产市场的过度开发所导致的多地出现了人烟罕至的"鬼城"，要么造成资源短缺或环境危机，如中国部分城市缺水或水污染问题等。据国家环保部《2017年中国环境状况公报》的数据显示，在2145个测站的地下水水质检测中，60.9%的水质较差，14.6%的水质极差。

第二节 我国消费道德风险产生的主要原因

消费道德风险问题在中国出现并不是偶然，而是我国社会主义经济体制改革、消费革命及西方消费主义文化等多重因素相互作用的必然结果。正如王宁在《消费社会学》中指出，"消费是一面'镜子'，它不但从一个侧面映出了经济体系某个部分的运行机制，而且也照出了文化过程和社

---

① 刘吉臻：《摒弃"土豪式"浪费 走出"精神性"危机》，《中国科学报》2014年3月6日第4版。

会生活的许多'秘密'"①。在这里，王宁主要从社会学的角度凸显了消费的重要地位。他论述了我国消费方式变迁的文化动因和制度基础，并且用"国家让渡论"解释了西方消费主义文化在中国兴起的社会根源。基于这种分析，我们不难从市场调节的自发性、享乐主义的泛滥及道德调节的滞后性三个方面来剖析当前中国消费道德风险产生的主要原因。

一 经济原因：市场调节的自发性缺乏对人的约束

自1992年党的十四大明确提出建立社会主义市场经济体制以来，我国居民生活质量得到大幅度提升，消费生活也开始了世俗化变革的历史进程。"世俗化"是与计划经济时期神圣化相对应的一个现代性概念。在我国计划经济体制下，无论在生产领域，还是在消费领域，商品的数量、销售区域及生产方式和消费方式等均由国家统一安排和集体调配。因此，在计划经济时期，集体主义的价值观被赋予了至高无上的神圣地位，它不仅使"劳动光荣"和黜奢尚俭等传统伦理观念深入人心，而且也使人们自觉地把各种个性化的"奇装异服"或铺张浪费的消费行为划归为资产阶级生活方式的范围，并且给予了应有的道德批判。然而，在我国社会主义市场经济体制确立之后，特别是1997年亚洲金融危机之后，通过国内市场的消费需求这架"马车"拉动经济增长已经成为学术界的基本共识。它充分肯定了消费在我国市场经济中的经济价值和基础地位，也使得通过刺激消费拉动生产成为发展经济的重要方式。

消费在古典政治经济学家斯密那里通常被理解为经济活动的唯一目的和最终目标。事实也的确如此。消费作为经济活动的重要环节，是人类从事物质资料生产的重要目的和根本归宿。正是基于斯密古典政治经济学的思想，马克思在《1857—1858年经济学手稿》中从社会的、具体的、现实的人出发，论述了生产、交换、分配及消费四个经济环节之间的内在同一性和有机整体性。马克思认为，消费与生产的内在统一性不仅表现为两者互为前提、相互依存，而且表现为它们之间的媒介运动。而消费与生产的对立性则表现为目的与起点的关系。生产在马克思那里被解释为经济活动的起点，它为人们提供了消费的客观对象；消费被理解为经济活动的终

---

① 王宁：《消费社会学：一个分析的视角》，社会科学文献出版社2001年版，第2页。

极目的,它意味着生产活动的实现或完成。① 从这一点来说,消费对于拉动生产进而促进社会经济发展来说具有十分重要的现实作用。

虽然市场在配置资源中起决定作用,但其自发性使得这只"看不见的手"不仅仅需要政府这只"看得见的手"的干预或调节,而且还需要道德在"缺少市场调节或政府调节而留下的空缺"② 领域发挥重要的调节作用。这是因为"市场或经济活动的主体是资本,其自发的目标是获得最大化的利益,其内在逻辑可称为资本逻辑"③。资本追求利益最大化的"内在逻辑"也使得经济利益或工具价值高于其他一切的价值标准或道德准则,这不仅割裂了经济理性与价值理性之间的内在关联,而且用经济增长的价值目标不断地刺激人的消费需求,从而导致奢侈享乐逐渐取代了计划经济时期所奉行的节俭消费的道德标准。正是从这个意义来说,我国社会主义市场经济体制的确立和发展在解决商品短缺及亿万人民群众温饱问题的同时,还潜藏着过度消费的道德风险。或者说,它使得工具理性脱离了价值理性的视阈,使其成为现代人的重要行为标准,从而最终遮蔽甚至抹杀了人类社会生活的伦理本质。法兰克福学派的重要代表人物弗洛姆曾这样指出,资本不断增值的内在诉求不仅导致生活目的与经济手段之间的本末倒置,而且还造成消费背离了人的需要。在弗洛姆看来,消费的重要特征就是现实人的社会实践活动。所以,"消费活动应该是一种有意义的、富于人性的和具有创造性的体验"④。然而,在不彻底的、不健全的、不完善的市场化背景下,过度消费作为被市场人为制造或刺激出来的主观需求,不仅导致了人的异化,而且也使得消费背离了人类的本真生活。

从整体来说,自 20 世纪 90 年代确立社会主义市场经济体制以来,中国经济飞速发展,在短短一二十年的时间里国民生产总值翻了几番,已经成为世界第二大经济体。但事实上,在我国经济高速增长的同时,其背后隐藏的各种社会问题也逐渐凸显出来。从 2008 年三鹿奶粉被曝含有三聚氰胺的有毒成分到 2018 年长春长生生物的疫苗事件,造假几乎遍及中国

---

① 参见《马克思恩格斯文集》第 8 卷,人民出版社 2009 年版。
② 厉以宁:《超越市场与超越政府——论道德力量在经济中的作用》,经济科学出版社 2010 年版,第 7 页。
③ 王南湜:《全球化时代生存逻辑与资本逻辑的博弈》,《哲学研究》2009 年第 5 期。
④ [美]弗洛姆:《健全的社会》,欧阳谦译,中国文联出版公司 1988 年版,第 134 页。

各个行业领域,这也使得中国消费者深受其害。事实上,与其他小作坊或黑工厂制造高仿或假冒伪劣产品相比,行业造假的性质更恶劣,这是因为它利用自身合法的企业资质或社会声誉,生产或制造对消费者身心健康造成极大危害的不合格商品或有毒产品。知名企业造假,一方面触犯了《中华人民共和国产品质量法》,违背了整个行业的职业道德操守和伦理准则,极大地损害或降低了消费者对企业或产品的信任度;另一方面,也加剧了社会恐慌心理,给社会秩序增加了不和谐的、不稳定的因素。一方面,我们要充分发挥市场在资源配置中的决定性作用,另一方面要进一步理顺政府职能,积极发挥政府在优化资源配置中的重要补充作用,如非盈利性的公共基础设施建设、经济行为的外部性问题及信息不对称情形下的道德风险问题等。但事实上,政府要么以行政或财政手段对市场干预过多(如房地产行业),要么管理缺位(如城市郊区"共享单车坟场"问题),这不仅使得政府调节在市场难以发挥作用或市场调节失灵之处不能发挥重要的补充作用,而且和市场调节一样在处理人的问题方面存在着局限。

二 社会原因:我国消费革命导致享乐主义的泛滥

众所周知,在1997年亚洲金融危机爆发之后,如何最大限度z扩大国内外市场的消费需求,是我国推动社会经济发展必须面对的重要问题。这个问题突显了消费的经济效用和价值地位,同时也是中国消费社会得以诞生的重要原因。在这种以消费为主导的社会形态中,如果说个体奉行的是"消费至上"的价值原则,那么,整个国家就是依照生产力标准,通过刺激消费的方式谋求最大限度的数字化 GDP 的增长。从这个意义来说,消费已经从经济目的演变成人类社会生活的价值目标。因为个体需要通过消费的数量和品质向他人"证明"自身的经济实力和财富能力。而对于一个国家而言,居民消费水平是衡量其综合经济实力的重要标识。或者说,消费变成社会生活的目的是消费社会运行机制的客观要求,也是"资本逻辑"借助广告和传媒技术的力量使各消费阶层自觉或不自觉地接受消费主义生活方式的必然结果。

如果说资本增值的内在逻辑、社会发展的客观需求及市场调节的局限性是造成消费道德风险的经济根源,那么,我国消费革命及消费社会的诞生就是造成消费道德风险的社会根源。王宁把我国城市消费制度的历史嬗变概括为三个阶段：一是抑制消费（改革开放以前）；二是适当消费（20世纪80年代至90年代末）；三是鼓励消费（20世纪90年代末期以后）。他认为，鼓励消费社会制度的确立"不但意味着消费的合法性得到恢复，而且意味着随着经济的发展，消费在经济体系中的地位和作用不断提升"①。消费地位的巩固和提高也进一步表明，人们的消费方式和消费观念发生了根本性的变化。从消费方式来看，它从过去由国家统一安排的一种消极的、被动的消费模式转变为一种积极的、主动的、个性化的消费模式。从消费观念来看，它从节俭转变为奢侈享乐，或者说是奢侈与节俭并存的消费伦理观。总而言之，消费到了现代社会已经演变成一种获得社会支持的、大众认可和接受的、合理的且正当的行为方式。"这场消费革命标志着中国的消费方式已经由温饱型转向享乐型"②，它开启了消费生活世俗化及个性化消费的历史进程，同时也催生了享乐主义的生活哲学。

毋庸置疑，我国社会主义市场经济体制的确立克服了计划经济时期集体主义大锅饭的局限，极大地解放了生产力，同时也加快了中国社会形态从生产社会向消费社会的过渡或转型。中国消费社会的诞生既肯定了消费在社会经济发展中的核心地位，又拉开了我国消费革命及个性化消费的序幕。消费作为社会大众广泛认可的经济行为，在现代社会生活中发挥着至关重要的作用。这是因为消费既是人类赖以生存和发展的物质前提，也是社会经济发展的基本要素。所以，鼓励消费的经济政策不仅给个性化的消费生活提供了制度保障和政策支持，而且开辟了消费生活世俗化的道路。消费生活的世俗化高举了工具理性的大旗，不仅颠覆了传统节俭美德的神圣性和至上性，而且也给奢侈消费或炫耀消费提供了坚实的社会基础和不竭的动力源泉。换句话说，我国消费领域的现代革命在给社会生活祛魅的同时，也通过各种新的消费工具给它附上了一层神秘的色彩。

在消费生活被工具理性"祛魅"与"附魅"的过程中，现代人的消费欲望不断地被企业或商家通过广告或大众传媒的方式人为地制造出来。正如王宁在论述中国私人轿车数量剧增问题时这样指出，"如果说，在过

---

① 王宁：《从苦行者社会到消费者社会：中国城市消费制度、劳动激励与主体结构转型》，社会科学文献出版社2009年版，第249页。
② 郑红娥：《社会转型与消费革命——中国城市消费观念的变迁》，北京大学出版社2006年版，第6页。

去，个人的消费欲望的形成更多地受制于经济和理性的因素，那么，今天，'非理性'和'伪理性'的文化和社会因素越来越在消费欲望形成中起重要作用"①。欲望消费主要是指超出人的基本生活需要的消费方式。它将人的欲望从传统节俭美德的束缚下解放出来，使人盲目地追求生活享乐及自我身份或社会地位的展示。更进一步说，消费革命及中国消费社会的诞生不仅肯定了欲望消费的合法地位，而且确立了享乐主义的生活哲学。

享乐主义是当前消费社会的重要价值原则。虽然它与快乐主义有着明显区别，但二者之间有着深刻的内在联系。快乐主义道德学说最早可以追溯到古希腊时期的伦理学家伊壁鸠鲁那里。伊壁鸠鲁将快乐理解为至善或最大的幸福，认为快乐是使人的肉体或精神免遭痛苦的必要前提。伊壁鸠鲁认为，"快乐的量的极限，就是一切能致使痛苦的事物排除"②。显然，快乐和痛苦在伊壁鸠鲁看来是两种相互对立的精神状态，但快乐在数量上的积累和变化超过一定的限度就会发生根本性质的变化，即根除痛苦。此外，伊壁鸠鲁还从快乐的内容方面区分了肉体的快乐和灵魂的快乐，进而把快乐视为幸福生活的出发点和终极目的。正如伊壁鸠鲁指出，"幸福生活是我们天生的最高的善，我们的一切取舍都从快乐出发；我们的最终目的乃是得到快乐，而以感触（πάθος）为标准来判断一切的善"③。由此不难发现，快乐是伊壁鸠鲁道德学说中的一个核心概念。对于伊壁鸠鲁来说，可能招致痛苦的快乐并不是真正的快乐，也不会带来最完满的幸福生活。

古希腊时期的快乐主义伦理学到了近现代社会被英国思想家边沁发展成为一种功利主义的道德学说。边沁认为，快乐和痛苦作为"目的因"是立法者制定各种法律或社会规则的两大目标，也是行为主体规范或约束自我言行的重要道德标准。边沁指出，"究竟使一个人做这件事，还是做别的什么事，则除了苦或乐之外，再没有其他东西可作最后决定了"④。

---

① 王宁：《消费的欲望：中国城市消费文化的社会学解读》，南方日报出版社2005年版，第168页。
② 周辅成：《西方伦理学名著选辑》上卷，商务印书馆1964年版，第92页。
③ 周辅成：《西方伦理学名著选辑》上卷，商务印书馆1964年版，第103页。
④ 周辅成：《西方伦理学名著选辑》下卷，商务印书馆1987年版，第231页。

在这里,"决定"行为取舍的主要标准是苦或乐的主观感觉,它们被边沁理解为"致动因"或产生这一行为的心理动机或主观原因。在边沁看来,苦或乐从它的来源上讲主要包括自然的苦或乐、政治的苦或乐、道德的苦或乐、宗教的苦或乐四个方面的内容。而苦乐价值的计算主要取决于快乐和痛苦的强弱程度、持续性程度、确定性与否、时间上的远近、继生性、纯粹性程度及范围大小七个方面的条件。根据这些条件的理性计算,边沁把快乐原则与功利原则统一起来,认为行为动机不涉及善或恶的价值判断,判断行为正当与不正当、善与恶的道德标准关键在于行为效果,即是否促进最大多数人最大的幸福。由此不难发现,边沁对快乐和幸福的理解与伊壁鸠鲁有着显著区别。伊壁鸠鲁的快乐主义伦理学是将快乐与幸福相等同,快乐就是最完满的幸福。而边沁把快乐视为唯一的善,并对快乐的价值量进行了计算,认为快乐是幸福生活的重要组成部分。

从整体而言,快乐主义包含了主体精神愉悦的情感体验。在古代社会,它体现了行为主体淡泊名利,保持灵魂宁静的至善追求。在现代社会里,它主要表现为基于理性算计的功利原则。但事实上,享乐主义虽然从根本来讲也追求快乐,但它并不是现代性的产物,而是一种由来已久的人生观。作为一种人生观,享乐主义注重舒适的生活环境和个人欲望的满足,强调肉体快乐及当下时刻的感官愉悦,而忽略了不同快乐之间的质的差别,因为有些快乐可能带来更大的痛苦。生产在创造财富过程中能给人们带来快乐,而消费在商品使用或消耗过程中也能使人们获得某种精神上的满足或快乐。"人总要追求愉悦,但最大的愉悦是创造而不是消费,这可能是人之所以为人之处。"[①]

如上所述,在鼓励消费的经济政策引导下,享乐生活不仅是社会普遍接受的正当行为,而且被大众视为个人自由的外在表现及自己辛勤劳作的自然回报。从这个意义来说,享乐主义或享乐哲学是我国鼓励消费的经济制度的内在预设,也是发挥消费在经济领域的重要推动作用的价值基础。然而,享乐哲学的大众化和普遍化既否认了享乐的道德贬义,同时也使得骄奢淫逸或挥霍无度成为现代人不懈的价值追求。正如马克思恩格斯在《德意志意识形态》中批判享乐主义人生哲学时这样指出,享乐哲学在过

---

① 欧阳志远:《最后的消费——文明的自毁与补救》,人民出版社2000年版,第176页。

去仅仅是少数特权阶级的生活方式和人生态度,"一旦享乐哲学开始妄图具有普遍意义并且宣布自己是整个社会的人生观,它就变成了空话"①。因此,享乐哲学在马克思、恩格斯看来是一种肤浅的、不切实际的、虚假的"道德说教"。因为它忽视了社会现实的客观需要、自然资源的有限性及个人经济条件的局限等。但事实上,在中国消费社会中,奢侈享乐或好逸恶劳却是一种普遍现象。从十几年前全国遍地开花的"农家乐"到近些年人数持续攀升的"出境游",这表明中国人的消费能力和消费水平有了进一步的提高。追求享乐生活已经成为当代中国消费者的主流价值观。但现实生活中俯拾皆是的消费问题,如"到此一游"的涂鸦、个人肆无忌惮地挥霍浪费、人与人之间的炫耀或攀比等,已经将现代人的内心空虚或生活的虚无化表现得淋漓尽致。从这一点来说,以消费为主导的现代社会也就是一个注重物质财富积累而遗忘了人类精神生活的、畸形的、"单向度"的社会形态。而享乐主义的人生哲学就是对消费社会的虚伪地"粉饰",它不仅扭曲了人的价值观,使得消费日益背离了人的需要,而且使得铺张浪费蔚然成风,最终加剧了消费的道德风险。

三 文化原因:道德调节的滞后性造成责任主体缺位

在《超越市场与超越政府》中,厉以宁用两个"唯一"详细论述了风俗习惯和道德力量在经济生活中的重要作用。他说,"习惯与道德调节是在市场调节与政府调节出现以前唯一起调节作用的调节方式,也是在市场力量与政府力量达不到的领域内唯一起调节作用的调节方式"②。因此,道德调节是市场调节与政府调节的重要补充方式,也是维系人与人及人与自然关系的重要精神纽带。然而,道德作为上层建筑的主要内容之一,其稳定性特征通常使得道德变迁远远落后于人类社会的经济发展。这种滞后性一方面导致道德力量在市场调节和政府调节遗留下来的"空白"领域难以发挥重要的补充作用,另一方面还造成新旧道德思想体系更替过程中出现价值断裂。在《断裂——20世纪90年代以来的中国社会》中,社会

---

① 《马克思恩格斯全集》第3卷,人民出版社1960年版,第489页。
② 厉以宁:《超越市场与超越政府——论道德力量在经济中的作用》,经济科学出版社2010年版,第5页。

学家孙立平根据消费内容的变化提出了中国进入"耐用消费品时代"这个重要论断。他指出，中国社会从必需品消费时代向耐用品消费时代的转型是否成功关键在于，"能不能创造出这样的制度和结构条件，从而能否形成与耐用消费品时代相适应的消费模式"①。

消费是人类社会生活的重要内容，而消费模式则反映了特定历史时期人们的消费水平、消费结构、消费内容等方面的基本样式。更进一步说，消费模式是由一定的经济基础和社会制度所决定的，也反映了人类社会生活的具体组织形式。在消费社会里，我国消费模式主要呈现出智能化和个性化的特征。在网络购物与线下实体店几乎平分秋色的今天，扫地机器人、智能家居、洗衣烘干一体机等新产品备受消费者的青睐。这不仅体现了我国消费品更新换代的速度日益加快和消费结构的逐步优化，更重要的是反映了以消费者为中心的新市场格局和消费趋势。2017年11月14日，阿里研究院发布了《进击，Z世代》的研究报告。在这份报告中，阿里研究院副院长杨健将"Z世代"理解为中国未来消费的生力军，并且指出"Z世代"的消费理念就是重新审视和定义消费者与物之间的关系，"在消费中创造、分享和表达，加深对自我的认知，找寻自我的独特性，获得成就感"②。

然而，以消费者为中心的新消费模式放大了人的主观欲望，反而以虚假的自由否认了个人的现实存在。在《1857—1858年经济学手稿》中，马克思借用斯宾诺莎的"一切规定都是否定"这个哲学命题论述了生产与消费的直接同一性关系，并且阐明了主体的消费和客体的消费之间的区别。客体的消费在马克思看来是指生产资料的使用或消耗，而主体的消费是指"个人在生产过程中发展自己的能力，也在生产行为中支出、消耗这种能力"③，换句话说，消费者在与"商品世界"相互交往的过程中不断地"发展自己的能力"，又"消耗"了它。这意味着人们的消费生活始终是围绕着商品或"物"来展开的。"消费社会在这场

---

① 孙立平：《断裂——20世纪90年代以来的中国社会》，社会科学文献出版社2003年版，第39页。

② 杨健：《进击，Z世代》，http://www.cnr.cn/chanjing/zhuanti/lt/zs/xf/2017 1116/t20171116_524027932.shtml。

③ 《马克思恩格斯文集》第8卷，人民出版社2009年版，第14页。

最壮美的机遇剧中,通过对物与生命如仪式般规定的破坏,为自己提供了物质过于丰盛的证明。"① 也正是在物质丰裕的消费社会里,欲望消费不仅得到大众消费者的广泛认可和普遍接受,而且被唯利是图的消费市场膨胀到无以复加的地步,从而使人臣服于"物"或商品的统治或支配。从这一点来说,"消费本质上是人为刺激起来的幻想的满足,是一种与我们真实自我相异化的虚幻活动"②。虚假的消费生活割裂了自我与社会现实、消费与人的本质之间的内在联系。在社会转型过程中,一方面,传统社会的节俭美德在西方消费主义文化的冲击下难以在当前消费生活领域发挥引导、制约及规范行为的作用;另一方面,与中国消费社会的现实需要相适应的新消费伦理思想体系尚待构建,这使得现代消费生活必将出现价值断裂问题。正是从这个意义来说,社会主义市场经济体制的确立虽然为中国消费社会的过渡或转型提供了物质前提和制度保障,但同时也带来了价值断裂的社会危机。在某种程度上讲,这种危机在现代社会里主要表现为消费道德风险。究其实质,它是一种"道德信念危机"③。或者说,它是中国社会转型和新旧道德体系更替过程中的伦理断裂。

在耐用品消费时代,不仅贷款购房或买车、网络购物、智能服务等都深刻地影响并改变着现代人的消费生活,而且人们的消费观念和消费方式也发生了天翻地覆的变化。不仅如此,中国消费社会的世俗化进程还从根基动摇或瓦解了传统的消费伦理观,而新的消费伦理思想体系又尚未建立。这不仅为西方消费主义文化进入中国消费社会提供了契机,而且使得奢靡享乐成为现代人的生活哲学。享乐哲学奉行"快乐主义"的价值原则,这个原则注重个人的情感体验,强调"一切向钱看",不仅把消费什么及消费多少理解为个人成功的重要证明方式,而且用工具理性代替了价值理性,进而以消费的目的抹杀了消费手段或挣钱方式的正当与不正当的界限。不仅如此,商家与消费者之间的信息不对称和不透明也日益侵蚀了原本稀薄的信任基础,它切断了买卖双方的道德联系,也使得"责任逃

---

① [法]让·波德里亚:《消费社会》,刘成富、全志钢译,南京大学出版社2000年版,第30页。
② [美]弗洛姆:《健全的社会》,欧阳谦译,中国文联出版公司1988年版,第134页。
③ 阎孟伟:《"道德危机"及其社会根源》,《道德与文明》2006年第2期。

逸"或"责任主体缺位"成为当前中国消费社会的普遍问题。

第三节 我国防范消费道德风险所面临的主要问题

1. 面子消费使得物的"占有"成为中国人的精神基础，进而造成消费与人性原则相分离

面子是中国社会特有的文化现象，它从过去维系熟人社会里的血缘亲情关系逐渐演变和发展成为维持现代陌生人社会人际关系的行为准则。在《中国人》中，林语堂先生从心理和生理两个方面对中国人的面子问题进行了对比，认为心理上的面子在社会行为方面的实际表现更为复杂、更令人费解，既可以"得"或"争取"，也可以"丢"或"送"。在林语堂先生看来，面子"触及了中国人社会心理最微妙奇异之点。它抽象，不可捉摸，但都是中国人调节社会交往的最细腻的标准"[1]。美国传教士明恩博也指出，中国人的面子犹如"一把钥匙，可以打开中国人许多重要素质这把号码锁"[2]。中国人之所以注重自己的"面子"问题，主要因为"面子"是调节社会关系的重要道德准则。这个事实也使得中国消费社会中的面子消费甚嚣尘上。当下，中国人的面子消费已经不再是仅限于特权阶级维持自身等级身份和社会地位的主要手段，而是中国各阶层消费者"赢得面子"或"挣面子"的重要方式。中国人的面子与第四章所论及的鲍曼语境下的"面孔"是截然不同的。简单说来，这种区别主要有两点：一是，前者是自我的面子，后者是指他人的面孔；二是，前者强调通过消费或财富占有的方式来获得面子，后者强调自我对他人的道德责任。

在中国社会"人活一张脸""死要面子"等面子文化的熏陶下，面子消费作为消费者维持社会关系、联络感情的内在需要，已经使得消费者不得不屈从于商品的统治或支配，如豪宅、名牌服饰、高档电子产品等。法

---

[1] 林语堂：《中国人》，郝志东、沈益洪译，学林出版社2007年版，第152页。
[2] 黄光国：《儒家社会中的道德与面子》，载黄光国、胡先缙等编《人情与面子：中国人的权力游戏》，中国人民大学出版社2010年版，第71页。

兰克福学派重要思想家弗洛姆曾经把消费理解为"一种最重要的占有形式"①。在这里，占有实际上包含两层意思：一是，将商品消耗或用尽，从而不被其他人所拥有；二是，以永不满足的欲望消费代替了真实的消费需要。从它的表现形式来看，面子消费主要有三种。第一种是防御型的面子消费。行为主体为了避免遭受他人的排斥或鄙夷而被动地展开消费，希望以此获得他人的认同和尊重。第二种是进攻型的面子消费。它与炫耀消费颇为相似，主要表现为行为者积极主动地过度消费，从而获得一种"争面子"或"赢得面子"的优越感。第三种是盲目型的面子消费。与防御型或进攻型的面子消费不同，盲目型的面子消费实际上并没有明确的消费目标或消费对象，而是通过一种盲目从众的消费方式紧随时尚潮流。从整体而言，无论哪种类型的面子消费，不仅使得消费远远超出了人的基本生活需要，而且还导致人"物物""役于物"，最终沦为商品或物的"奴仆"或工具。

众所周知，无论是1997年的亚洲经济危机、2008年美国的金融危机，还是2018年的中美贸易战，刺激国内消费需求始终是促进我国经济增长的必然选择。这种鼓励消费的经济政策和制度安排不仅确立了消费的合法地位，而且也为消费道德风险的产生提供了客观条件和现实土壤。或者说，我国社会主义市场经济体系的确立及消费社会的诞生使得行为主体摆脱了计划经济时期集体主义价值观的束缚和制约，取得了自由消费的权利。自由消费不仅赋予行为者自主选择产品的道德权利，而且对这种消费选择提出了道德责任的内在要求。英国著名经济学家哈耶克曾经把道德责任视为市场经济的道德基石，并指出，"坚信个人自由的时代，始终亦是诚信个人责任的时代"②。但事实上，责任信念与尊重自由在现代社会里都不同程度地衰微了。在哈耶克看来，这个问题之所以出现主要是因为错误的理论解释。自19世纪以来，理论界占统治地位的宇宙决定论虽然清醒地认识到自然规律的客观性和必然性，但在根本上否认了行为者应该对自己行为给他人或社会造成的消极影响承担道德责任这个问题。唯意志论

---

① ［美］弗罗姆：《占有还是生存》，关山译，生活·读书·新知三联书店1989年版，第32页。
② ［英］弗里德利希·冯·哈耶克：《自由秩序原理》，邓正来译，生活·读书·新知三联书店1997年版，第84页。

虽然在责任问题上比宇宙决定论更具有积极意义，但它又片面地将责任理解为法律意义上的一个概念，认为其是行为者由于享受某种法律权利或违反某法律条文而接受的带惩罚性质的法律责任。除了错误的理论解释说明之外，责任信念及对自由的尊重之所以遭到人为地削弱，还因为责任伦理悖论的存在。这种悖论主要表现为，"一方面是因为个人责任的范围被过分扩大了，而另一方面则是因为个人对其行动的实际后果却不需负责"①。由此不难发现，消费社会对道德责任的迫切需要与责任主体的"逃逸"或"借故推托"之间形成了鲜明对照。其结果只能是，一面是消费环境进一步恶化：名企造假（如假奶粉、假疫苗等）、夸大其词的商业广告（如瓜子二手车直卖网）、充斥着各类贷款陷阱的"教育培训"等；另一面是消费者要么出于自身的购物欲望，要么出于维护面子的需要，不遗余力地过度消费。从这一点来说，无责任主体的过度消费是新消费模式的内在预设，它使消费生活背离了人的客观需要，也把人和自然引向了自我毁灭的发展道路。

2. 奢侈享乐的生活哲学一方面侵蚀了中华民族勤劳节俭的道德根基，另一方面割裂了利与义之间的内在关联

勤劳节俭作为中华民族的传统美德，一直以来都是人们经济活动的两个重要伦理支撑。勤劳从财富积累的角度对劳动者提出了不畏劳苦的道德要求；而节俭则从财富管理的角度对人们提出了节约资源的道德要求。然而，在我国社会主义市场经济体制确立之后，消费社会的诞生和发展，一方面使西方消费主义文化成功地嫁接到中国传统文化之中，进而衍生出一种享乐主义的生活哲学；另一方面还通过本末倒置的方式对传统文化中的节俭美德造成根基性的破坏。享乐哲学的出现意味着"享乐不再具有道德的贬义"②，而是被赋予了一种积极的伦理内涵。从这个意义来说，享乐消费不仅获得社会经济制度的许可和赞同，而且成为现代人普遍的价值追求。享乐消费合法地位的确立并不是说奢侈享乐完全取代了中国传统文化中的节俭美德，而是说它形成了奢靡享乐与节俭朴素相混杂的生活模

---

① ［英］弗里德利希·冯·哈耶克：《自由秩序原理》，邓正来译，生活·读书·新知三联书店1997年版，第99页。
② 王宁：《从苦行者社会到消费者社会：中国城市消费制度、劳动激励与主体结构转型》，社会科学文献出版社2009年版，第346页。

式，同时由于过分强调物质利益的至上性否认了义与利之间的内在关联。

义与利的关系问题是伦理学的基本问题（即道德与利益问题）在经济领域的具体表现，也是我国经济伦理学的核心问题。对于义与利孰轻孰重问题，中国古代思想家从现实经济条件出发做出了不同回答。在生产力低下的先秦时期，儒学思想家通过区分君子和小人的价值追求，主张义高于利。正如《论语·里仁》指出："君子喻于义，小人喻于利。"这里，君子重视道义，不仅与"见利忘义"的小人相互对立，而且进一步彰显了义的重要地位。到了西汉时期，董仲舒继承这种"贵义贱利"的道德传统，并且从身心统一的角度论述了义与利的辩证关系。正如董仲舒在《春秋繁露》中指出，义与利是一体两面，"利以养其体，义以养其心"，所以，二者缺一不可。由此不难看出，董仲舒不仅认识到义与利的同一性，而且从"养心"的角度强调重义轻利。随着生产工具的变革和生产力的进一步发展，南宋时期以叶适和陈亮为代表的思想家把道德与事功联系起来，不仅提出了与重义轻利针锋相对的功利主义思想，而且强调实事实功，认为"无功利，则道义者乃无用之虚语耳"[①]。

总之，义利之辩作为中国经济伦理学的重要内容，真实地反映了不同时期人们的经济状况和价值追求。中国古代思想家在义与利的轻重或贵贱问题上提出了不同观点，要么主张以义为上，要么强调事功，但并没有否认义与利之间的内在联系。这种义利并举的伦理思想不仅为我国社会主义经济建设提供了行为指南，而且也为中国经济伦理学的构建提供了理论资源。从整体而言，"社会主义的义利观所导向的价值目标只能是义利并重和义利统一，这是由社会主义的性质和根本制度所决定了的"[②]。在这里，义利并重不仅承认义与利具有内在统一性，而且认为义和利体现了两种不同的价值维度。从义的角度看，它是人们追求经济利益的基本道德尺度。只有符合义的道德要求，利才是合理的、正当的、值得人追求或向往的。从利的角度看，它是人们追求道义价值的物质基础。没有利的道义追求，无异于空洞的道德说教。然而，随着中国消费社会的到来，道德观点作为

[①] 北京大学哲学系中国哲学教研室：《中国哲学史》，北京大学出版社 2003 年版，第 308 页。

[②] 王泽应：《义利之辨与社会主义义利观》，《道德与文明》2003 年第 5 期。

上层建筑的重要组成部分，其稳定性和滞后性特征不仅使得消费伦理的现代变革远远落后于社会生产力的发展，而且也造成义利并举的经济伦理观在中国现代社会转型过程中出现了严重的价值断裂，即忽略了义而强调以利为上。再加之，相应社会保障机制的不完善，诸如住房、医疗、教育等，这些问题既增加了消费者的经济负担，也使得"唯利是图"的算计理性否认或抹杀甚至取代了以义为上的价值理性或伦理原则。无论是耐用品的消费，还是对奢侈享乐消费生活的价值追求，这对个人消费能力都提出了较高的要求。正是在这种背景下，银行贷款和民间借贷也应运而生。虽然借贷消费为人们的欲望消费或享乐生活提供了可能性，但随之而来的却是，巨大的还款压力或者高利贷的经济风险。更令人担忧的是，这种重利轻义的享乐哲学，抽离了节俭消费的积极内涵，不仅使人受制于物或商品的统治或支配，而且造成了自然资源的巨大浪费。

3. 在中国特色社会主义新时代，消费道德教育的缺失导致道德教育与现实消费生活严重脱节，这不仅使得现代消费方式的绿色转型困难重重，而且也导致消费道德风险问题愈演愈烈

道德作为人之为人的本质内容，在规范、制约与调节人的行为或社会生活方面发挥着非常重要的作用。道德教育的主要目的就是通过有组织、有目的、有计划的道德实践活动，将社会道德要求转化为行为主体内心道德信念的过程。随着以消费为导向的经济模式的产生和发展，消费者的正当权益受损、假冒伪劣产品、虚假广告宣传等问题，使得消费教育的重要性和必要性日益凸显。开展消费教育的根本意图就是培养消费者的批判意识和维权意识，提高自身对社会的道德责任感，从而最终做出明智的消费选择。正如国际消费者联盟协会曾这样指出，"消费者教育是使人们，特别使处于劣势的人们成为清醒、明白的消费者的根本方法，它可以使他们具有选择信息的能力，提高对自己权利和所承担责任、义务的意识"[1]。

但令人遗憾的是，消费问题在我国小学、初中、高中及大学阶段的道德教育过程中尚未引起足够重视。尽管部分高校开设了《消费社会学》《消费经济学》等课程，但消费道德教育尚未成为当前课堂教学的重要内容。究其原因，主要有两点：一是，消费一直被理解为私人领域的个人行

---

[1] 卢嘉瑞、吕志敏：《消费教育》，人民出版社 2005 年版，第 13 页。

为选择和生活方式,因而无须他人干涉;二是,消费作为促进经济发展的基础要素和核心动力,使得人们忽略了消费的伦理内涵。消费道德教育的缺失使得现实生活中的消费问题层出不穷,如青少年沉溺网络游戏、大学生误入"培训贷"或"教育贷"的陷阱及花钱如流水的炫耀消费或攀比消费等。从整体而言,过度消费不仅严重危及青少年的身心健康,而且败坏了社会风气。党的十九大报告从绿色发展战略的高度强调指出,我们要"倡导简约适度、绿色低碳的生活方式,反对奢侈浪费和不合理消费,开展创建节约型机关、绿色家庭、绿色学校、绿色社区和绿色出行等行动"[1]。这段重要论述不仅给人们提出了绿色消费革命的道德要求,而且从绿色行动上阐明了消费道德教育的必要性和紧迫性。

1985年,联合国大会在《保护消费者准则》的决议中明确提出了消费教育的权利。消费道德教育是消费教育的核心内容,也是提高消费者道德认识和规范消费行为的根本途径,更是促进我国现代消费方式绿色转型的重要前提。早在20世纪30年代,美国就建立了世界上最大的消费者组织——消费者联盟。中国在1984年也成立了保护消费者正当权益的社会组织——中国消费者协会。2010年,中国消费者协会还编写了相关教材《消费教育工作大纲》,并对其内容进行审议。中国质量万里行网以曝光台为依托开展了消费者维权和商品打假活动。但事实上,这些举措所带来的效果十分有限,也并不令人满意。因为它没有在根本上提高企业(卖家)和消费者(买家)的道德责任意识和消费风险意识。不仅如此,消费道德教育的缺位一方面使得当前道德教育严重脱离了现实消费生活,另一方面也使得校园或我国青少年群体成为消费道德风险的"重灾区"。

第四节　我国防范消费道德风险的具体对策

面对上述问题,我们应该采取哪些对策呢?

首先,加强消费道德教育,培养伦理消费者,提高行为者的风险意识和道德责任意识。

---

[1] 习近平:《决胜全面建成小康社会　夺取新时代中国特色社会主义伟大胜利——在中国共产党第十九次全国代表大会上的报告》,人民出版社2017年版,第51页。

道德教育是我国教育事业的灵魂工程，在人才培养方面也发挥着至关重要的作用。随着中国消费社会的发展及消费问题越来越严峻，消费道德教育已经成为我国道德教育不可或缺的重要内容。消费道德教育的根本目标就是培养伦理消费者。前已备述，伦理消费者是伦理消费主义运动的主力军，它不仅对自己和企业提出了道德责任的要求，而且通过伦理消费的实际行动促进了企业的伦理营销，同时也为绿色消费和绿色发展提供了主体基础和文化保证。更进一步说，伦理消费者并不是专注个人生活享乐的纯粹的经济人，而是在消费行为中蕴含着强烈的社会道德责任感的有德之人。

培养伦理消费者是消费道德教育的主要目标，也是防范消费道德风险和实现伦理消费的必由之路。在《哲学的贫困》中，马克思批判了蒲鲁东的价值起源理论，并描述了人类商品交换演变的历史过程，即从剩余产品到一切社会产品，最后到包括人的德行、良知等在内都成为商品经济中可以买卖和交换的客观对象。马克思指出，商品化时期是指一切东西包括过去不能交换和买卖的美德、信仰等"一切精神的或物质的东西都变成交换价值并到市场上去寻找最符合它的真正价值的评价的时期"[1]。显然，商品经济对交换价值无止境地追求使人沦为金钱的附庸或奴隶。如果说人们在生产社会里孜孜以求的是通过买卖交换的方式实现"商品"的价值，从而积累更多的物质财富，那么，在消费社会里则表现为通过物的炫耀或过度消费来证明自我身份或社会地位。前者导致了生产者的异化，后者导致了消费者的异化。一言以蔽之，商品经济的产生和发展导致了人的异化。在消费主义生活方式日益全球化的时代，"消费异化是财富占有与消费成为人的价值及价值实现方式的衡量尺度的历史语境下工具理性与价值理性博弈的结果"[2]。当下，无论是摈弃消费异化，还是防范消费道德风险，都迫切需要我们开展消费道德教育，不断提高消费者的风险意识和道德责任意识，自觉抵制铺张浪费等危害自然环境的消费行为，反对炫耀或攀比等不利于自我身心健康的消费行为。加强消费道德教育不仅可以帮助

---

[1] [德]马克思：《哲学的贫困》，何思敬译，人民出版社1961年版，第25页。

[2] 罗建平：《破解消费奴役：消费主义和西方消费社会的批判与超越》，社会科学文献出版社2015年版，第46页。

人们树立正确的消费伦理观，而且可以规范人们的消费行为，引导人们量入为出地合理消费。

其次，坚定社会主义文化自信，推进当代中国消费伦理文化建设。

我们知道，变革现代消费生活方式是防范消费道德风险特别是生态风险问题的重要途径。它通过责任主体的伦理消费和绿色消费，从而实现人与自然的和谐共存。2017年11月，全球15000多名科学家联合向人类再次发出警告：如果人类不改变现有的生活方式，那么，这将导致地球陷入濒临灭绝的生态危机。然而，要改变这种过度消费的生活方式不仅涉及社会经济结构调整和消费制度变革，而且在根本上讲是要构建与中国消费社会相适应的消费伦理文化。

据媒体报道，河南安阳一对新人在新婚之夜因10万元的结婚彩礼发生激烈的争执，最后新郎残忍地将新娘杀害。这场人伦惨案的主要原因是因为"天价彩礼"或居高不下的消费压力而导致的。事实上，这样的悲剧并非孤例。近年来，因"校园贷"或民间借贷、过度消费而自杀的案件也屡见报端。消费原本是人类美好生活不可或缺的重要内容，但事实上，消费社会物质生活的日益丰富不仅没有提高人民群众的获得感和满足感，反倒是畸形的或病态的消费伦理观和攀比消费行为给现代生活蒙上了一层阴影。所以，加强消费伦理文化建设已经成为中国特色社会主义现代化建设迫在眉睫的重要课题。

文化作为"变革先导"，在现代社会经济结构中发挥着重要作用。正如美国学者丹尼尔·贝尔在剖析资本主义社会的文化矛盾时曾这样指出，文化之所以重要，是因为"文化已成为我们的文明中最具活力的成分，其能量超过了技术本身……如今的文化就担负起前所未有的使命：它变成了一种合法合理的、对新事物永无休止的探索活动"[①]。然而，原本文化是依靠审美和道德的力量来维系社会结构的，却由于自我感受性或主观感觉取代了伦理标准和美学标准，所以，这就无法避免地出现了文化与社会结构之间的断裂。这种断裂既有社会原因，又有文化原因。从社会结构来看，它强调经济理性和社会效用。从文化来看，道德滑坡或

---

① ［美］丹尼尔·贝尔：《资本主义文化矛盾》，赵一凡译，生活·读书·新知三联书店2003年版，第79页。

"蹂躏道德"[①] 一方面使人被商品所支配或奴役，消费生活渐趋虚无化；另一方面，还造成消费价值观的混乱，从而出现奢侈消费与节俭消费并存的"两栖消费行为"。

在 2016 年哲学社会科学工作座谈会上，习近平总书记曾这样指出，"我们说要坚定中国特色社会主义道路自信、理论自信、制度自信，说到底是要坚定文化自信"[②]。文化自信是文化创新的情感基础，文化创新是文化自信的动力源泉。文化自信与文化创新的内在关联意味着，社会主义文化的繁荣兴盛不是全盘西化，也不是故步自封地恪守传统，而是以中华优秀传统文化为基础，既批判性地扬弃西方文化，又结合革命文化，不断发展社会主义的先进文化。概言之，消费伦理作为当代消费文化的核心内容，就是从伦理学的角度审视消费道德风险问题并且引导行为者适度消费的理论学说。更进一步说，现代消费伦理文化的构建既不是简单地批判消费主义文化，也不是简单地呼吁人们重回传统社会的节俭美德，而是要立足中国社会主义初级阶段的基本国情及消费主义生活方式全球化的客观事实，既采取有效措施保护消费者的正当消费权益，又倡导适度消费和环保节能的生活方式。

最后，加强生态安全体系建设，促进现代消费方式的绿色转型。[③]

党的十九大报告提出了总体国家安全观，并将生态安全纳入国家安全体系之中。生态安全作为国家安全的重要组成部分，一方面关系到人与自然的和谐发展，另一方面也关系到人类繁荣、社会稳定及国家的长治久安。在生态兴衰事关人类文明兴衰的背景下，加强生态安全体系的建设对于推进我国生态文明建设、完善国家安全制度、提升国家安全能力具有十分重要的现实意义。

在牵一发而动全身的经济全球化背景下，国与国、人与人及人与自然之间的依赖程度逐步加强。但事实上，人与自然之间的紧张和矛盾在中国消费社会里却变得越来越严峻。雾霾、酸雨、水资源短缺、土壤贫瘠、全

---

① 孙立平：《断裂——20 世纪 90 年代以来的中国社会》，社会科学文献出版社 2003 年版，第 272 页。
② 习近平：《在哲学社会科学工作座谈会上的讲话》，人民出版社 2016 年版，第 17 页。
③ 参见董玲《加强舆论宣传建设生态安全体系》，《中国环境报》2018 年 11 月 12 日。刊出有删减。

球气候变化等环境问题已经严重地威胁人类社会经济发展的历史进程。生态危机及风险的全球化已然使得安全成为每个人内心深处最真切的客观需要。美国心理学家马斯洛在需求层次理论中曾经指出,安全需求是人的最基本的生理需要被满足之后较高层次的心理期待,也是指个体生命、财产等不受威胁和健康生活得到相应保障的基本状态。生态安全作为人的内在需要,是相对于生态风险而言的一个重要概念。生态风险是指自然环境遭到人类过度开采或破坏而呈现出的不确定状态。自20世纪70年代以来,资源紧张或环境压力不仅加剧了地区性冲突或战争,而且加剧了国家内部矛盾及国家与国家之间的利益冲突。自20世纪80年代学术界提出"生态风险"这个重要概念以来,生态安全已经成为构建国家安全体系不可或缺的重要内容。在国家安全体系中,政治安全是捍卫国家主权和维护领土完整的根本需要,经济安全是维护国家生存和发展的基本物质保障,文化安全是国家繁荣富强的重要精神动力。生态安全与政治安全、经济安全、文化安全一样,在国家安全体系中发挥着十分重要的作用。与之不同的是,生态安全致力于实现人与自然和谐发展的价值目标,更多关注的是生态系统不受外来物种的入侵及如何给人们的健康生活、生命或财产安全提供可靠的物质保障和自然前提。更进一步讲,从人的角度看,生态安全是指个体对洁净的空气、健康的水质、无害农产品等安全生活或生产条件的心理期待。从自然角度看,生态安全是指自然界生命有机体的完整、美丽、和谐的状态。

1999年9月,美国环保局在《环境安全:通过环境保护加强国家安全》的研究报告中将生态安全提到国家安全的战略高度,并且论述了生态安全对于提升国家安全能力建设的重要意义。2014年4月15日,中国国家安全委员会第一次会议也提出了生态安全建设的战略部署。会议强调将传统安全与非传统安全相结合,积极推进包括生态安全、资源安全、核安全等内容的国家安全体系建设。为了应对日益严峻的环境问题的挑战,我国不仅制定了严格的生态环境保护制度,划定了生态红线,而且把生态文明建设确立为新时代现代化建设的奋斗目标。生态安全是实现人类经济社会可持续发展的重要保障,也是推动国家安全制度建设和国家安全能力建设的必要途径。在中国特色社会主义新时代,加强生态安全体系建设不仅需要完善生态环境保护制度和相应法律法规体系,而且需要通过广泛的舆论宣传和道德教育，贯彻落实绿色发展理念，使行为主体牢固树立对他人和自然环境的道德责任，以消费生活方式的绿色革命，推进中国生态文明建设及全球生态安全体系建设。

从个人层面讲，生态安全的可能性关键在于实现消费者的角色转变，明确责任主体，牢固树立社会主义生态文明观。公民是现代化建设的参与者、实践者和受益者。生态公民享有自然资源的权利，不仅是优美生态环境和优质生态产品的直接受益者，而且也是保护环境的责任主体。生态公民虽然也是消费者，但与之有着明显不同：消费者关注的是个人的生活享乐和欲望满足，而生态公民则关注生态安全及自身的社会责任。从这一点来说，生态公民也是伦理消费者。提高公民的环境保护意识和道德责任意识是实现人与自然和谐共存的价值基础，也是构建生态安全和国家安全体系的道德前提。

从社会层面讲，要加强安全教育和环境教育，不断提高行为者的风险意识、环保意识及责任意识。众所周知，国家安全是维护国家主权和领土完整的重要生命线。将国家安全教育纳入教育体系，一方面有利于开展国家安全方面的教育宣传，另一方面有利于增强人们的安全意识和忧患意识。环境问题作为关系国计民生的重要问题，不仅使生态教育成为当代国家安全教育的核心内容，而且也使各国纷纷制定了《环境教育法》，并推行生态教育计划。加强全民生态教育，不断提高人民群众的责任意识和环保意识，积极治理山水林田湖的污染问题，这是新时代教育生态化的内在趋势使然，也是防范生态风险及构建国家生态安全体系的智力保证和主体基础。

从国家层面讲，要贯彻落实绿色发展战略，以新的消费伦理观，促进现代消费生活方式的绿色转型。党的十九大从总体国家安全观的角度提出了统筹安全和发展，增强忧患意识的治国理政原则。安全是发展的必要前提，发展是安全的重要基础。绿色发展是可持续发展观的延伸和拓展，也是实现生态安全、推进生态文明建设、维护国家安全的必要途径。绿色发展战略不仅体现了人与自然和谐共生的价值追求，而且阐明了经济社会发展的生态底线和伦理原则。如果说20世纪90年代我国制定鼓励消费的经济政策是人民消费生活的第一次变革，那么，推动现代消费方式的绿色转型就是第二次变革。绿色消费不仅是一种新的消费伦理观，而且也是促进绿色生产和维护生态安全的重要途径。绿色消费伦理强调节能、环保、适度的消费伦理原则，反对铺张浪费、奢靡享乐或炫耀消费等不健康的生活方式。它对于防范生态风险、维护生态安全及推进生态文明建设具有重要的现实意义。生态安全是生态文明的核心内容，生态文明是生态治理和生态安全的理论成果。在应对全球气候变化的国际合作、沟通和交流过程中，加强中国生态安全和生态文明建设，不仅为全球生态治理和全球生态文明建设提供了中国智慧，而且还以勇于担当的大国形象赢得了国际社会的认同和赞誉，从而为中国开辟出更安全、更和平、更持续的发展前景。

结语　风险时代呼唤消费者的责任担当

消费是现代社会的核心概念，也是人类社会生活的重要内容。无论在城市还是在农村，人们对消费的态度是既向往又焦虑。"向往"主要因为消费是美好生活不可或缺的重要组成部分；而"焦虑"是因为在经济利益的驱使下假冒伪劣、环境污染等问题屡禁不止。前者使人们义无反顾地消费，后者却使人不得不这样消费，以致最后呈现出众人消费狂欢的繁荣景象。然而，消费到了现代社会从发展经济的基本手段演变成个人的生活目标，不仅使得消费行为游离于社会道德准则和法律规范之外，而且也使得现代社会沦为一个不断异化的、头足倒立的幻象化世界。面对消费者的异化、消费社会的道德冷漠及过度消费的生态危机，积极防范和规避消费的道德风险已经成为当前满足人民日益增长的美好生活需要无法回避的重要课题。如果说全球盛行的消费主义生活方式是造成这些道德风险问题的主要原因，那么，批判性地反思消费主义便成为消费伦理学的题中应有之义。前已备述，消费主义是一种全球化的文化模式，也是一种大众普遍接受的生活方式。无论是消费主义的生活方式，还是消费主义文化，它们实现全球扩张所采取的重要策略之一就是通过消费市场对消费者的驯化。驯化策略得以成功的秘密就在于，它是现实与幻象、消费者与商品之间的符号游戏。面对外在的物质诱惑，消费者不是意志坚定地拒绝，而是乐在其中，欣然"接受"来自消费市场的驯化和操纵。从这一点来说，消费主义不乏追随者。然而，在这种消费生活的背后隐藏着诸多道德风险。究其根源，一方面是由于过度消费行为本身所带来的不确定性，另一方面是由于现代社会的享乐伦理和善恶倒置的消费伦理所造成的道德风险。换句话说，在消费社会里，我们所面临的道德风险主要来源于两个方面：一是消费行为本身；二是影响并支撑着这些行为的消费主义文化和享乐消费伦理。因此，我们对消费的道德风险的反思和批判也是双重的。

在马克思的政治经济学中，消费是整个社会经济活动的最终目的，它意味着生产活动的完成或再生产的实现。但随着消费品的日益丰富和人们消费水平的不断提高，消费不仅意味着大量自然资源的消耗，而且还意味着另一个棘手问题的出现。垃圾是大众消费生活方式所带来的自然产物，也是现代社会经济盲目扩张的必然结果。目前，人们处理垃圾的方式主要有回收循环利用、高温堆肥、焚烧、深坑填埋等。因为垃圾在物质的能量转换过程中不会凭空消失，只能从一种能量转化为另一种能量。所以，由这种过度消费的生活方式所带来的堆积如山的垃圾，最终将会污染空气、土壤及地下水资源。自由摄影师王久良在 2008 年至 2010 年用了近两年时间跟踪进出北京主城区的环卫车辆，拍摄了震撼人心的纪录片——《垃圾围城》。该纪录片揭示了隐藏在光鲜亮丽的北京城背后的是成千上万吨垃圾被悄悄掩埋或人为掩藏的事实。如果说《垃圾围城》是以北京为缩影反映了中国垃圾问题的现状，那么，随后，王久良又用了三年时间拍摄的另一部纪录片《塑料王国》就是把目光投向全球，揭示了西方资本主义国家把垃圾出口中国的事实。在生态环境问题愈演愈烈的今天，无论日常生活垃圾、建筑垃圾，还是电子废弃物，都是我国生态文明建设乃至全球应对气候变化过程中迫切需要解决的重要问题。但遗憾的是，发达国家作为自然资源的最大受益者，本应在保护环境和加强全球气候变化国际合作方面发挥重要作用，却不断推卸责任。据 2012 年《第一财经日报》的数据显示，"全球每年产生 5 亿吨电子垃圾，其中 80% 运到亚洲，而其中 90% 进入中国"①。外来洋垃圾的出现不仅造成不同国家、不同地区在自然资源的享用和环境风险分配方面的比例失衡或不正义，而且也加剧了环境污染问题，甚至危及整个生态系统的平衡。

---

① 《全球每年产生 5 亿吨电子垃圾 超过七成进入中国》，http：//tech.ifeng.com/it/detail_ 2012_ 05/23/14741278_ 0. shtml。

由此不难发现，垃圾问题与现代消费生活方式、环境保护问题是息息相关的。在现代社会里，过度消费不仅浪费了自然资源，而且还带来了垃圾问题。而由消费产生的垃圾问题及现代人处理垃圾的不负责任态度和不恰当方法，又进一步加剧了环境问题。因此，与其说垃圾不断地吞噬了人类的栖息地，倒不如说是消费泯灭了人的本性，从而使人丧失了赖以生存和发展的自然栖息地。风险的存在意味着安全感的缺失，消费风险的存在则意味着消费生活的不安全性和不确定性。而预防风险意味着我们应该以积极的姿态参与社会安全体系的构建。早在千禧年到来前夕，国内资深的文化评论家余秋雨跟随香港凤凰卫视的越野车队重走了人类的"文明之路"。令人颇感意外的是，人类四大文明的发源地曾经风光无限的繁荣、富庶、美丽已不复存在，展现在现代人眼前的是残垣断壁的乱石和满目疮痍的戈壁或荒漠。在《千年一叹》中，余秋雨这样写道，"我们看到的每一个文明发祥地，在地理位置上几乎都被荒昧之地觊觎和包围……文明以自己的繁荣使野蛮势力眼红，又以自己的高雅使野蛮势力自卑，因此野蛮迟早会向文明动手，而一旦动手，文明很容易破碎"[1]。面对日益萧条衰败的"文明发祥地"及现实生活中堆积如山的垃圾，我们不禁陷入沉思：人类的文明究竟怎么了？未来的人类文明又将何去何从呢？

根据摩尔根的分期法，恩格斯在《家庭、私有制和国家的起源》中曾经将人类史前文化分为"蒙昧时代、野蛮时代和文明时代"[2] 三个阶段。其中，文明时代的显著特征就是人类学会并掌握了对天然物深度加工的方法。而从人类文明演进的历史过程看，它大致包括农耕文明、工业文明及生态文明。事实上，有什么样的文明形态，人类社会就有什么自然观与之相对应。在农耕文明时期，人类敬畏自然，而"望天收"的社会现实也使得人们在尊重自然规律的前提下从事农业劳动。在工业文明时期，机械化大生产一方面把人变成资本化的存在者或金钱的"奴仆"，另一方面把自然贬低为人类攫取社会财富的主要工具或手段，从而使人丧失了其自然本质，自然丧失了其社会历史本质。贝克曾经把风

---

[1] 余秋雨：《千年一叹》，作家出版社2000年版，第479页。
[2] 《马克思恩格斯选集》第4卷，人民出版社2012年版，第954页。

险社会称为"反思性现代化",呼吁我们"集体反思"工业文明所带来的全球性风险。生态文明是工业文明的替代物和高级发展阶段,推进生态文明建设的根本目标就在于改变工业文明时期人与自然之间的紧张对立,最终实现人与自然的和谐发展。当前,我国生态文明建设从生命共同体的角度向人们提出了保护自然环境的道德要求。它立足于中国当下的环境问题,也着眼于全球生态系统的安全。如果说当前消费问题与生态环境问题是密切关联的,那么,推进我国生态文明建设首先需要我们确立节俭且适度消费的道德尺度。对消费社会道德风险问题的探讨不仅使我们对风险有了比较清晰的认识,而且对新时代生态文明建设充满了期待。党的十八大第一次将"生态文明"纳入到"五位一体"的总体布局之中,并从国家战略的高度强调经济发展与环境保护要齐头并进。十九大报告不仅把节约自然资源确立为我国的一项基本国策,而且还将我国生态文明建设纳入全球生态安全体系的构建之中。这里,节约自然资源是我国绿色发展理念和生态文明建设的内在要求,也是节俭美德的本质内涵。节俭既是一种道德责任,也是培育其他道德品质的重要途径。正如诸葛亮在《诫子书》中曾这样指出,"俭以养德"。在人类命运休戚与共的风险时代,道德责任要求每个人用责任原则作为衡量自己消费行为正当与否的道德标准,弘扬勤俭节约的优良传统,为当下的消费选择负责,也为未来人类的可持续性消费生活负责。正如贝克在风险社会理论中把责任伦理和风险伦理作为一种普遍性的道德要求提出来,强调责任伦理既是"风险分担"、责任与共的伦理原则,也是对现代人进行"生态启蒙"的重要方式,更重要的是促进人际合作、人类与自然和谐共存的必要路径。

  总而言之,在现代社会,每个人都应该承担起自身对他人及自然环境应尽的道德责任。因为勇于承担道德责任是我们防范消费的道德风险的重要方法,而且也是构筑安全栖息地的必要途径。贝克曾指出,与传统社会的自然风险不同,现代社会的风险更多表现为"人为风险"。风险的类型不同意味着人们应对风险的方法也不相同。其中,"人为风险"要求风险的制造者对可能产生的灾难负责。奥特弗利德·赫费曾经从责任的基本结构角度把道德责任分为首要责任、次要责任和三级责任等内容。赫费认为,"首要责任意味着职责(1)在某人那里,(2)针对某事,(3)面对某人，(4) 按照某些评判标准的尺度而存在着"①。与首要责任一样，次要责任和三级责任也包括了以上四个问题。赫费在此不仅概述了责任主体、责任对象、责任的目标指向及责任标准四个维度，而且还根据康德对"应该蕴含能够"道德原则的相关论述，探讨了"应该"与"能够"之间的关系。在赫费看来，"应该"与"能够"是相互蕴含的关系，"第一，人们通常能够为他应该做的事情承担一种责任；第二，人们也应该为他在特定情况下能够做的事情，即为行为和所接受的任务承担一种责任"②。由此不难发现，"应该蕴含着能够"实际上意味着，应该承担的道德责任是我们能够完成或做到的。

在马克思主义伦理学中，道德责任（moral responsibility）与道德义务（moral obligation）既相互联系，又相互区别。首先，道德责任是道德义务的同义词，它蕴含着道德义务的基本内容。每个自主行为者都具有预知自己行为后果的能力，并且依据行为与行为后果的直接联系或间接联系承担相应的道德义务和道德责任。那么，道德义务与道德责任究竟有什么区别呢？迈克尔·齐默曼在《生活的不确定性：无知的道德意义》一书中详细论述了道德义务与道德责任的差异。在齐默曼看来，道德责任和道德义务有着不同的关注点："责任的归属问题关注的是'基于行动（act-based）'还是'以行动为焦点（act-focused）'的问题，因为它们关注的是行动者的具体行为及其行为后果的评价，并且这些行为是行动者可能做某事或已经做过某事。与之相反的是，义务的归属问题关注的是基于行动者的评价。"③ 另一方面，消费权利与消费者应该承担的道德责任是一一对应的。换句话说，人们在享有道德权利的同时，也应该履行自己对他人及自然环境的道德责任。因为享有自身的正当消费权利是消费者承担道德责任的必要前提，而消费者积极承担道德责任的根本目标是维护自身或他人的消费权利，不断提高人们的生活质量。因此，责任担当与权利保护既

---

① ［德］赫费：《作为现代化之代价的道德：应用伦理学前沿问题研究》，邓安庆、朱更生译，上海译文出版社2005年版，第15页。

② ［德］赫费：《作为现代化之代价的道德：应用伦理学前沿问题研究》，邓安庆、朱更生译，上海译文出版社2005年版，第14页。

③ Zimmerman, M. J., *Living with Uncertainty*, Cambridge, New York: Cambridge University Press, 2008, p.172.

对立又统一。这种对立统一意味着，消费者一方面要勇于承担自己的道德责任，另一方面还应该维护自身应享有的消费权利。如果说维护各项消费权利是行为者承担道德责任的必然归宿，那么，承担自己应尽的道德责任是消费者享受消费权利的自然前提。

　　从整体而言，责任一词包含着十分丰富的道德内涵。正如齐默曼指出，责任从时间来看包括前瞻性（forward－looking）责任和追溯性（backward－looking）责任。前瞻性责任关注未来可能发生的事件或风险；追溯性责任关注过去已经发生的事件或危险。从价值评价来看，责任还包括称赞或赞美性（praiseworthiness or laudability）责任和谴责或责备性（blameworthiness or culpability）责任。前者从积极意义方面激励行动者应该做某事；后者从消极意义方面劝诫行动者不应该做某事。二者构成道德责任的两个基本维度。如果说每个人都试图推卸责任或逃避责任，那么，整个社会的风险或灾难数量将会与日俱增，社会生活也会缺乏一种安全感。也只有每个人勇于承担自己对他人和自然的道德责任，风险才可能得到有效的防范和控制。在防范消费的道德风险的过程中，主体与外在物质世界的关系重新被塑造，自我与他者之间的关系也获得全新的诠释。从这个意义来说，工业化大生产所带来的风险问题，将会对行为者提出责任和义务的道德要求。或者说，风险问题存在的可能性意味着行动者应该承担道德责任。

　　在现代消费社会里，世俗化的生活及消费生活的大众化已经使得道德责任成为一种极其稀缺的文化因素。对于已经发生或即将到来的风险，风险理论家们几乎异口同声地声称：我们应该积极应对。吉登斯曾这样指出：" '风险' （risk）一词的词根在古葡萄牙语中的意思是'敢于'。"[①] "敢于"蕴含着勇敢的道德要求。或者说，在风险或危机面前，我们不能有丝毫胆怯或退缩。然而，消费主义者声称，"消费就是幸福生活"，它似乎表明由消费所产生的道德风险问题可以忽略不计。由此便产生了没有人愿意为消费行为所带来的风险承担责任的道德困境。而责任主体的缺位不仅使风险问题变得日益严峻，而且也使得反思消费社会里的风险问题显得尤为重要和紧迫。因此，对于消费社会的道德风险问题，除了国家需要

[①] ［英］安东尼·吉登斯：《失控的世界》，周红云译，江西人民出版社2001年版，第32页。

制定和完善相应的法律规范之外，每个人在消费选择时应该通过对道德责任的郑重承诺和认真践履，将风险和损失降到最低。其中重要的一点还在于，消费者要把这种道德责任的他律转化为行动者的自律。如果说社会制度对每个人的道德要求是一种道德意义上的他律，那么，行动者的自我约束和自我责任要求就是一种自律。在《答复这个问题：什么是启蒙》一文中，康德曾经这样指出，人类走出蒙昧、摆脱自身的"不成熟状态"的关键在于人的内心。而"人心中最大的革命在于：'从自己所造成的受监护状态中走出来。'在这个时候，他才脱离了至今为止还由别人代他思考，而他只是模仿或让人在前搀扶的状态，而敢于用自己的双脚在经验的地面上向前迈步，即使还不太稳"[①]。

消费的道德风险问题是当代消费伦理学不容回避的重要课题。因为它关系到能否满足人民日益增长的美好生活需要，也关系到能否实现人与自然的和谐发展及全球生态安全。作为当代应用伦理学的重要分支学科，消费伦理学是现代消费文化变迁的历史产物。但这并不是说传统社会不重视消费伦理。在物质匮乏的传统社会里，人们习惯把消费与勤劳或节俭等美德联系起来，自觉将懒散、奢侈或浪费视为恶德。毋庸讳言，在这个时期，勤劳节俭与消费是密不可分的：勤劳为人们的消费生活提供了物质前提，节俭是消费的基本价值尺度。如果出现懒惰或奢侈行为，那么，这就必然会遭遇寅吃卯粮的经济困境。在物质丰裕的消费社会里，虽然人们不必为商品短缺或物质匮乏而忧虑，但对食品安全、市场营销陷阱、过度包装的环境污染等问题却忧心忡忡。与消费的风险问题密切相关的是现代消费伦理和消费主义生活方式。前已备述，消费主义一词包含两重面孔：一面是维护自身正当权益的消费者运动；另一面是危及生态系统平衡、泯灭人性的过度消费。如果说前者表达了消费者对自身正当消费权益的基本价值诉求，那么后者就体现了消费者对他人以及自然环境应尽的道德责任或义务。"在这权利—义务的统一体中，权利无疑是主导的因素。义务来自于权利，以权利为本，正是当事人维护自身权利的需要才决定了他拥有维护他人权利的义务与责任。"[②] 简单说来，个人消费权利本质上蕴含着责

---

① ［德］康德：《实用人类学》，邓晓芒译，上海人民出版社2012年版，第104页。
② 甘绍平：《体现着人权诉求的消费者权益》，《道德与文明》2008年第1期。

任消费的道德要求。只有每个人的基本消费权利或正当消费权益得到保障，消费者的道德责任才能最终落实到具体行动上。也只有负责任的消费，才能有效规避和防范消费的风险问题。

在《为什么走社会主义？》这篇论文中，著名物理学家爱因斯坦曾经对现代社会的危机和风险有过一段比较精彩的论述。爱因斯坦指出，"对于我们时代危机的实质，我有一个简单的观点。我关切的是个人与社会的联系。现在，个人比以往更感到对于社会的依赖。但他不是把这种依赖作为一种宝贵的东西，一种有机的联系，一种保护力量，而是把这种依赖视为对个人天赋权利和经济活动的威胁。而且，他身上天生的利己主义欲求在不断加强，本来就微弱的社会倾向则在逐渐退化。不管其社会地位如何，所有人都在受到社会倾向减弱过程的折磨。当所有人都成为自身利己主义的无知囚徒之时，他们就会感到不安全、孤独，并失去了纯真的生活享受。所以，人在其短暂而又危险的一生中，必须通过为社会作贡献来寻求生命的意义"①。在这段话中，爱因斯坦主要从三个层面论述了现代性风险问题。第一，现代性风险的实质是利己主义价值观的危机。利己主义价值观主张一切从自我利益和主观需要出发，所以，它忽略了人的社会本质。第二，利己主义价值观作为行为准则，由于切断了个人与社会之间的有机联系，造成了现代人缺乏相应的道德保护，从而导致安全感的严重缺失。第三，人生的价值和生命的意义在于个体为社会作出贡献，并且在创造社会价值的过程中不断实现自我价值。在经济全球化时代，"资本增值"的内在逻辑与个人主义价值观的甚嚣尘上，培养出的是自私、利己的道德人格。它导致整个社会风气与培育具备"公共性"的道德品格的人才目标背道而驰，这既造成现代人内心的焦虑与不安，也加剧了人与人之间的冷漠及人类社会的道德风险。

1968年，美国学者格蕾特·哈丁（Garrett Hardin）提出了"公地悲剧"这一著名论断。在《公地悲剧》一文中，哈丁集中讨论的是个人过度追求利益最大化的社会问题。哈丁指出，如果草场是公共的，每个牧民为了实现个人利益最大化的目的所采取的方法就是在公共草场上过度放牧，那么，其结果就是草场退化、羊群灭绝。为了解决"公地悲剧"的

---

① ［美］弗洛姆：《健全的社会》，欧阳谦译，中国文联出版公司1988年版，第234页。

问题,似乎通过产权明晰的私有化是杜绝过度放牧现象的最佳方法。但事实上,草场或公共财物私有化方案看似合理,但在实际操作过程中依然存在问题。一方面,私有权的存在使人的财富欲膨胀,进而使人容易被金钱或外在物质世界所奴役。正如马克思在讨论私有财产关系时指出,工人与资本是两种彼此异己的存在,通过偶然的方式相结合,在交互运动的过程中"必然现实"表现为"资本的存在就是他的存在、他的生活"①,资本依照这种规定把工人或"非人的存在物"生产出来。另一方面,随着劳动分工和商品交换的不断发展,私有权的存在还导致全球性环境问题日益突出。1892年,恩格斯在写给丹尼尔逊的书信中不仅对经济全球化做出科学预言,而且也揭示了生态危机全球化的问题。恩格斯指出,"地力耗损——如在美国;森林消失——如在英国和法国,目前在德国和美国也是如此;气候改变、江河干涸在俄国大概比其他任何地方都厉害"②。就当前过度消费问题而言,产权的私有化并没有改变自由市场对稀缺资源或自然环境的破坏性影响,反倒是共同体为人们规避和防范风险或危机提供了相应的文化资源和智力支持。因为道德风险的防范和化解有待于人们的共同参与和协力合作来构建人类共同生活的安全区域。而满足人类安全需要的重要前提是增强和提高每个人对他人的道德责任意识。正因为如此,日本学者铃木深雪在《消费生活论——消费者政策》中把20世纪90年代以来的消费生活概括为"消费者责任的时代"或"自我责任的时代"。③

所谓共同体是指人们通过对话、交流、沟通等方式获得安全感的共同平台。而维系共同体的核心纽带就是社会的公平和正义。1971年,美国政治哲学家罗尔斯在《正义论》中开门见山地提出了正义的社会价值原则。如果说正义是生活在共同体内每个成员都值得拥有的美德,那么,"寻求正义的冲动会防止一个政治实体停滞不前。只有这样的社会才是公正的社会,即它不断地评论它已经取得的正义,并寻求更多的正义和更好

---

① 《马克思恩格斯全集》第42卷,人民出版社1979年版,第104页。
② 《马克思恩格斯文集》第10卷,人民出版社2009年版,第627页。
③ 参见[日]铃木深雪《消费生活论——消费者政策》,张青、高重迎译,中国社会科学出版社2004年版。

的正义"①。正义之所以重要,主要因为它隐含着"一视同仁"或"不偏不倚"的价值原则,是促进社会团结和维持社会秩序的重要前提。这里,负责任的消费也就是体现了正义的基本价值理念。正义原则不是说道德责任的平均化或每个人都承担相同的道德责任,而是说所有人在道德人格上平等。或者说,每个人都平等地享受自然界对人类的馈赠,也平等地履行自己对他人、自然环境及人类社会应尽的义务或道德责任。

在危机四伏的消费社会里,我们应该在多大程度上承担对他人的责任,才能使现存的世界不再被简化为一个抽象的符号或肤浅的幻影?或者说,我们应该如何通过道德责任的方式规避消费的道德风险,从而构建安全的社会秩序呢?对这些问题作何回答实际上涉及责任分配问题。正如福尔斯达尔在探讨政治消费主义的挑战时曾严肃地指出,"当责任分配失败,一些问题就会随之而来;当第三方受到影响,再分配的工作也无法开展;当某些公司滥用规则,再分配的工作同样无法进行。在这种情形下,无论企业,还是消费者,都必须承担起超出价值创造的责任,或实施更多的自我节制"②。也就是说,公平而正义的分配责任,是落实消费者道德责任问题的前提条件。一旦责任分配出现问题,道德责任能否真正落实到消费者的自觉行为中便成为一个悬而未决的问题。如果消费生活缺乏道德责任的伦理维度,过度消费带来的只能是人的异化及自然环境的破坏。从某种程度来讲,肆意挥霍或浪费自然资源也就是"消费"了人的社会本质。一旦人丧失了人之为人的道德本质,自然也将失去"对象性的存在物"。而自然一旦丧失其"对象性的存在物",原本脆弱的自然生态系统将在"资本的逻辑"的影响下变得岌岌可危。更进一步说,当人与自然的物质变换出现"裂缝"或"断裂"时,人之为人的自然基础就会随之消失。而这对于整个自然界和人类社会来说无疑将是一场巨大的灾难。从这一点来说,积极防范消费的道德风险是人与自然和谐发展的内在需要,也是推进我国生态文明建设的必要途径。其中,每个人的责任消费既是人性复归

---

① [英]齐格蒙特·鲍曼:《被围困的社会》,郇建立译,江苏人民出版社 2005 年版,第 38 页。
② Follesdal, A., "Political Consumerism as Chance and Challenge", in Michele Micheletti, Andreas Follesdal and Dietlind Stolle, eds, *Politics, Products, and Markets: Exploring Political Consumerism Past and Present*, New Brunswick: Transaction Publishers, 2004, p. 12.

的必要条件,也是现代消费生活回归本质的伦理前提。

最后,需要指出的是,"尽管消费对于我们来说非常重要,但是,它并不是社会生活的全部。如同不正当的消费并不是所有世界问题的唯一根源一样,正当的消费也不是根治所有问题的唯一方法"[①]。消费伦理学也不是其他社会伦理学或道德社会学的替代物,对消费问题的伦理研究是一个复杂而又综合性的课题。因此,它不能脱离环境保护、人口因素、社会贫富差距等外在因素去独立探索,而有待于伦理学、经济学及社会学等多领域展开跨学科的积极对话与相互交流,缜密地分析现代消费问题的症结所在,促进现代消费方式的伦理变革,从而有效地防范或规避个人消费选择可能带来的道德风险。

---

① Crocker, D, Linden, T., "Introduction", in Crocker, D. and Linden, Toby., eds., *Ethics of Consumption: The Good Life, Justice, and Global Stewardship*, Lanham, MD: Rowman & Littlefield, 1998, p.14.

参考文献

一　中文著作

北京大学哲学系中国哲学教研室：《中国哲学史》，北京大学出版社2003年版。

《哲学的贫困》，人民出版社1961年版。

《马克思恩格斯全集》第42卷，人民出版社1979年版。

《马克思恩格斯文集》第1、5、8、10卷，人民出版社2009年版。

中共中央宣传部：《习近平新时代中国特色社会主义思想三十讲》，学习出版社2018年版。

杜早华：《主体的张扬与退隐——现代文化场域中的消费主义研究》，江西人民出版社2014年版。

费孝通：《乡土中国》，人民出版社2012年版。

何小青：《消费伦理研究》，上海三联书店2007年版。

黄光国、胡先缙等编：《人情与面子：中国人的权力游戏》，中国人民大学出版社2010年版。

姜彩芬：《面子与消费》，社会科学文献出版社2009年版。

厉以宁：《超越市场与超越政府——论道德力量在经济中的作用》，经济科学出版社2010年版。

林语堂：《中国人》，郝志东、沈益洪译，学林出版社2007年版。

刘方喜：《审美生产主义——消费时代马克思美学的经济哲学重构》，社会科学文献出版社2013年版。

刘小枫：《刺猬的温顺：讲演及其相关论文集》，上海文艺出版社2002年版。

卢风、肖巍编：《应用伦理学导论》，当代中国出版社2002年版。

卢嘉瑞、吕志敏：《消费教育》，人民出版社 2005 年版。

罗钢、王中忱编：《消费文化读本》，中国社会科学出版社 2003 年版。

罗建平：《破解消费奴役：消费主义和西方消费社会的批判与超越》，社会科学文献出版社 2015 年版。

欧阳志远：《最后的消费——文明的自毁与补救》，人民出版社 2000 年版。

宋希仁：《西方伦理思想史》，中国人民大学出版社 2004 年版。

孙立平：《断裂——20 世纪 90 年代以来的中国社会》，社会科学文献出版社 2003 年版。

王敏：《从土货到国货：近代消费行为政治化与民族主义思潮》，知识产权出版社 2014 年版。

王宁：《消费社会学：一个分析的视角》，社会科学文献出版社 2001 年版。

王宁：《消费的欲望：中国城市消费文化的社会学解读》，南方日报出版社 2005 年版。

王宁：《从苦行者社会到消费者社会：中国城市消费制度、劳动激励与主体结构转型》，社会科学文献出版社 2009 年版。

王宁：《消费社会学的探索——中、法、美学者的实证研究》，人民出版社 2010 年版。

韦正翔：《逃离国际经济中的伦理风险》，中国社会科学出版社 2008 年版。

魏晓燕：《高技术社会消费伦理研究》，人民出版社 2013 年版。

夏莹：《消费社会理论及其方法论导论：基于早期鲍德里亚的一种批判理论建构》，中国社会科学出版社 2007 年版。

徐新：《现代社会的消费伦理》，人民出版社 2009 年版。

薛晓源、周战超编：《全球化与风险社会》，社会科学文献出版社 2005 年版。

张美君：《马克思消费思想及其当代价值研究》，光明日报出版社 2016 年版。

张晓立：《美国文化变迁探索：从清教文化到消费文化的历史演变》，光明日报出版社 2010 年版。

张彦：《价值排序与伦理风险》，人民出版社 2011 年版。

赵玲：《消费合宜性的伦理意蕴》，社会科学文献出版社 2007 年版。

郑红娥：《社会转型与消费革命——中国城市消费观念的变迁》，北京大学出版社 2006 年版。

郑也夫：《后物欲时代的来临》，上海人民出版社 2007 年版。

周辅成：《西方伦理学名著选辑》上卷，商务印书馆 1964 年版。

周辅成：《西方伦理学名著选辑》下卷，商务印书馆 1987 年版。

周中之：《全球化背景下的中国消费伦理》，人民出版社 2012 年版。

朱贻庭：《伦理学大辞典》，上海辞书出版社 2011 年版。

［澳大利亚］皮特·凯恩：《法律与道德中的责任》，罗李华译，商务印书馆 2008 年版。

［波兰］彼得·什托姆普卡：《信任：一种社会学理论》，程胜利译，中华书局 2005 年版。

［德］奥特弗利德·赫费：《作为现代化之代价的道德：应用伦理学前沿问题研究》，邓安庆、朱更生译，上海译文出版社 2005 年版。

［德］斐迪南·滕尼斯：《共同体与社会》，林荣远译，商务印书馆 1999 年版。

［德］歌德：《浮士德》，钱春绮译，上海译文出版社 2007 年版。

［德］哈贝马斯：《公共领域的结构转型》，曹卫东等译，学林出版社 2004 年版。

［德］汉娜·阿伦特：《人的条件》，竺乾威等译，上海人民出版社 1999 年版。

［德］卡尔·雅斯贝斯：《时代的精神状况》，王德峰译，上海译文出版社 2005 年版。

［德］康德：《实践理性批判》，邓晓芒译，人民出版社 2003 年版。

［德］康德：《实用人类学》，邓晓芒译，上海人民出版社 2012 年版。

［德］汉娜·阿伦特：《黑暗时代的人们》，王凌云译，江苏教育出版社 2006 年版。

［德］汉娜·阿伦特：《人的境况》，王寅丽译，上海人民出版社 2014 年版。

［德］马丁·布伯：《我与你》，陈维纲译，生活·读书·新知三联书

店 2002 年版。

［德］马克思:《马克思恩格斯全集》第 3 卷，人民出版社 1960 年版。

［德］马克斯·霍克海默、［德］西奥多·阿道尔诺:《启蒙辩证法——哲学断片》，渠敬东、曹卫东译，上海世纪出版集团 2014 年版。

［德］马克斯·舍勒:《价值的颠覆》，罗悌伦等，生活·读书·新知三联书店 1997 年版。

［德］马克斯·韦伯:《学术与政治》，钱永祥等译，广西师范大学出版社 2004 年版。

［德］马克斯·韦伯:《新教伦理与资本主义精神》，康乐、简惠美译，广西师范大学出版社 2007 年版。

［德］维尔纳·桑巴特:《奢侈与资本主义》，王燕平、侯小河译，上海人民出版社 2000 年版。

［德］乌尔里希·贝克:《风险社会》，何博闻译，译林出版社 2004 年版。

［德］乌尔里希·贝克、［德］约翰内斯·威尔姆斯:《自由与资本主义：与著名社会学家乌尔里希·贝克对话》，路国林译，浙江人民出版社 2001 年版。

［德］乌尔里希·贝克:《世界风险社会》，吴英姿、孙淑敏译，南京大学出版社 2010 年版。

［法］保罗·利科:《活的隐喻》，汪堂家译，译文出版社 2004 年版。

［法］多米尼克·戴泽:《消费》，邓芸译，商务印书馆 2015 年版。

［法］吉尔·利波维茨基:《空虚时代：论当代个人主义》，方仁杰、倪复生译，中国人民大学出版社 2007 年版。

［法］让·波德里亚:《消费社会》，刘成富、全志钢译，南京大学出版社 2000 年版。

［法］让·波德里亚:《象征交换与死亡》，车槿山译，译林出版社 2006 年版。

［法］让·鲍德里亚:《符号政治经济学批判》，夏莹译，南京大学出版社 2015 年版。

［法］尚·布希亚:《物体系》，林志明译，上海人民出版社 2001 年版。

［古罗马］塞涅卡：《幸福而短促的人生：塞涅卡道德书简》，张建军、赵义春译，上海三联书店1983年版。

［古罗马］塞涅卡：《哲学的治疗：塞涅卡伦理文选之二》，吴欲波译，中国社会科学出版社2007年版。

［古希腊］柏拉图：《柏拉图全集》第1卷，王晓朝译，人民出版社2002年版。

［古希腊］亚里士多德：《尼各马可伦理学》，廖申白译，商务印书馆2003年版。

［荷兰］伯纳德·曼德维尔：《蜜蜂的寓言：私人的恶德 公众的利益》，肖聿译，中国社会科学出版社2002年版。

［美］阿瑟·克莱曼：《道德的重量：在危机和无常前》，方筱丽译，上海译文出版社2008年版。

［美］弗洛姆：《健全的社会》，欧阳谦译，中国文联出版公司1988年版。

［美］弗罗姆：《占有还是生存》，关山译，生活·读书·新知三联书店1989年版。

［美］艾伦·杜宁：《多少算够——消费社会与地球的未来》，毕聿译，吉林人民出版社1997年版。

［美］彼得·N.斯特恩斯：《世界历史上的消费主义》，邓超译，商务印书馆2015年版。

［美］比尔·麦吉本等：《消费的欲望》，朱琳译，中国社会科学出版社2007年版。

［美］丹尼尔·贝尔：《资本主义文化矛盾》，赵一凡译，生活·读书·新知三联书店2003年版。

［美］丹尼斯·米都斯：《增长的极限——罗马俱乐部关于人类困境的研究报告》，李宝恒译，四川人民出版社1983年版。

［美］凡勃伦：《有闲阶级论：关于制度的经济研究》，蔡受百译，商务印书馆2007年版。

［美］赫伯特·马尔库塞：《单向度的人：发达工业社会意识形态研究》，刘继译，上海译文出版社2014年版。

［美］华尔特·惠特曼·罗斯托：《经济成长的阶段——非共产党宣

言》,郭熙保、王松茂译,商务印书馆 1962 年版。

[美] 克里斯托弗·贝里:《奢侈的概念:概念及历史的探究》,江红译,上海人民出版社 2005 年版。

[美] 雷切尔·卡森:《寂静的春天》,王恩茵、梁颂宇、王敏译,江苏凤凰文艺出版社 2018 年版。

[美] 罗伯特·弗兰克:《奢侈病:无节制挥霍时代的金钱与幸福》,张杰、蔡曙光译,中国友谊出版公司 2002 年版。

[美] 露丝·本尼迪克特:《文化模式》,张燕、傅铿译,浙江人民出版社 1987 年版。

[美] 麦金太尔:《伦理学简史》,龚群译,商务印书馆 2003 年版。

[美] 麦金太尔:《追寻美德:道德理论研究》,宋继杰译,译林出版社 2008 年版。

[美] 乔治·瑞泽尔:《赋魅于一个祛魅的世界》,罗建平译,社会科学文献出版社 2015 年版。

[美] 苏珊·桑塔格:《疾病的隐喻》,程巍译,上海译文出版社 2003 年版。

[美] 希拉里·普特南:《事实与价值二分法的崩溃》,应奇译,东方出版社 2006 年版。

[美] 约翰·马丁·费舍、马克·拉维扎:《责任与控制——一种道德责任理论》,杨绍刚译,华夏出版社 2002 年版。

[加拿大] 查尔斯·泰勒:《本真性的伦理》,程炼译,上海三联书店 2012 年版。

[日] 堤清二:《消费社会批判》,朱绍文译,经济科学出版社 1998 年版。

[日] 铃木深雪:《消费生活论——消费者政策》,张倩、高重迎译,中国社会科学出版社 2004 年版。

[日] 三浦展:《第 4 消费时代》,马奈译,东方出版社 2014 年版。

[日] 岩佐茂:《环境的思想——环境保护与马克思主义的结合处》,韩立新等译,中央编译出版社 1997 年版。

[瑞士] 雅各布·布克哈特:《意大利文艺复兴时期的文化》,何新译,商务印书馆 2007 年版。

［意大利］托马斯·阿奎那：《论勇德与节德》，胡安德译，高雄：中华道明会，2008年。

［印度］阿玛蒂亚·森：《伦理学与经济学》，王宇、王文玉译，商务印书馆2001年版。

［印度］阿玛蒂亚·森：《后果评价与实践理性》，应奇译，东方出版社2006年版。

［英］安东尼·吉登斯：《现代性与自我认同：现代晚期的自我与社会》，赵旭东、方文、王铭铭译，生活·读书·新知三联书店1998年版。

［英］安东尼·吉登斯：《失控的世界》，周红云译，江西人民出版社2001年版。

［英］彼得·泰勒－顾柏、詹斯·金：《风险的当下意义》，《社会科学中的风险研究》，中国劳动社会保障出版社2010年版。

［英］大卫·休谟：《人性论》（上、下册），关文运译，商务印书馆1997年版。

［英］丹尼尔·米勒：《消费：疯狂还是理智——读懂人类消费的隐秘心理》，张松萍译，经济科学出版社2013年版。

［英］弗里德利希·冯·哈耶克：《自由秩序原理》，邓正来译，生活·读书·新知三联书店1997年版。

［英］齐格蒙特·鲍曼：《生活在碎片之中：论后现代道德》，郁建兴、周俊、周莹译，学林出版社2002年版。

［英］齐格蒙特·鲍曼：《通过社会学去思考》，高华等译，社会科学文献出版社2002年版。

［英］齐格蒙特·鲍曼：《现代性与大屠杀》，杨渝东、史建华译，译林出版社2002年版。

［英］齐格蒙特·鲍曼：《后现代伦理学》，张成岗译，江苏人民出版社2003年版。

［英］齐格蒙特·鲍曼：《共同体：在一个不确定的世界中寻找安全》，欧阳景根译，江苏人民出版社2003年版。

［英］齐格蒙特·鲍曼：《被围困的社会》，郇建立译，江苏人民出版社2005年版。

［英］齐格蒙特·鲍曼：《寻找政治》，洪涛译，上海世纪出版集团

2006年版。

［英］齐格蒙特·鲍曼:《流动的生活》,徐朝友译,江苏人民出版社2012年版。

［英］齐格蒙特·鲍曼:《流动的恐惧》,谷蕾、杨超等译,江苏人民出版社2012年版。

［英］约瑟夫·拉兹:《公共领域中的伦理学》,葛四友译,江苏人民出版社2013年版。

［英］亚当·斯密:《国民财富的性质和原因的研究》上、下卷,王亚南、郭大力译,商务印书馆2002年版。

二　中文论文

陈翠芳:《消费伦理的瓶颈及其突破》,《湖南师范大学社会科学学报》2009年第6期。

陈剑旄、王玉生:《关于节俭与消费的道德思考》,《道德与文明》2003年第1期。

董玲:《消费伦理与现代消费主义文化精神》,《北方论丛》2012年第2期。

董玲:《西方消费伦理研究评述》,《东南大学学报》(哲学社会科学版) 2015年第3期。

冯庆旭:《论风险伦理》,《中州学刊》2013年第6期。

甘绍平:《论消费伦理——从自我生活的时代谈起》,《天津社会科学》2000年第2期。

高兆明:《应当重视"道德风险"研究》,《浙江社会科学》2000年第3期。

龚长宇、郑杭生:《陌生人社会秩序的价值基础》,《科学社会主义》2011年第1期。

何佩群编译:《消费主义的欺骗性——鲍曼访谈录》,《中华读书报》1998年6月17日。

何小青:《对现代奢侈消费的伦理解析》,《社会科学辑刊》2010年第5期。

刘方喜:《简论消费主义观念的暧昧性》,《中国社会科学院院报》

2008年7月8日第3版。

刘光明:《论消费伦理》,《经济问题探索》1995年第5期。

刘桂峰:《美国金融危机背后的道德风险及启示》,《经济研究参考》2009年第9期。

刘吉臻:《摒弃"土豪式"浪费 走出"精神性"危机》,《中国科学报》2014年3月6日第4版。

卢现祥:《外国"道德风险"理论》,《经济学动态》1996年第8期。

孙春晨:《符号消费与身份伦理》,《道德与文明》2008年第1期。

覃青必:《论道德风险及其规避思路》,《道德与文明》2013年第6期。

唐凯麟:《对消费的伦理追问》,《伦理学研究》2002年第1期。

王南湜:《全球化时代生存逻辑与资本逻辑的博弈》,《哲学研究》2009年第5期。

王宁:《从节俭主义到消费主义转型的文化逻辑》,《兰州大学学报》(社会科学版)2010年第3期。

王淑芹:《消费伦理:公民社会的公共德性》,《光明日报》2010年12月5日。

王小锡:《消费也有个道德问题》,《光明日报》2010年6月1日。

王泽应:《义利之辨与社会主义义利观》,《道德与文明》2003年第5期。

吴金海:《对消费主义的"过敏症":中国消费社会研究中的一个瓶颈》,《广东社会科学》2012年第3期。

魏英敏:《消费伦理与保护生态环境》,《中国矿业大学学报》(社会科学版)2000年第3期。

徐向东:《自我决定与道德责任》,《哲学研究》2010年第6期。

薛晓源、刘国良:《全球风险世界:现在与未来——德国著名社会学家、风险社会理论创始人乌尔里希·贝克教授访谈录》,《马克思主义与现实》2005年第1期。

晏辉:《消费正义及其相关问题》,《社会科学辑刊》2007年第4期。

阎孟伟:《"道德危机"及其社会根源》,《道德与文明》2006年第2期。

余晓敏:《"道德消费主义":欧美管理学界的理论与实证研究以及对

我国的启示》,《甘肃社会科学》2005 年第 4 期。

俞吾金:《反思金融危机背后的文化病症》,《文汇报》2009 年 6 月 24 日。

袁银传、李群山:《西方马克思主义对美国金融危机的消费主义解读和启示》,《国外社会科学》2011 年第 3 期。

张容南、卢风:《消费主义与消费伦理》,《思想战线》2006 年第 2 期。

张志丹:《消费伦理研究的三重范式》,《河海大学学报》(哲学社会科学版) 2011 年第 4 期。

赵修义:《如何对金融危机进行伦理反思》,《道德与文明》2010 年第 2 期。

周平、李曼:《拆解消费的神话——波德里亚〈消费社会〉读书札记》,《湖北社会科学》2007 年第 4 期。

周战超:《风险文明:一种新的解释范式》,《马克思主义与现实》2005 年第 6 期。

朱迪、卢汉龙:《消费行为的伦理解释:中西消费伦理的变迁与比较》,《南京社会科学》2011 年第 3 期。

邹广文、夏莹:《消费伦理的现实性质疑》,《理论学刊》2004 年第 4 期。

[美] 劳德:《凡勃伦、桑巴特与经济史的分期》,水刃译,《国外社会科学》1992 年第 3 期。

[英] 斯科特·拉什:《风险社会与风险文化》,王武龙译,《马克思主义与现实》2002 年第 4 期。

[德] 乌尔里希·贝克著、王武龙编译:《从工业社会到风险社会(上篇)——关于人类生存、社会结构和生态启蒙等问题的思考》,《马克思主义与现实》2003 年第 3 期。

[德] 乌尔里希·贝克著、王武龙编译:《从工业社会到风险社会(下篇)——关于人类生存、社会结构和生态启蒙等问题的思考》,《马克思主义与现实》2003 年第 5 期。

三 英文文献

Aristotle, *The Nicomachean Ethics*, translated by H. Rackham, London: William Heinemann, 1926.

Aristotle, *The Politics*, translated by Ernest Barker, Oxford: Oxford University Press, 1995.

Barnett, C., Cafaro, P., and Newholm, T., "Philosophy and Ethical Consumption", in Rob Harrison, Terry Newholm and Deirdre Shaw., eds., *The Ethical Consumer*, London: SAGE, 2005.

Barnett, C., Cloke, P., Clarke, N., eds., *Globalizing Responsibility: The Political Rationalities of Ethical Consumption*, Chichester, West Sussex, U.K.; Malden, MA: Wiley-Blackwell, 2011.

Barnett, C., Cloke, P., Clarke, N., eds., "Consuming Ethics: Articulating the Subjects and Spaces of Ethical Consumption", Antipode, Vol. 37, No. 1, 2005.

Bataille, G., *The Accursed Share: An Essay on General Economy*, translated by Robert Hurley, New York: Zone Books, 1988.

Bauman, Z., *Postmodern Ethics*, Oxford: Blackwell, 1993.

Bauman, Z., *Work, Consumerism and the New Poor*, 2nd Edition, Maidenhead: Open University Press, 2005.

Bauman, Z., *Consuming Life*, Cambridge: Polity Press, 2007.

Bauman, Z., *Does Ethics Have a Chance in a World of Consumers?* Cambridge, Mass.: Harvard University Press, 2008.

Cafaro, P., "Economic Consumption, Pleasure, and the Good Life", in Journal of Social Philosophy, Vol. 32, No. 4, 2001.

Campbell, C., "Consuming Goods and the Good of Consuming", in David Crocker and Toby Linden, eds., *Ethics of Consumption: The Good Life, Justice, and Global Stewardship*, Lanham, MD: Rowman & Littlefield, 1998.

Campbell, C., "I Shop therefore I Know that I Am: The Metaphysical Basis of Modern Consumerism", in Karin M. Ekström and Helene Brembeck, eds., *Elusive Consumption.* Oxford, New York: Berg, 2004.

Coff, C., *The Taste for Ethics: An Ethic of Food Consumption*, Translated by Edward Broadbridge, Dordrecht, The Netherlands: Springer, 2006.

Crocker, D. and Linden, Toby., eds., *Ethics of Consumption: The Good Life, Justice, and Global Stewardship*, Lanham, MD: Rowman & Littlefield, 1998.

De Geus, M., *The End of Over – Consumption: Towards a Lifestyle of Moderation and Self – Restraint*, Utrecht: International Books, 2003.

Elkington, J. and Hailes, J., *The Green Business Guide*, London: Victor Gollancz. 1991.

Elking ton, J. and Hailes, J., *The Green Consumer Guide: From Shampoo to Champagne: High. Street Shopping for a Better Environment*, London: Victor Gollancz, 1998.

Fevre, R. W., *The Demoralization of Western Culture: Social Theory and the Dilemmas of Modern Living*, London: Continuum, 2000.

Follesdal, A., "Political Consumerism as Chance and Challenge", in Michele Micheletti, Andreas Follesdal and Dietlind Stolle., eds., *Politics, Products, and Markets: Exploring Political Consumerism Past and Present*, New Brunswick: Transaction Publishers, 2004.

Frank, R. H., *Luxury Fever: Why Money Fails to Satisfy in an Era of Excess*, New York: Free Press, 1999.

Gabriel, Y. and Lang, T., *The Unmanageable Consumer*, 2nd Edition, London: Sage Publications, 2006.

Gomez – Lobo, A., "Aristotle", in Robert J. Cavalier, James Gouinlock, and James P. Sterba, eds., *Ethics in the History of Western Philosophy*, New York: St. Martin's Press, 1989.

Hansson, S. O., *The Ethics of Risk: Ethical Analysis in an Uncertain World*, New York: Palgrave Macmillan, 2013.

Harrison, R., Newholm, T., and Shaw, D., eds., *The Ethical Consumer*, London: SAGE, 2005.

Hassan, L., Shaw, D., Shiu, E., Walsh, G., and Parry, S., *Uncertainty in Ethical Consumer Choice: A Conceptual Model*, Journal Consumer

Behaviour, Vol. 12, No. 3, 2013.

Hilton, M., *Consumerism in Twentieth-Century Britain: The Search for a Historical Movement*, Cambridge, UK, New York: Cambridge University Press, 2003.

Jackson, T., eds., *The Earthscan Reader in Sustainable Consumption*, London, Sterling, VA: Earthscan, 2006.

Jonas, H., *The Imperative of Responsibility: In Search of an Ethics for the Technological Age*, translated by Hans Jonas and David Herr, Chicago: University of Chicago Press, 1984.

Lodziak, C., *The Myth of Consumerism*, London, Sterling, Virginia: Pluto Press, 2002.

Makower, J., Elkington, J. and Hailes, J., *The Green Consumer Supermarket Guide*, New York, Penguin Books, 1991.

Michaelis, L., *Ethics of Consumption*, in Tim Jackson., eds., *The Earthscan Reader in Sustainable Consumption*, London: Earthscan, 2006.

Miller, D., *Consumption as the Vanguard of History: A Polemic by Way of an Introduction*, in Daniel Miller, eds., *Acknowledging Consumption: A Review of New Studies*, London: Routledge, 1995.

Newholm, T. and Shaw, D., *Studying the Ethical Consumer: A Review of Research*, Journal of Consumer Behaviour, 2007.

Nussbaum, M. C., *The Therapy of Desire: Theory and Practice in Hellenistic Ethics*, Princeton, N. J.: Princeton University Press, 1994.

Paterson, M., *Consumption and Everyday Life*, London, New York: Routledge, 2006.

Segal, J., "Alternatives to Mass Consumption", in Neva Goodwin, Frank Ackerman, and David Kiron, eds., *in The Consumer Society*. Washington, D. C.: Island Press, 1997.

Sontag, S., *Illness as Metaphor*, New York: Farrar, Straus and Giroux, 1978.

Stearns, P. N., *Consumerism in World History: The Global Transformation of Desire*, 2nd Edition, London: Routledge, 2006.

Taylor, C., *A Secular Age*, Cambridge, Mass.: Belknap Press of Harvard University Press, 2007.

Tucker, D. M., *The Decline of Thrift in America: Our Cultural Shift from Saving to Spending*, New York: Praeger, 1991.

Velasquez, M. G., "The Ethics of Consumer Production", in Beauchamp, T. L. and Bowie, N E., eds., *Ethical Theory and Business*, Englewood Cliffs, N. J.: Pearson Prentice Hall, 1993.

Vitell, S. J., "Consumer Ethics Research: Review, Synthesis and Suggestions for the Future", in *Journal of Business Ethics*, Vol. 43, No. 1, 2003.

Wilk, R., "Consuming Morality", in *Journal of Consumer Culture*, Vol. 2, No. 1, 2001.

Woollard, R. G., Ostry, A. S., *Fatal Consumption: Rethinking Sustainable Development*, Vancouver: UBC Press, 2000.

Zimmerman, M. J., *Living with Uncertainty*, Cambridge, New York: Cambridge University Press, 2008.

后　记

　　我出生于中国改革开放的开局之年，在2018年恰好40岁。依照孔夫子的说法，"四十不惑"。颇具讽刺意味的是，我却以无比困惑的方式步入"不惑之年"。在这一年里，我承受着巨大的精神压力，修改完成了自己的第一部专著。可以说，2018年是令我终生难忘又意义非凡的一年。

　　"消费的道德风险及其防范研究"是2013年国家社会科学基金青年项目。坦率地说，它是我在毫无准备的情况下"意外怀孕"的结果。因为在我的个人生活规划中，2013年首要且紧迫的任务就是装修好新房，把孩子从农村老家接到身边上小学。在2013年寒假，根据学校和学院的科研要求，我按部就班地填写了国家社会科学基金项目《申请书》及活页等相关表格，并没有抱任何立项的希望。因为在此之前，我非常认真地填写了本子都没有获得立项，也悲观地认为自己不会那么幸运，所以，2013年提交的《申请书》和《活页》也就没有经过精心打磨。有时候，"意外"总是不经意间闯入人的生活之中。几个月之后，我接到了学校科研处的立项通知。说真的，我没有半点儿的高兴。因为在2013年上半年，我的心思几乎都放在新房装修上。由于住在大学城，新房买在老校区，所以，我不得不一边承受着繁重的教学和科研任务，一边要为购买装修材料、选购家具和橱柜、监督装修施工等家庭琐事奔波、忙碌。等新房子装修好，我迫不及待地买票，准备回老家参加孩子幼儿园的毕业典礼。就在回家的前一天，我接到相关部门填预算表的通知。接下来的经历，如同网上描述的一样，在"专家"指导下填写预算表。我对几处预算提出强调异议，"专家"给出的答复是比例均衡才符合预算要求，况且以后可以慢慢调预算。在日后可以调预算的口头承诺下，我交了"差"。可是，这恰恰给后来的课题结项留下了"风险"隐患。

经过4年多的辛苦写作，我终于在2018年寒假完成这项国家级科研项目。由于学校财务制度改革，老项目老办法。颇费周折，直到6月才填完所有表格，提交了该项目所需的结项材料。整个过程十分复杂。唯一让我感到欣慰的是，在学校审计处盖章时，那位白发苍苍的老师慈爱地望着我，温和地问道："做完了?!"老先生关爱的眼神和温暖的话语令我如沐春风，一扫先前所有的不快。然而，在2018年下半年，命运之神还跟我开了一个不大不小的玩笑：11月20日上午11点左右，我接到国家社会科学规划办下达的修改复审通知。由于种种原因，这份"修改复审通知"所产生的影响力对于我来说不亚于晴天霹雳。我特别感谢中国人民大学到重庆大学马克思主义学院挂职副院长的何虎生教授。因为在2018年暑假集体外出学习期间，何院长无意之中告诉我：国家社科基金项目结项时可能过不了。这使得我在厄运真正降临时能够从容面对、坦然接受。虽然何教授在告诉我这个坏消息的时候，我心里有点不服气，认为他没有看我的结项材料和项目最终理论成果，是在吹牛、说大话，但是，当它成为既定的事实摆在面前时，我不得不心悦诚服地承认：专家就是专家。

修改书稿的那段时间，生活过得异常艰辛。虽然仅有一个月的时间，但在我看来，它却近乎一个世纪那么漫长。当然，补充撰写专著书稿的理论内容并不困难，因为这毕竟是自己熟悉且感兴趣的领域。修改之难，难在需要承受来自周围的人和环境无形之中给我带来的精神压力，需要默默接受自己被其他人"消费"这个事实。在那段最黑暗的日子里，我一遍又一遍地看着《肖申克的救赎》。在这部电影中，"只要心怀希望，就永远有希望"这句经典台词曾一度成为我的精神支柱。它一次又一次地激励着我在黑夜中踽踽独行。在2018年那个"异常"寒冷的冬天，我用不到1个月的时间完成了3万多字的补充材料，结束了这段短暂且漫长的黑暗时光，同时也为2018年画上了圆满的句号。

现在呈现在大家眼前的这本书就是那个"意外怀孕"、近乎"夭折"、我几乎用生命换来的"孩子"。我喜欢研究消费问题，也用了整整11年的时间跟踪当代消费伦理学的理论前沿，并且用6年的时间来探讨消费社会的道德风险问题。自完成最终理论成果的那一刻起，我也亲身体验了消费的"风险"。无论是在悬崖峭壁或急流险滩，还是在繁花似锦的桃花源或平静如水的安乐窝，我都坚定地告诉自己：无论面对生活什么样的考验，我都微笑地走向生活，也一如既往地热爱生活。我曾渴望获得他人的承认和认可，在历经了无数次碰壁或挫折之后才惊奇地发现：生活是自己一分一秒、一笔一画描绘出来的酸、甜、苦、辣的图画。而这些与他人毫无关系。我曾天真地憧憬着波澜壮阔的人生景象，在历经了跌宕起伏的生活境际之后才慢慢懂得：岁月静好就是人生最曼妙、最优美的风景。

感谢国家社会科学基金规划办为我提供巨额的资金资助。让我潜心科研工作，没有为经费问题而担忧。也感谢重庆大学马克思主义学院肖铁岩院长和罗滌书记等多位领导的关怀和照顾。在项目进展到最后阶段，学院在我的书桌上还配备了新电脑、新打印机等办公设备。当得知我为出版费发愁时，学院党委领导班子二话不说签字划拨给我 5 万元的出版资助经费。每当我忆及此事，感激之情都难以言表。

感谢中国社会科学出版社郝玉明编辑和凌金良编辑。感谢两位老师为书稿锦上添花，感谢她们兢兢业业的编辑工作，为专著的最终出版所付出的辛勤劳动。

感谢重庆大学图书馆和清华大学图书馆老师们在背后为我科研工作默默地付出。如果没有图书馆这些老师们如同蜜蜂般辛勤地工作，帮我传递资料、借阅图书，那么，完成这本专著就犹如天方夜谭。每次到北京出差，我都会抽时间到清华大学图书馆去坐坐。清华大学图书馆的老师们特别敬业。无论何时进去，我总能得到最优质、最快捷、最人性化的服务。最令我惊讶的是，在母校读书的时候，多下载几篇期刊论文或电子资源，可能会受到封 IP 的警告或威胁。但对于离校后返校的毕业生而言，这却不是个问题。母校图书馆的 IP 竟然能够向我全面开放，不限流量，不限论文数量。这种感觉犹如每逢过年回家，父母要把家里的鸡、鸭、鹅及其他土特产塞满你的行囊方才心满意足。与这种父母馈赠不同，母校图书馆是将所有资源向你敞开，任君选择。我到过无数家图书馆，最怀念的是清华大学图书馆。它始终让我体会到宾至如归般"家"的感觉，也一度成为我魂牵梦萦的精神家园。

也感谢家人的支持与真情陪伴。在撰写书稿的最后两年，最让人心疼的是儿子。他为了支持我的科研工作不得不独自背着书包上学和放学，中午还需独自到大学生食堂排队吃饭。第一次独自回家，当看到儿子稚嫩的肩膀被沉重的书包勒出一道道红杠杠，我心生愧疚，甚至默默流下了眼泪。对于不接送和不送饭，儿子起初也抗议过，最后还是屈从于现实。当获知结项消息的那一刻，儿子欢呼雀跃，脱口而出："妈妈再也不头疼啰！"我不禁一惊，又恍然大悟，原来这个项目在儿子眼中是妈妈头疼的根本原因?!

最后，我要感谢敬爱的老师和至亲的同窗好友的鼓励与帮助。我忘不了，年已花甲的老师放弃节假日和休息时间给我指出用词和标点的错误。更忘不了，在我遇到困难时，老师们为我提供了无私的帮助，一次又一次点醒我这个"追梦人"。

感谢万俊人教授多年来的教诲。攻读博士学位期间，万老师是哲学系系主任，主要讲授《西方伦理学史》《西方政治哲学》等课程。万老师博学多识，通常不用电子课件，脱稿站着连续讲三节课。时至今日，我作为高校教师队伍的一员也难以望其项背。听万老师的课是一种享受，因为它既耐人回味，又引人省思。万老师是一位内外兼修、知行合一的伦理学长者。他身上所折射出的关爱他人的道德品质和人格魅力更是令人钦佩。记得有一次，在课堂气氛最活跃的时候，万老师突然发现班上来了一位留学生，竟然忘了在上课，不由自主地停下来关切地问："从哪个国家来？有奖学金吗？生活上有没有困难？"刹那间，教室里变得鸦雀无声，同学们纷纷陷入沉思……

感谢清华大学哲学系黄裕生教授的热心帮助和中肯建议。感谢陈来教授、王路教授、王中江教授、肖鹰教授、邹广文教授、唐文明教授、宋继杰教授等诸位老师在课堂上和课下的启迪，让我收获颇丰。

感谢李义天师兄、杨志华师兄、周国文师兄、张容南师姐、张言亮师兄、牟世晶师姐、文贤庆师弟、陈杨师弟等同窗好友的关怀和鼓励。因为他们无论学习或工作多么忙，但对我的求助总是有求必应，不厌其烦地倾囊相助。最令我感动的是，那本200多页的第一手文献竟然是好友用手机一页一页拍照传递给我的。在此，请接受我最真挚的谢意！如果没有你们的鼓励和帮助，这个命运多舛的"孩子"将无法问世。

董玲

重庆大学民主湖畔

2019年3月11日

2019年5月17日修改